胡立根 主编

李冬青 著

大语文可以这样学 1

实用字词课

SPM 南方传媒 | 广东经济出版社

·广州·

图书在版编目（CIP）数据

大语文可以这样学 / 胡立根主编. — 广州：广东经济出版社，2022.4（2022.9重印）
ISBN 978-7-5454-8290-4

Ⅰ. ①大… Ⅱ. ①胡… Ⅲ. ①语文课—中小学—教学参考资料 Ⅳ. ①G634.303

中国版本图书馆CIP数据核字(2022)第044345号

责任编辑：黄　昱　李　恬
责任技编：陆俊帆

大语文可以这样学
DAYUWEN KEYI ZHEYANG XUE

出版人	李　鹏
出　版 发　行	广东经济出版社（广州市环市东路水荫路11号11～12楼）
经　销	全国新华书店
印　刷	天津融正印刷有限公司 （天津市武清区豆张庄镇权健道1号）
开　本	710毫米×1000毫米 1/16
印　张	45
字　数	450千字
版　次	2022年4月第1版
印　次	2022年9月第2次
书　号	ISBN 978-7-5454-8290-4
定　价	158.00元

图书营销中心地址：广州市环市东路水荫路11号11楼
电话：（020）87393830　邮政编码：510075
如发现印装质量问题，影响阅读，请与本社联系
广东经济出版社常年法律顾问：胡志海律师

卷首语

在小学语文教材中，有一篇题目为“彩虹”的文章。很多孩子读了之后都很好奇：彩虹的“虹”为什么不是“红”，彩虹里明明就有红色。其实，在古人看来，天上的彩虹就是条大虫子（那时候虫的概念非常广），拱在天边，头尾都长了大嘴巴，是雨后出来喝水的飞天神兽。

看，一个看似普通的词语，也许背后就是一个有趣的故事，也许就藏着一个动人的传说。

汉字的历史可以追溯到几千年前，我们的祖先最早用画画的造字方式来表达内心的想法。每一个字都是一幅丰富多彩的画。看到“山”字，我们可以想象到山脉连绵起伏，山峰巍峨屹立的情形；看到“水”字，我们仿佛能看到涓涓溪流在眼前流淌的样子。这就是汉字的魅力，它不仅是字，更是一幅画，一幅流动的画，一幅有声有色的画。

从古老的甲骨文，到今天的简化字，汉字经历了多次演变。但

无论怎么演变，汉字的“神”没有变。很多字词不仅可以表达它本身的含义，它的背后还有一个个有趣的故事。一个字、一个词所承载的信息，远远超过我们的认知。

如果说文学是一座姹紫嫣红的百花园，那字词就是其中一朵朵普通而平凡的小花，默默绽放着，贡献着自己的力量。了解了它们的意思、它们的故事后，你的阅读感受就会更深刻，阅读收获也会更丰硕。

最后，愿所有喜爱这本书的孩子，如同辛勤快乐的小蜜蜂，飞舞在字词的百花园，采集着知识的花粉，酿出甘甜的花蜜……

目录

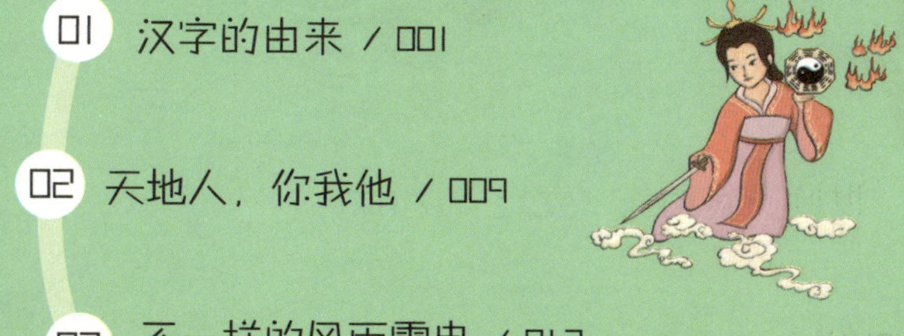

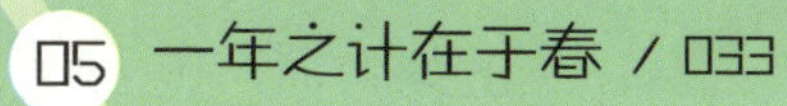

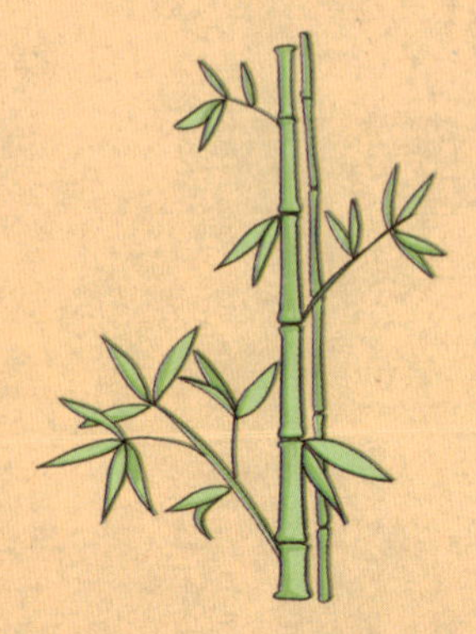

01

汉字的由来

同学们，你知道在汉字被发明之前，我们的祖先们彼此之间是怎么传递消息的吗？

在很久很久以前，人们用在绳子上打结的方法来记录事情。不同的事情打不同的结，绳有粗细，结有大小，结与结之间的距离也不一样。

结绳记事只能记录一些简单信息，例如某天猎了一头鹿，某天需要祭祀。面对稍微复杂一点的信息，绳结就不够用了。

结绳记事：结绳记事是在文字被发明前，人们所使用的一种记事方法。就是在一条绳子上打结，用来记事。上古时期的中国及秘鲁印第安人都有这样的习惯，到了近代，一些没有文字的民族，仍然采用结绳记事的方法来传播信息，比如位于云南省的独龙族。

于是，人们又尝试通过画画来进行交流。显然，这个方法也有不足之处，因为画一幅画要花费很长的时间，而且有的人画画水平实在差劲，经常会把老虎画成豹子。

到底该怎么办呢？幸好有个聪明的先民闪亮登场，他就是黄帝的史官——仓颉。提到史官，大家都知道是负责记录历史事件的。仓颉身为黄帝部落的史官，每天负责记录部落里牲口的数量和食物的多少，他把这一切打理得井井有条。

俗话说：能者多劳。黄帝见仓颉这么聪明能干，交给他的任务也就越来越多了，比如祭祀的次数、狩猎的分配、部落人口的增减等。虽然仓颉聪明认真，但无奈事情太多，所以偶尔难免会出错。仓颉感到头疼，不知道该怎么办才好。

有一天，仓颉参加部落的集体狩猎，走到一个三岔路口时，几个老人为往哪条路走争辩起来。第一个老人说：“我觉得应该往东，这边有野猪。”第二个老人反对道：“往北不远就能追到鹿群。”第三个老人摇摇头：“都不对，应该往西，

西边有两只老虎，现在不去及时打死它们，以后就很难再遇到这么好的机会了。”

仓颉感到很奇怪，上前问：“你们是怎么知道的呢？”

第三位老人指着地上的脚印说：“这个很简单，我们是根据地上野兽的脚印做出判断的。”仓颉听了，灵机一动：一个脚印代表一种野兽，那如果我把每一件东西固定一个画法，再教给大家学习认识，这样一来，大家不就都能看懂别人在记什么了吗？

从此，仓颉每天都仔细观察周围的景物，开始创造各种符号来表示事物。他观察身边的大树，发现大树的树根扎向泥土，树枝向空中伸展；他观察天上的云，发现云有时是一层一层的。就这样，仓颉观察日、月、山、河、湖、海，还有各种飞禽走兽以及生活器物，并根据它们的特征，画出图样。

天长日久，仓颉画的图样越来越多了。他把自己画的这些图样献给部落首领黄帝，黄帝一见，心中大喜，立刻召集九州酋长，让仓颉把画的这些图形传授给酋长们。从此，这些图形便开始应用起来。

仓颉根据物体的样子画出来的图形就是“象形字”。比如“鸟”字的字形就是一只鸟侧面站立的样子。后来汉字还逐渐演变出了指事字、会意字、形声字等。

那什么是指事字呢？指事字就是用象征性的符号表示出这个物体的特点。比如：刀刃的“刃”字，就是在一把刀上加一点，这一点就表示这把刀的刀刃很锋利。

会意字又是什么呢？就是将两个或两个以上的独体汉字，根据各自的含义组成的一个新汉字。你看到这个新汉字，在脑海中想一想就知道它表示什么意思了。比如：休息的“休”，画的就是一个人靠在大树下休息，是不是很简单呢？

汉字中还有个庞大的家族，叫“形声字”，汉字中近百分之九十的字都是形声字。当你读书时遇到不认识的字又不想查字典时，你是怎么读这个字的呢？是不是“有边读边，没边读中间”？

形声字由“形”和“声”两部分组成，形旁和这个字的意义有关，声旁和这个字的读音有关。比如花朵的“花”，

形声字由两部分组成，一部分表示字的意义，另一部分表示字的读音。我们把表示字意的部分叫形旁（也可以叫义符）；表示字音的部分叫声旁（音符）。

花是可观赏植物，是植物中的一种，所以它是草字头，下面的“化”是不是跟“花”的读音相近呢？

前面讲了这么多有关汉字的知识，下面我们再来讲一个甲骨文被发现的小故事？

在一百多年前的一个秋天，清朝进士王懿荣得了疟疾，他请京城的中医给他开了一剂药方，他看到药方上有一味中药叫“龙骨”，就十分好奇，想看看龙骨是什么样的，可惜龙骨已经被捣成药渣了，根本看不出什么样子。

后来，一个朋友带了从河南安阳搜求的“龙骨”来拜见王懿荣，王懿荣仔细端详，发现“龙骨”上有一些刻画的线条，这让王懿荣大吃一惊：这会不会是先民留下的遗迹？

凭借着自己渊博的国学知识，王懿荣从刻画的线条中辨认出“雨”“日”“月”“山”“水”等象形文字；后来他查阅史籍，又从龟壳上发现了几位商代国王的名号。就这样，中国最早的汉字——甲骨文——便被发现了。

汉字从甲骨文开始，发展至今已有三千多年的历史了，伴随着中华民族历史的演进，汉字也在不断简化，先后经历了甲骨文、金文、大篆、小篆、隶书、楷书等字形的变化后，就成为我们今天使用的文字了。

汉字，承载着华夏子孙的美好理想，承载着中华民族五千年博大精深的文化，让我们一起开启探寻汉字奥秘的旅程吧！

一、下面的象形字分别对应今天的哪个汉字呢？请试着写一写吧。

二、你知道汉字的演变过程吗？请试着排排序，把序号按顺序填在横线上。

①楷书 ②小篆 ③隶书 ④金文 ⑤大篆 ⑥甲骨文

三、学习心得。

02

天地人，你我他

天地人你我他

同学们，小学一年级我们就开始学习这六个字：“天”“地”“人”“你”“我”“他”，今天我们更深地讲一讲这六个字。

你们一定读过“盘古开天地”的神话故事。在我们祖先的神奇想象中，天地原本是一个混沌的大鸡蛋，里面睡着一个叫盘古的巨人。巨人一斧头劈开了“鸡蛋”，“鸡蛋”中轻而清的东西上升，变成了天；重而浊的东西下降，变成了地……这个劈开“鸡蛋”的大英雄，就是盘古，他创造了天地。

现在，我们习惯性地把头顶

以上的部分叫作天。你在房间里抬头往上看，看到的是天花板；要是在户外，抬头看见的就是天空了。

天空中的气象变化——天气，也可以用“天”来表示，比如：晴天、阴天、雨天。后来，天还用来表示季节或节气，如春天、冬天、三伏天、黄梅天。

当你在一个大晴天坐着过山车在空中翻转穿梭时，你是不是特别希望过山车赶快停下来，好站在地上喘口气？当你从紧张害怕到彻底放松时，是不是觉得心里原本悬着的大石头落了地？看，踩在脚下的厚重的大地，让我们如此心安。

在大家的印象中，天和地应该是相对的。在生活中，它们的联系是那么紧密：变化极大叫“天翻地覆”，跟天和地一样永存不变的叫“天长地久”；恩情深厚叫“感动天地”；上下四方都设下罗网叫“天罗地网”……

天罗地网

天空地面，遍张罗网，指包围严密，比喻对敌人、逃犯等设下的严密包围。

衣不蔽体，食不果腹

生活贫苦到衣服破烂，连身子都遮盖不住，更吃不饱肚子。形容生活十分贫苦。

讲完“天地”，我们开始讲“人”这种动物。你可能会觉得很奇怪，人怎么就成了动物呢？这是因为我们生活在天地之间，生活在自然之中。人是自然界的一部分，所以我们首先要体现的就是自然属性。人，在亿万年前跟其他的动物一样生活在丛林里。那个时候，“人”还是“猿”，还不会直立行走，不会制造工具。经过亿万年的进化，我们就成了现在的样子。

我们的祖先走出森林，学会耕耘，不再衣不蔽体，不再食不果腹。人在慢慢适应自然，也在尝试着改造自然。但最重要的是，我们要和自然，和天地万物和谐共处，这样人类才能生生不息。

甲骨文中的“𠆢”字是一个人侧身站立，拱手施礼的样子。

象形字“人”的形意

所以，从“人”中就能看出中国人的谦虚有礼。

有了“人”之后，也就有了“你”“我”“他”。

我们这里先讲“我”。为什么先说“我”字呢？因为“我”就代表自己，是第一人称，这说明“我”非常重要。“我”字在甲骨文中的写法是“ ”。“我”的本义为兵器。古时候，人们生活的环境很危险，保护好自我很重要，所以就用这个兵器来代表“我”。

象形字“我”的形意

第二人称是“你”。在文言文中，“尔”表示你，“尔等”就是你们的意思；“尔虞我诈”就是你欺骗我，我也欺骗你。现在我们读的古诗词中，出现的“尔”很多都是你的意思，如“五花马，千金裘，呼儿将出换美酒，与尔同销万古愁”。

你有没有发现，跟别人说话时，我们会说“你我二人”，而不是“我你二人”；我们会说“你我他”，而不是“我你他”，这是为什么呢？

其实，人与人之间的交流和相处，不能完全以“我”为先。为了表达对对方的尊重，所以要把“你”放在前面。

除了“你”“我”以外，还有第三人称“他”，从一个人延伸到另外一个人就是“他”了。“他”是一种称谓，表示以外的意思。关心他人就是指关心自己以外的人；“别无他法”就是除了这个办法，没有别的办法了。后来为了区分男女，人们又用女字旁的“她”表示女性，用单人旁的“他”代表男性。

在前面我们讲了，人带有“自然属性”，但我们还有一种属性叫“社会属性”，这也是我们“人”这种“高级动物”与“低级动物”的一种区别所在。那什么叫“社会”呢？社会，说得简单一点就是“你”“我”“他”组成的一个小团体。

如果我们在跟别人相处的过程中，能多一点宽容，多一分理解，多一分关怀，就能让“你”“我”“他”变成“我们”，变成一群人。当更多的个体变成一个群体的时候，也就有了“你们”“我们”“他们”。当更多的“你们”“我们”“他们”聚在一起和谐相处，就成了“咱们”。

同学们，我们背着书包步入小学的校园，学习的第一篇课文就是《天地人》。“天地人”是构成这个世界的三大要素，“你我他”是所有“人”的代称。简简单单的六个字，却包含了世间万物，值得我们用心去探索、去发现，让我们懂得“爱自然”“爱自己”“爱他人”。

一、你知道的带有“天”“地”的成语有哪些呢？试着写一写。

二、为什么我们在讲话的时候会说“你我二人”，而不是“我你二人”？

三、学习心得。

03

不一样的风雨雷电

风雨雷电云

“解落三秋叶，能开二月花。过江千尺浪，入竹万竿斜。”你知道这首诗描写的是什么吗？

对，是风，风是一种看不见的自然现象。

你有没有发现“风”和“凤”这两个字很相似？那是因为在古人看来，风的形成跟神鸟凤有关。传说凤是百鸟之王，头顶花冠，身披五彩羽毛。每当它在天空翱翔的时候，会有很多鸟追随，群鸟展翅飞翔，就会引起大风。

因为“风”字无法象形，古人就用神鸟展翅高飞的样子

来表示它，所以，最初风和风是同一个字“ ”，都是一只鸟扇动双翅的形象。后来，为了明确字义，就用风来表示神鸟凤凰，风则用来表示鸟因展翅而引起的空气流动。

事实上，由于地球表面受热不均匀，导致各个地方的温度不一样。在热的地方，空气受热膨胀向上飘，旁边的冷空气就会迅速流动过来填补空当，这种空气的流动就形成了风。

从不同方向吹过来的风有不同的名字，如东风、西风、南风、北风。风也是有温度的，如冷风、暖风、凉风。表示像风那样迅速的词有“风靡一时”“风驰电掣”。

不知道你有没有发现，“风”有个叫“雨”的好朋友，它俩经常一起结伴出现。如和风细雨、春风化雨、暴风骤雨、

栉风沐雨（zhì fēng mù yǔ）

栉：梳头发；沐，洗头发。意思是疾风梳头，大雨洗发。形容人经常在外面不顾风雨地奔波劳碌。出自《庄子·天下》：“沐甚雨，栉疾风。”

腥风血雨、栉风沐雨、凄风苦雨等。

那这雨是从哪里来的呢？原来陆地和海洋里的水蒸发到空气中，遇冷会凝结成小水滴，这些小水滴组成了云。等云里的小水滴足够多的时候，就会落下来变成雨水。

雨是一个特别生动的象形文字，上面的一横表示天空，“冂”表示云，“⺀”表示连续不断地掉下来的水滴。

你也许会觉得很奇怪：为什么很多表示天气的字里都有“雨”字头呢？如雪、霜、雾、雹等。这是因为，聪明的古人早就觉察到了雪、霜、雾、雹是凝固了的“雨”，气温一高就会变成跟雨一样的水。

不同的季节，雨的特点是不一样的。春有绵绵细雨，夏有倾盆大雨，秋天阴雨连绵，冬天风雨凄凄。

自古以来，很多文人墨客都曾写过雨，在诗人杜甫的笔下“好雨知时节，当春乃发生”，在杜牧的眼中“清明时节雨纷纷，路上行人欲断魂”，在王维的印象中“空山新雨后，天气晚来秋”，在张志和的心中“青箬笠，绿蓑衣，斜风细雨不须归”……

讲了“雨”字自然离不开“云”。雨在降落前，是云托

举着的小水滴。水滴凝结得让云托举不住了，就降落成雨。所以，“云”在繁体字里是带有“雨”字的“雲”。

不过，最初的云并不是会意字，而是象形字。甲骨文中的“云”是这样写的：“”。上面的两横表现了云的第一个特征——分层，我们的祖先通过观察发现，如果云层很低，遮蔽了阳光，就可能带来雨水；如果云层很高，阳光透射进来，就不大可能下雨。云的下半部分，表现了云的另一个特征——卷曲，经常出现在中国绘画和建筑中的祥云图案，就表现了云卷曲的特点。

抬头看看天上的云，有没有发现它们层层叠叠、卷曲起来的样子？看着天上的白云，你会不会想起神话故事中那些腾云驾雾的神仙呢？

“云”字可以组成很多成语呢，如：行云流水、响遏行云、叱咤风云、人云亦云、云泥之别、云消雾散、吞云吐雾、直上青云、壮志凌云、拨云见日、闲云野鹤……

历代诗人也曾留下不少描写“云”的古诗词，李白的“众鸟高飞尽，孤云独去闲”；贾岛的“只在此山中，云深不知处”；杜牧的“远上寒山石径斜，白云生处有人家”；王之涣的“黄河远上白云间，一片孤城万仞

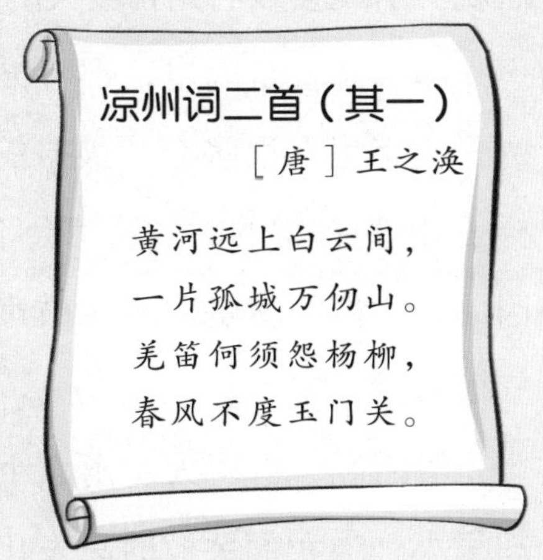

山”；元稹的“曾经沧海难为水，除却巫山不是云”……

后来，云又表示“说”，如子曰诗云、不知所云、人云亦云等。刘禹锡写的《陋室铭》中有“孔子云：何陋之有”这一句，这里的“孔子云”就表示“孔子说”。

一到夏天，很多地方经常乌云密布。一道刺眼的闪电后，天边传来了轰隆隆的雷声。“雷电”是怎么形成的呢？是天空中一块带正电的云慢慢飘移，遇到另一块带负电的云，两块云碰在一起，正负电发生反应，便产生“放电”现象，随后就会出现强烈的光和巨大的声响。

那强光就是闪电，那万鼓齐鸣的声音就是雷声。所以雷的古文字里有很多个“鼓”的符号。后来，省略写成了田的样子。因为打雷的时候通常会下雨，所以“雷”字上面有个“雨”。因此，“雷”就是声音像鼓声，并且常伴随着下雨的一种天气现象。

俗话说，雷声大，雨点小。形容话说得很有气势而本领却很小。当我们哭泣时只发出声音，并没有流下眼泪，大人也会说我们“雷声大，雨点小”哦！

甲骨文里的“电”字画的就是闪电曲曲折折的样子，演变到金文时，又加了一个“雨”偏旁，用来强调闪电打雷后很快就会下雨。

打雷的时候，我们为什么会先看到闪电后听到雷声呢？脑筋急转弯的答案是：因为眼睛在耳朵的前面，所以会先看到。从科学的角度来解释，是因为光的传播速度远远大于声音的传播速度。

所以，后来带有“电”字的很多成语都有短暂、迅速的意思，如电光石火、风驰电掣、流星飞电等。

当狂风大作、电闪雷鸣的时候，我们最好赶紧回到室内，千万别在大树下躲雨哦！

一、你知道哪些有关气象的成语？试着写两个。

二、照样子，找出规律填成语。

例：疮——抢（手到病除）

波——破（　　）　奏——春（　　）　砍——钦（　　）

苗——莱（　　）　瓜——爪（　　）　苯——茉（　　）

三、学习心得。

04

那些大自然的生物

花鸟鱼虫

小时候，我经常听《娃哈哈》这首歌。歌词中有一句是这样的："我们的祖国是花园，花园的花朵真鲜艳。"在大人们看来，孩子就是花朵，是祖国的花朵。

我们称像花一样美丽绽放的年纪为"花季"。像花一样的事物有礼花、火花、雪花、浪花等。

因为花是一种植物，所以它是草字头，花的下半部分是"化"，表示开花是植物生长过程中发生的变化。古人发现，买东西就是把钱变化成想要的东西，所以，后来将这种变化也称作"花"，如花钱、花费、花光等。

"花"字还可以组成很多成语，如花红柳绿、百花齐放、花团锦簇、花言巧语、花容月貌、花枝招展、闭月羞花。

提到闭月羞花，你知道是什么意思吗？咱们中国人夸一个女孩子漂亮的最高境界就是沉鱼落雁、闭月羞花。这两个成语是用来形容中国古代四大美女的：沉鱼形容西施，落雁形容王昭君，闭月形容貂蝉，羞花形容杨玉环。

“羞花”的故事发生在唐朝开元年间，相传杨玉环进宫后，十分思念家乡。有一天，她来到花园，看到盛开的鲜花，不禁感慨道：“花儿呀，你年年岁岁还有盛开之时，我什么时候才有出头之日呢？”

当杨玉环伸手去摸花时，眼前的花瓣突然收缩，绿叶也卷起低了下来。这个情景正好被一位宫女看见了。从此，这位宫女逢人便说杨玉环和鲜花比美，鲜花都害羞地低下了头。

这就是“羞花”的来历。后来，人们把它和“闭月”连在一起，来形容女子的容貌倾国倾城，宛若天仙。

“鸟”是个象形字，甲骨文中的“鸟”是一只小鸟侧面站立的样子，上面是鸟头，中间是颈部和鸟的翅膀，后面还拖着长长的尾巴，最下面的一横是指鸟的爪子。“鸟”字里的那一点，表示鸟的眼睛，如果没有这一点，就变成了乌鸦的“乌”。“乌”字中间之所以少了一点，大概是因为乌鸦全身黑黑的，以至于连眼睛都看不见了。

鸟的本义是指飞禽，所以鸟作偏旁时，表示与鸟有关的意思。如鸡、鸭、鸽、鸥、鹏、鸣等。你也许觉得很奇怪：为什么我们学到的“雁”“雕”和“雀”也是鸟类，却不是鸟字旁呢？因为这些字里的“隹”字也表示鸟，不过，“隹”是指短尾鸟，而“鸟”特指长尾巴的飞禽。

关于鸟，还有一个“玄鸟生商”的传说呢！三皇五帝之一的帝喾（kù），他有一个妃子名叫简狄。相传有一天，简狄跟她的妹妹一起去池边戏水玩耍。忽然，飞过来一对燕子，在池边的石头上下了一枚有着五种颜色的彩蛋。

简狄看着很好奇，小心翼翼地捧在手心，她担心五彩蛋会被碰碎，就把它含在嘴里。真是应了那句话“捧在手里怕碎了，含在嘴里怕化了”。谁知一不小心，那五彩蛋被她咽下去了。后来简狄就怀孕生下了商朝人的祖先契。所以，商朝人认为自己是鸟的后代，在造字时，大量使用鸟，以表达对祖先的敬意。

如果我告诉你，虫在古代是一切动物的代表，你会不会张大嘴巴，感到很惊讶？一提到虫，我们首先想到的就是蚂蚁、蟋蟀这种小小的虫子，其实“虫”这个字，原本可不单单指小虫子哦！

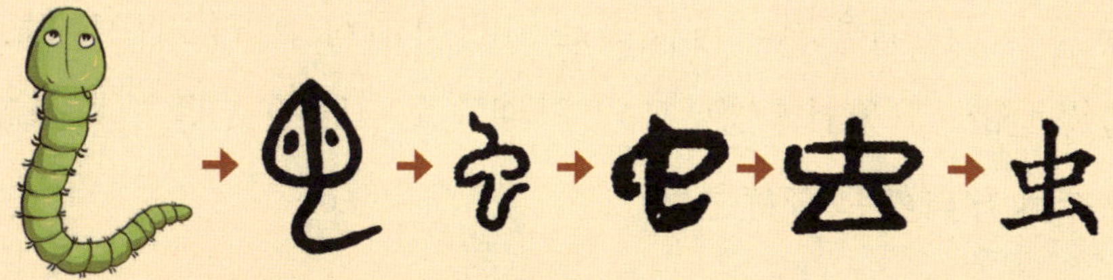

古人把猫、兔子等长着兽毛的动物称作毛虫，把乌龟、穿山甲等长着甲壳的动物称作介虫，把鸟类等长着羽毛的动物称作羽虫，把鱼类这种长着鳞片的动物称作鳞虫。

通过阅读古代文学作品，我们还知道古人口中的“大虫”其实是指老虎，“长虫”则是指蛇。你看，“虫”真的是包罗动物界呢！说它是动物界的代表，是不是名副其实？

我们也会发现，南方的许多地名都带有虫字，如：

“蜀”“闽”。你可能感到奇怪，为什么这些地方会和虫子有关呢？其实在古代“虫”意味着原始的环境，未开化，蛮荒。一开始“蜀”“闽”这两个字的确不是什么好字，带有一些歧视性的意思。古代福建和四川相对于古代的中原是在边缘地带，开发比较晚，对于早期立足中原的文明主体来说，这个地方自然是蛮荒之地。

蜀闽蛮

比如“闽”字，“闽”其实是古部族名，这个部族生活在浙江南部和福建一带。显然，用“门”里加“虫”的字来命名古代生活在福建、浙江地区的越人部族，并不是一个好的称呼。

“蜀”字也一样，属于四川一带的古部族名，后来将四川一带称作蜀。

当然，随着历史的发展，如今“蜀”和“闽”两个字的歧视意味已经没有了，四川和福建也早就不是上古时期的蛮荒之地，而成为“天府之国”和“沿海富庶地区”。

虫子家族中的鳞虫——鱼类，是生活在水里的动物。鱼是我们祖先最早的食物之一。“鱼”字上面的斜刀头表示尖尖的鱼头，中间的“田”表示鱼身上的片片鱼鳞，下面的一横则表示鱼宽宽的尾巴。

我们知道鱼儿离不开水，所以“鱼水”常用来比喻亲密不可分离的关系。如果一旦“鱼游釜中”，那就说明处境危险，快要灭亡了。

我们熟知的有关鱼的成语有大鱼大肉、鱼肉百姓，你知道为什么在这些成语中，“鱼”会排在肉的前面吗？大概是因为古人想要吃到鲜鱼，是特别难的一件事吧！所以在他们心目中，鱼和熊掌一样贵重，鱼可比肉珍贵多了。

一、你知道的带有"鸟"字旁的字还有哪些呢？请试着写一写。

二、你知道哪些与“花”“鸟”“鱼”“虫”有关的成语？试着写一写吧！

三、学习心得。

05

一年之计在于春

春夏秋冬

“春”字在古文字中是“[illegible]”，上面是三棵小草。太阳出来了，嫩绿的小草纷纷钻出土壤，一片绿意盎然，这就是“春”所展现出的生机勃勃。当布谷鸟的声音响彻山谷时，古人就知道播种的季节到了。只有在春天辛勤地耕作，才可能在秋天大丰收，所以说“一年之计在于春”。

几千年来，很多诗人都曾留下歌颂春天的诗词，如：叶绍翁的“春色满园关不住，一枝红杏出墙来”；朱熹的“等

闲识得东风面，万紫千红总是春”；杜甫的“迟日江山丽，春风花草香”……

就连曹雪芹在《红楼梦》中，给贾府里的四位小姐取的名字中也全都带有“春”字呢！大小姐生于大年初一，起名“元春”；二小姐生于立春那天，起名“迎春”；三小姐生于农历三月初三，起名“探春”；四小姐出生在芒种时节，起名“惜春”。

《红楼梦》：中国古典四大名著之一，也叫《石头记》，共一百二十回。小说描写了贾府从繁盛到衰败的过程，以及贾宝玉和一群红楼女子的命运。贾府的四春连起来读是“原应叹息”，也暗示了她们最终的悲剧命运。《红楼梦》规模宏大，结构严谨，语言优美生动，塑造了很多典型的艺术形象，是中国古典小说的顶峰。

“夏”最早不是指季节。古文字中“”实际上是“人”形，上面有“头”，中间有“躯干”，两侧有“手”，最下面有“足”。所以，“夏”最初指的是中原地区的人。这些中原地区的“夏”，在 4000 多年前组成了中国第一个世袭王朝——夏朝。

“夏”因为有头部硕大这一特征，所以后来引申表示大的事物，假借指一年四季之中的第二季。现在，你明白为什么高楼大“厦”的“厦”里有个“夏”了吧？

“秋”字的甲骨文“ ”，像一只小虫子。它头上长着一对细长的触角，背上有翅。有人说“秋”字像一只蟋蟀，长触角，粗后腿，生动形象，造型逼真。也有学者认为“秋”字像蝗虫或用火烤蝗虫的样子。这些说法都有一定道理。

到了篆文时，这只小虫子才从“秋”字里消失。在甲骨文的基础上加了一个“禾”字，突出了秋季是禾谷成熟的季节。现在，“秋”被简化为“禾”+“火”。农民在禾谷成熟之后，谷子打下来挑回家，禾则就地烧了作为肥料，顺便烧死一些害虫。近年来还有很多农村烧秸秆、烧稻草，不过因为污染空气而被禁止。

“冬”字在甲骨文中是这样写的：“ ”。“冬”字上半部分的“夂”是古人用线缝补或用绳子串联东西之后所打的结。用结来约束线或绳子上的东西，叫“结束”，一年结束时的季节就是“冬”。

到了战国，人们在“夂”下面加上了“冫”，这个“冫”在文字中表示“冰”，用来强调冬季的寒冷。现代汉语中，“冬”

常被用来表示时令，与冬季相关的事物也都可冠以“冬”来描述，例如“冬笋”“冬枣”“冬小麦”等。有意思的是，“冬瓜”明明是夏天的果蔬却偏要叫“冬瓜”？原来呀，是因为冬瓜成熟后，身上会披上一层白霜，就好像冬日的白雪落在上面，所以古人叫其为“冬瓜”。

同学们，春夏秋冬，四季更迭，我们可以尽情领略大自然赋予人类的美好。

春天，迎着升起的朝阳，漫步在公园里，嗅着花的芳香，耳边传来鸟儿们的歌唱，春风拂过脸庞，仿佛在对我们呢喃。

夏日雨后的空气清新，池塘中荷叶上的小水珠在阳光的照耀下晶莹剔透，荷叶间那挺立的荷花或白，或红，或粉，一两只蜻蜓飞过来，映着天上的那道彩虹，这情景真是迷人。

秋天，成群结队的大雁，在高空中飞翔。夕阳西下，夜幕降临，那风声、虫鸣，听起来也愈发叫人心旷神怡。

冬天，落雪的早晨是最美的，推开窗子，看到满眼的玉树琼枝，天地间一片白茫茫，难怪唐代诗人岑参（cén

shēn）会有“忽如一夜春风来，千树万树梨花开”的感慨呢！

一年四季，每个季节都有独特的美。关于一年四季，还有这样一个传说呢！

传说有一天，孔子的学生子贡正在门外扫地，不远处走来一个穿绿衣服的人。

绿衣人问：“请问您是孔子吗？”

子贡回答：“我是孔子的学生。”

绿衣人说：“哎呀，那太好了，我能不能问你一个问题？”

子贡一听很高兴：“好的，可以啊！”

绿衣人问：“一年到底有几个季节？”

子贡脱口而出：“这太简单了，一年有春、夏、秋、冬四个季节啊！”

绿衣人说：“不对，不对，明明只有三季。”

他们争辩了好久，谁也没有说服对方。他俩最后约定，如果答案是四季，绿衣人向子贡磕三个头；如果答案是三季，子贡就向绿衣人磕三个头。

正好孔子从房间里走出来，看到了争论的两个人。

子贡觉得自己胜券在握，急忙问孔子：“老师，请您来给我们评判一下，一年到底有几个季节？”

孔子看了绿衣人一眼，说：“一年有三个季节。”

子贡只得向绿衣人磕三个头，表示自己甘拜下风。

绿衣人走后，子贡问孔子：“老师，一年明明有四个季节，

老师带你学成语

甘拜下风

在中国古代，发布命令的人站在上风的地方，听令的人站在下风的位置，所以“甘拜下风”原来指甘心服从命令。现在泛指真心佩服，自认不如。

您怎么说三季呢？”

孔子说：“刚才那个人一身绿衣，他分明是田间的蚱蜢。蚱蜢春天出生，秋天死亡，一生只经历过春、夏、秋三季，哪里见过冬季？所以在他的思维里，根本就没有‘冬季’这个概念。你跟这样的人争上三天三夜也不会有结果的。你同意他说的三季，你吃点亏，磕三个头，但节省了时间啊！”

听完孔子的话，子贡认真地点了点头。

同学们，这个故事的道理，你明白了吗？《荀子·王制》中说：“春耕、夏耘、秋收、冬藏，四者不失时，故五谷不绝。”少年是人生的春天，我们要珍惜春光，在春光里辛勤耕耘，才能在秋天收获累累硕果。

一、在下面古诗中填入恰当的季节（春、夏、秋、冬）。

（1）自古逢____悲寂寥，我言____日胜春朝。

（2）仲____苦夜短，开轩纳微凉。

（3）落红不是无情物，化作____泥更护花。

（4）____有百花____有月，____有凉风____有雪。

二、思考一下，什么季节是播种的季节，什么季节又是收获的季节呢？试着写一写吧！

三、学习心得。

06

伟大的中华民族

中华民族

我们国家有五十六个民族，就像五十六朵花，组成了“中华民族”。“中华”的“中”，指的是中原。“中华”的“华”，字形看上去就像一支开花的草木，在古代指的是“花”。“华”最初的读音也是 huā，可以作动词用，指开花。

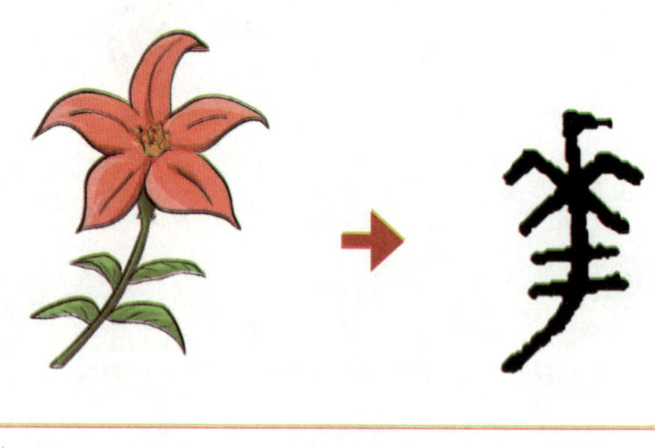

我们都知道，花朵是非常美丽的，所以“华”又引申为光彩、华丽，继而引申为事物的精华（huá）。后来“华”还有一个读音 huà，用于五岳之一的“华山”，也用作姓氏。

中华民族的历史，可以追溯到五千多年前的上古时代。

那时候，在中原大地上，炎帝部落和黄帝部落是势力最大的。但这两个部落经常为争夺地盘而发生战争，最后黄帝大胜，统一了中原。炎帝归顺了黄帝，黄帝把太行山以西分给了炎帝，让他去管理。炎帝听从了黄帝的命令，好好地管理着分给他的地盘。

蚩尤（chī yóu）跟炎帝属于同一个部落。传说蚩尤有八只脚，三头六臂；铜头铁额，刀枪不入；人身牛头，背上长着双翅膀。不仅如此，他手下像他一样勇猛无比的兄弟竟然有八十一个。那些兄弟额上都生有两只尖锐的牛角，耳朵两旁的毛发直竖起来，好像剑戈一样，还有八条胳膊，九只脚趾，个个骁勇善战。

蚩尤和他的兄弟们制造锋利的矛、尖锐的戈、巨大的斧、坚固的盾、轻捷的弓箭等。除此之外，他们还具有超凡的神力。

蚩尤觉得自己的势力很强，就想把炎帝的地盘抢过来据为己有。于是，他带领那些如狼似虎的兄弟们，向炎帝的部落发起突袭。

炎帝被打了个措手不及，很快就丢失了部落居住地“九隅”。他向黄帝求助。黄帝对蚩尤的做法十分不满，就答应了炎帝的请求，带领大军浩浩荡荡地朝蚩尤部落进发。

当时，双方的实力都很强。黄帝与炎帝的联军阵营里除了身经百战的将士，还有四方鬼神及狗熊、老虎、狐狸、豺狼等种种凶猛的野兽。蚩尤除了八十一个铜头铁臂的弟兄外，还有魑魅魍魉军团。

两军遭遇后，聪明的蚩尤倚仗武器精良和对地形气候的了解，主动向黄帝发起攻击，因而九次大败黄帝。黄帝就这样认输了吗？并没有，他越战越勇，与蚩尤在涿鹿（也就是今天的河北涿州）进行了最后的决战。

黄帝招来应龙，让它行云布雨，想用水淹蚩尤的军队。不料，蚩尤请来会呼风唤雨的风伯、雨师相助。黄帝的军队再次陷入困境。危急时刻，黄帝从昆仑山召来了旱魃（bá）。旱魃一来，驱赶了狂风暴雨，黄帝的军队趁机反扑。此时九天玄女也站在了黄帝一方，教给了黄帝高深的谋略和法术。

魑魅魍魉（chī mèi wǎng liǎng）

古代传说中山泽的鬼怪，比喻各种各样的坏人。魑魅，山林异气所生，为害人者。

魍魉，严格地说，是“山精”，是“木石之怪”。

民间传说，在深山老林里，走夜路的人，常常会遇上山魈鬼怪、魑魅魍魉，它们都是木、石、禽、兽变的。

其实古人将鬼这一大类又分为二十四种小类：魑、魅、魍、魉、鬽、魁、魃、魈、鬾、魀、䰎、魆、魊、魋、䰼、魐、魒、魓、鬿、魖、魔、魘、謉、䰡。

这是一场旷日持久的战役，也不知打了多少年。双方杀得昏天黑地，血流成河。最终黄帝把蚩尤连同他的魑魅魍魉军团打败，取得了胜利。黄帝斩了蚩尤的首级，将其首级埋葬，首级化为血枫林。黄帝还尊蚩尤为兵主，即战争之神。后来天下大乱，黄帝将蚩尤的形象画在军旗上，用以威慑天下。诸侯见蚩尤像都吓得赶紧投降。

涿鹿大战后，黄帝的威信达到了空前的高度，一统中原地区。后来人们把炎帝、黄帝、蚩尤以及各个部落的首领奉为我们中华民族的祖先。

虽然蚩尤战败了，但是他在上古时期，带领九黎氏族部落兴农耕、冶铜铁、制五兵、创百艺、明天道、理教化，他的好多发明在中原地区流传下来，为中华早期文明的形成做出了杰出贡献。所以我们中华民族的文化是相互交融的，在这个历史舞台上的每一个身影都是我们文化的一部分，缺少了谁都不会完整。

一、“华”有几个读音，各个读音分别代表什么意思？

二、为什么黄帝要把蚩尤的像画在军旗上？这样做有什么作用？

三、学习心得。

07

从神仙到圣人

神圣

我们在看神话故事的时候，发现故事里天上有好多神仙，他们神通广大，本领高强，让人羡慕不已。“神”字由“示”和“申”组成，“示”由表示上天的“二”，和表示日、月、星的“小”组成。

在古人看来，日、月、星会昭示吉凶，让人趋吉避凶。所以后来很多表示祈福、祭祀的字都是“示”字旁。甲骨文中的“申”像闪电一样。在古人看来，打雷和闪电是至高无上的天神在发怒，所以“神”的本义是祭拜正在发怒的天神。

我们熟知的神话人物中，有开天辟地的盘古，有用五彩石补天的女娲，有立志要填平大海的精卫，还有奔向月宫的嫦娥……

你有没有发现，生活在远古时期的人们，因为对这个世界的认识还不够，无法理解生活中常见的自然现象，就在脑海里创设出各种各样的“神”，以表达他们对这个世界的认识。

古人认为，主天者为神，主地者为圣。这就是“圣”的来源。甲骨文中的“圣”字像长着大耳的人，表示耳大聪慧者。后来，人们称品格最高尚、智慧最高超的人为“圣人”，我们熟知的孔子，从汉朝以后就被历代帝王推崇为圣人了。

孔子在二十岁的时候，学识就已经非常渊博了。在他四十多年的办学过程中，共招收了三千多名弟子，其中著名的弟子有七十二人。

你可能不知道，春秋之前，能够识字读书、做学问的人，大部分都属于贵族阶层，底层的普通平民是没有机会识字的。孔子觉得人人都应该受教育，他提倡“有教无类”，创办私学，

有教无类

指不分贵贱贤愚，对各类人都可以进行教育；也可以指人原本是“有类”的，比如有的聪明，有的愚蠢，有的孝顺，有的忤逆，但通过教育可以消除这些差别。

广招学生，打破了贵族对学校教育的垄断，把受教育的范围扩大到平民，把知识的火种传了出去。

孔子是儒家学派的创始人，他的思想核心是“仁”和“礼”，这种思想至今仍被世人传颂。《论语》这本书详细地记录了孔子和弟子的言论，像我们熟知的成语“温故知新”“敏而好学”等都出自《论语》。

你们知道吗？孔子还被联合国教科文组织评为“世界十大文化名人”之首呢！现在世界各地推广汉语和传播中国文化的机构——孔子学院，也是以他的名字命名的。孔子被后人誉为“至圣”，即“圣人中的圣人”。也就是说，在所有的圣人中，如果孔子排第二，那就没人敢称第一了。

后来，“圣”字也用来表示在某方面有着极高成就的人。我们熟知的有在古诗方面造诣极高的“诗圣”杜甫，书法“翩若惊鸿，婉若游龙”的“书圣”王羲之，

十几岁就参透作画精髓的“画圣”吴道子。

到了封建社会，人们尊称在位的皇帝为“圣上”，他们下发的文件被称为“圣旨”，当皇帝做出英明决策的时候，群臣会齐颂皇帝“圣明”。

现在，人们常把“神”和“圣”放在一起，表示凌驾于天地之上的、极其崇高而庄严的事物。如：我国的领土是神圣不可侵犯的！

一、先连一连，然后从中选择一两个人，跟好朋友聊一聊他们在各自领域取得的成就。

棋圣	司马迁
酒圣	黄龙士
史圣	关 羽
茶圣	杜 康
武圣	陆 羽

二、除了文中提到的盘古、女娲、精卫和嫦娥，你还知道哪些神话人物，在他们身上又发生了怎样的故事呢？试着简要写一写。

三、学习心得。

08

从“三皇五帝”到皇帝

皇帝

同学们，你一定听说过“皇帝”这个词语，那你知道它的来历吗？

“皇”字本是指王者头上戴着皇冠。金文的“”字上面是“”，“”表示皇冠，“”指的是王者的头，把头画大一点，是为了突出王者头上戴着皇冠。“皇”的下半部分是个“王”字。甲骨文里的“王”字就像一个王者严肃、端庄地坐着，宽大的皇袍垂下来。

帝，在甲骨文中是“”，像架起来的木头捆好堆放在一起，用来焚烧祭天，这是先民

们一种古老的祭礼。“帝”在甲骨文中有两个意思，一是天帝，二是祖先。随着汉字的发展，现在“帝”的意思更丰富了，我们熟知的“皇帝”中的“帝”就表示“君主”。

传说中有“三皇五帝”，一般“三皇”是指燧人氏、伏羲氏、神农氏，“五帝”是指黄帝、颛顼、帝喾、唐尧和虞舜。

被人们奉为“三皇之首”的是燧人氏。关于他，还有一个传说。

相传，远古时代的人们没有“生火做饭”的概念，他们靠捕鱼打猎、采摘野果为生，得来的食物用石头分割开后就直接吃了。即使在零下二十几度的冬天，他们也只能吃坚硬的生肉。所以那个时候的人们，消化系统很差，寿命都特别短。

有一天，一个小伙子看到身边的病人在痛苦地呻吟，他感到无比难过，遂暗下决心，要改变这种现状。于是他离开自己居住的地方，跋山涉水，来到了一个叫燧明国的地方。小伙子走了那么远的路，又累又饿，就躺在一棵树下休息。

这棵树名叫燧木，树干高耸入云，树枝茂盛繁密，盘曲

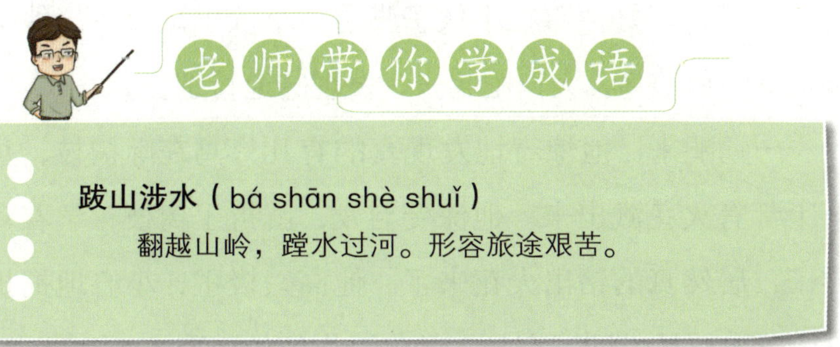

跋山涉水（bá shān shè shuǐ）

翻越山岭，蹚水过河。形容旅途艰苦。

起来，占地面积有一万顷那么大。小伙子在这棵燧木树下睡着了，还做了一个梦。梦里他就坐在这棵树下，有几只鸟落在了树枝上。它们用尖尖的嘴巴啄树枝，每啄一下，树木就会发出明亮的火花。

有一只鸟运气不太好，在啄木头时，不小心被溅出的火花烧死了，正好掉落在小伙子脚边。小伙子饿极了，他捡起脚边被烧焦的鸟，大口吃起来，发现味道特别香。

一觉醒来，他惊奇地发现真的有几只鸟在啄树枝，每啄一下都有火花溅出来。他深受启发，就折了树枝，学着鸟的样子，居然真的钻出火花来了。他高兴极了，小心地把折下来的燧木树枝带回了家乡，并告诉人们如何取火。

后来，家乡人开始用火加热食物，吃上了熟食。为了感谢他，大家都称他为燧人。这就是燧人氏钻木取火的故事。

“三皇”中的伏羲氏对事物观察敏锐，发明了八卦，创造了历法，是人类文明的始祖；神农氏尝遍百草，教百姓医疗与农耕，被世人尊称为医药之神。

“三皇五帝”是人类的始祖，对人类社会做出了杰出的贡献。但严格来说，“三皇五帝”并不是真正意义上的帝王，他们只是原始社会中后期的部落首领，后人为了纪念他们，尊称他们为“皇”或“帝”。从秦朝开始，中国历史上才有了第一位“皇帝”。

我们听说过春秋五霸、战国七雄，知道春秋战国是历史上非常混乱的时期，直到公元前221年，秦王嬴政攻灭六国，统一全国，建立了中国历史上第一个统一的封建王朝——秦

朝。秦王推行了郡县制，统一了文字和度量衡，这些举措对中国封建社会产生了深远的影响。

得胜归来的秦王站在大殿上，心潮澎湃，他认为自己扫荡六国，一统天下，非常了不起，“秦王”二字根本配不上自己取得的丰功伟绩，不适合作为自己的称号，他要给自己找一个更加尊贵的称呼。

经过一番深思熟虑后，秦王嬴政自信满满地认为自己“德高三皇，功过五帝”，于是就采用三皇之“皇”、五帝之“帝”组成“皇帝”这个霸气的称号，他觉得自己的皇位将由二世、三世传到千万世，所以他自称“始皇帝”（第一任皇帝），是古今中外第一个称“皇帝”的封建君主。

可惜的是，秦朝统治过于残暴，历史上有名的“焚书坑

老师带你学成语

焚书坑儒（fén shū kēng rú）

指秦始皇为巩固统治而焚烧古代典籍、坑杀方士儒生的事件。

焚：烧；坑：把人活埋；儒：指书生。焚毁典籍，坑杀书生。比喻对文化和文化人的摧残。

儒”就发生在秦始皇在位时。最终，秦朝的暴政导致民心尽失，在他的儿子秦二世即位的第四年，秦朝就被农民起义推翻了。算起来，秦朝从统一六国到走向灭亡，只延续了短短15年。

今天，我们的生活比以前的皇帝还要好。但是，我们可不能做衣来伸手、饭来张口的“小皇帝”“小公主”，自己要主动做一些力所能及的小事，在生活中不断磨炼自己，练就一双翱翔蓝天的翅膀，长大后，才能在属于自己的广阔天地中自由飞翔。

一、请把传说中“三皇五帝”的名字在下面写一写。

三皇：

五帝：

二、同学们，中国古代历史上还有哪些皇帝呢？他们有的功勋彪炳、流芳百世，有的昏庸懦弱、遗臭万年，你对他们中的哪一位最了解呢？可以和小伙伴交流一下哦！

三、学习心得。

09

为什么五岳归来不看山

三山五岳

在中国的古文字中，“丘”“山”“岳”都是指山，不同的是，“丘”是两座山峰，“山”是三座连在一起的山峰，“岳”是“山”上还叠着小“丘”的大山脉。也就是说，“丘”是小山，“山”是大山，“岳”是大山脉。

如此看来，“岳”就是山上之山的意思。一般的山岭叫山，只有高大的山才能被称为“岳”。中国的山很多，但只有五座岳，分别是东岳泰山、西岳华山、北岳恒山、中岳嵩山、南岳衡山。

有一个记住五岳的小口诀：泰华衡恒嵩，东西南北中。

《说文解字》中对“岳”的注解有一句是这样的：“王者之所以巡狩所至。”许慎认为，“岳”是从山演变出来的“王者”，它们代表了至高的境界，值得帝王亲自登临、封禅，具有神圣不可动摇的地位。

我们在看电视时，经常看到皇帝去泰山封禅。为什么古代皇帝都那么喜欢去泰山封禅呢？又是什么样的皇帝才能去泰山封禅呢？

相传民间有“泰山安，四海皆安”的说法，古人认为泰山是群山中最高的，是“天下第一山”，所以帝王应该到最高的泰山去祭天地，以显示自己的至尊地位。

去泰山封禅是古代帝王最高规格的典礼，只有改朝换代、江山易主，或者久经战乱后天下太平的时候，才可以封禅天地。几千年来，有不少皇帝去过泰山封禅，如第一个以皇帝自称

老师带你一起学

封禅（fēng shàn）：古代帝王到泰山祭祀天地的典礼。在泰山上筑坛祭天叫封，在泰山下的梁父山上祭地叫禅。

的秦始皇，还有汉武帝刘彻等。

在我国的习俗中，丈夫对妻子父母的称呼是丈人、丈母，这是对妻子父母的一种尊称，因为“丈”在古代有“长”的意思。现在，仍有不少地方的人沿用“丈人”“丈母”这样的称呼。可是，更多的人却称妻子的父母为“岳父”“岳母”，这到底是怎么回事呢？

让我们一起带着疑问，穿梭到一千三百多年前的大唐盛世去探寻原因吧！

相传，唐玄宗李隆基继位后，百姓安居乐业，国家繁荣昌盛，唐代出现了著名的“开元盛世”。于是朝中大臣纷纷上奏，建议唐玄宗去泰山封禅。唐玄宗欣然接受了群臣的建议，并任命宰相张说（yuè）为封禅使，负责封禅的大小事务。

张说有个女婿叫郑镒，按当时的品级是不应该跟随前往的，但他有张说这个宰相丈人，所以才有机会参加封禅。按照惯例，封禅后，除了太尉、司徒、司空这三公以外，其他随行的官员都可以官升一级。

封禅之前，郑镒只是个九品芝麻官；封禅回来之后，他却连升四级，升到了五品。郑镒这升官的速度真是比坐火箭还要快。

一天，唐玄宗大宴群臣，看见郑镒穿着绯红的五品官服，觉得很奇怪，就问郑镒："郑卿为什么升得这么快？"郑镒一下子吓蒙了，支支吾吾，无言以对。一旁的宫廷乐师黄幡绰说："此泰山之力也！"

后来，人们听说了这件事，就把妻子的父亲称为"泰山"，又因泰山乃五岳之首，于是把妻子的父亲称为"岳父"，同时，把妻子的母亲称为"岳母"。

听了这个故事，你是不是跃跃欲试，想去登一登五岳，了解更多有关五岳的故事呢？

五岳雄伟壮观，景色秀丽，古今多少文人墨客都曾在此留下著名的诗句。孟子曾留下"孔子登东山而小鲁，登泰山而小天下"的感慨；李白又有"衡山苍苍入紫冥，下看南极老人星"的豪情；陆游也曾有过"每因清梦游敷水，自觉前身隐华山"的错觉……

一、下面描写五岳的诗句，你知道写的是哪一座山吗？想一想，写下来。

（1）岱宗夫如何？齐鲁青未了。（　　）

（2）只有天在上，更无山与齐。（　　）

（3）东南倚盖卑，维岳资柱石。（　　）

（4）榆柳萧疏楼阁闲，月明直见嵩山雪。（　　）

二、除了五岳之外，历代诗人还留下了很多描写祖国大好河山的诗句，请你试着写一两句吧！

三、学习心得。

10

不可缺少的衣食住行

衣食住行

前面我们讲了这么多，这一课我们就来说一说离我们最近的，也是我们生活中必不可少的“衣”“食”“住”“行”四个字。

其实，甲骨文的“衣”字，就是一件上衣轮廓的图形。在春秋战国之前，中国人的衣服是分上下两截的。穿在上身的叫“衣”，穿在下身的叫“裳”（cháng）。后来“衣”和“裳”合在一起，成为衣服的总称。

衣服是供人穿在身上遮蔽身体和御寒保暖的东西，它有罩裹、覆盖的作用，所以后来“衣”又引申为覆盖或包在物体表面的东西，如糖衣、炮衣、笋衣等。

“衣”可以组好多个词语，如衣兜、衣架、衣襟、衣料、衣衫、衣食、衣物等。还有不少成语中也含有“衣”字，如衣不解带、天衣无缝、衣冠楚楚、一衣带水、衣不蔽体、衣锦还乡、布衣之交、锦衣玉食等。

“衣锦”二字最早出自《史记》，据记载，楚霸王项羽攻占咸阳后，有人劝他定都关中，但项羽不愿意，他说：“如今，我已功成名就，如果不回故乡，就像穿着漂亮的锦缎衣服走夜路一样，谁能看到？”后来，便慢慢有了“锦衣夜行”和“衣锦还乡”的说法。

像项羽一样衣锦还乡的还有五代十国时期吴越国的第一任国君钱镠（liú）。他功成名就之后，便挑了个黄道吉日，启程衣锦还乡了。还乡那天，临安附近的房屋、通道、树木、功臣山的宝塔，早已披红戴绿，张灯结彩。钱镠的人马一到临安境界，乡亲父老就捧出早已准备好的家酿美酒、糯米粽子，夹道欢迎。

但令钱镠没有想到的是，回到家后没找到自己的父亲。他不知道为什么，就让随从先回去，自己徒步在那儿找父亲。后来在一个偏僻的角落里，他找到了父亲。

钱镠问：“父亲，孩儿衣锦还乡，您为什么避而不见？”

父亲语重心长地说：“孩子，我们全家世世代代以耕田、捕鱼为生，从来没有出现过像你这样身份高贵的人。今天，你虽然成了一国的国君，但是你看看周围，都是虎视眈眈的敌人。你不思勤政，却在这里炫耀。我担心过不了多久，就会国破家亡，咱们钱家也会跟着你遭殃，所以我才不愿意见你。”

钱镠听了之后，好像被一盆冷水浇头，马上就清醒了过来。从此以后，钱镠就像变了一个人，他用圆木做警枕，修身治国，勤政爱民。吴越地区在他的治理下慢慢变得富强起来。

对于像钱镠这样的统治者来说，人民是最重要的；而对于人民来说，吃饭是最重要的。所以《史记》里说：“王者以民为天，而民以食为天。”

“食”是个会意字。甲骨文的“ ”像一个装满食物

的器皿。这个字的本义是“食物”，即吃的东西。后来，“食”又引申为吃，如蚕食、食不甘味、食肉等。

食还可以作为偏旁“饣”。带有“饣”的字，大多与吃或与食物有关。当你很“饥饿”的时候，不论是“馒”头还是“馍”，不论是“馅饼”还是“馄饨”，都可以让你大“饱”口福。

不单是人类，其实很多动物的食物也都带有“饣”呢。家禽家畜吃“饲”料，鱼儿上钩需要鱼“饵”，看来，吃是人和动物的本能啊！

提到吃，你最喜欢吃什么口味的食物呢？我们的祖国幅员辽阔，各个地方的人们在饮食上已经形成了自己独特的喜好。从主食来说，很多南方人对米情有独钟，而北方人更加钟爱面食。在食物的口味上有“南甜北咸东辣西酸”之说，是不是有种饮食界“华山论剑”的感觉？

俗话说，一方水土养育一方人。反过来是不是也可以理解为“一方人爱好一方菜系”呢？

事实上，“食物”对于咱们中国人来说，不仅仅是用来填饱肚子的，它还包含了我们对人生的思考，对民族文化的传承。

不论身在世界的哪个角落，中国人会在元宵节吃汤圆，意在祝愿一家人团团圆圆；在端午节吃粽子，表达对爱国诗人屈原的怀念……

看，中国人的饮食文化跟中华传统文化一直都是紧密相关的。

人有衣穿，有饭吃，还需要什么？

需要住。需要一个能遮风避雨的、舒适的住所。

“住”的本义为停留，由停留引申为停止的意思，暂时停顿，静止不动。如“他一听愣住了”，是指动作呆滞，停止不动了。后来又引申为居住。

其实一说到住，我们首先想到的就是房子和家。

我们先来说一说房子，从古至今，人类建造住所用过很多不同的材料，从山顶洞人的洞穴，到半坡氏族时期的石屋，后来逐渐有了木屋、土坯房、砖房、钢筋混凝土楼房……

不同人的住所也有不同的称呼。古代帝王住的是“宫殿”，学生的住处叫“宿舍”，出门的旅人住“宾馆”，文人墨客、政治家等具有一定影响力的人物曾经住过的地方叫“名人故居”；老北京人住过“四合院”，云南傣族人住过“竹楼”，黄土高坡人住过“窑洞”，蒙古族人住过“毡包”……

接下来我们说“家”，现在我们一提到“家”肯定会想到与亲人们共同生活，一起居住的地方。倘若有人说你“家”本是猪圈，你会不会很生气？不过，甲骨文中的“家”字，上部是房子的侧面型（即宝盖头），房子下面圈养着长满毛的“豖”（猪），反映了当时的社会生活。那么，这个表示“猪圈”的“家”怎么会演化成今天这个含义呢？

最初，我们的祖先是在树上“架木为巢”的。大约七千多年前，他们转到地上盖木房子为屋，并开始驯养野兽为家畜，猪就是人们最早饲养的家畜。为了防止遭受外来的侵袭，那时房子的结构一般是上下两层，上面住人，下面做猪圈。因此，凡是有“猪圈”的地方，也住着人；有“猪圈”，

也就是有"人家"的标志。后来经过演变，"家"的"猪圈"这一本义消失了，"人的住所"这个含义却保留了下来。

随着社会不断发展，"家"的内涵也越来越丰富。周代以男为家，以女为室，有家（夫）有室（妇），叫作"成家"；春秋战国时期，"家"又发展为学术流派，如儒家、墨家、百家争鸣等；后来，"家"又用来指有专门学问或技能的人，如作家、书法家、专家；另外，"家"也用作量词，如一家人。

另外，有宝盖头的字大都与房屋、家居等有关，比如教室的"室"，本来的意思是房屋，后来专指内室；宇宙的"宇"，最初指屋檐；宇宙的"宙"最初意思是栋梁，后来词义扩大，"宇宙"便指整个空间。

家室宇

"国"字经常和"家"字连用。在甲骨文里，"或"字是"国"字的最初文字。"或"字里的"口"表示范围；"一"表示土地；"戈"是指手拿兵器以保卫国家，表示武力。经过演变，"或"字外加了一个框，强调用武装力量守卫自己的边界，这就是当时的"国"字了。古时候大国称为"邦"，小国称为"国"。现在，无论是大国还是小国，都称为"国"。

人总是住在家里肯定不行，要上学，要社交，要谋生，要旅游……这就涉及"行"。"行"是由左边的双人旁和右边的“亍”组成的。双人旁表示道路，右边的亍也表示道路，“行”的原意是指两条路交叉的十字路口。所以，我们常见的有双人旁的字其实并不是指两个人，而是与道路有关，如“小径”的“径”，“街道”的“街”，还有“得到”的“得”。“得”在古文字中是指在道路上看到宝贝，用手捡起来，这就是“得”。

还有一些字，是把“行”中间劈开，然后在中间加一个部件，组成一个新字，比如“衍”，就是在行的中间加一个三点水，所以“衍”就是水流得越来越宽、越来越大的一种景象。

现在，“行”不仅指路口、道路，还引申为行走，如：步行、日行千里、行军。从古至今，人们的出行工具从人的双脚，变为飞机高铁，从木筏变为游轮，科技让我们的生活更美好、更便捷。

一个人生活在这个世界上，最基本的需求就是“衣食住行”。穿衣、吃饭、居住、出行，和我们的生活息息相关。从衣食住行的变化中，我们可以真切地感受到社会的发展和时代的进步。

一、填一填。

（1）春秋之前人们所说的“衣”指的是（　　）。

（2）“民以食为天”中的“食”是指（　　）。

“蚕食”“食不知味”中的“食”是指（　　）。

（3）“室”字与（　　）有关。

“书法家”中的“家”指的是（　　）。

“一家人”中的“家”是（　　）。

（4）“行”的本义是（　　）。

二、你知道中国有哪些传统的饮食文化吗？试着写一写吧！

11

世间万物如何“立足”

“立”在甲骨文中是一个人站在地上的样子，所以立就是站的意思。“天”是在“大”字的上面加一横，“立”就是在“大”字的下面加一横，顶着天的是人，立在地上的也是人，所以顶天立地是形容人的。开天辟地的盘古，就是一位顶天立地的大英雄。

平时我们上体育课或是做操时，老师都会喊口号，“立正——稍息——”，立正是要求我们按照要求，原地站好。其实，

除了“立正”，立还可以组成很多词语，如矗立、耸立、屹立、挺立、伫立、肃立……这些词语用来形容不同事物的“立”。

“矗立”中的“矗”字由三个“直”组成，它重在强调“直”，直而高地立着的是什么？肯定不会是人，而是高大的建筑物。跟矗立意思相近的还有一个词语——耸立，看到“耸立”你是不是会想起一个成语“高耸入云”？这个成语同样可以用来形容建筑物。矗立是形容巨大的建筑，而耸立则侧重于形容非常高的建筑。

“屹立”的“屹”字是“山”字旁，意思是像山峰一样稳固、坚定不可动摇。所以，“屹立”大多用来形容山峰，或是有着山峰一样坚定不可动摇精神的人，如：五位壮士屹立在狼牙山顶峰。

“挺立”着重强调直立不弯曲，一般用来形容树木，有时候也可以形容人的坚强不屈；“伫立”表示长时间地站立；“肃立”是指严肃恭敬地站着……

茫茫宇宙之中，每个人或物都是渺小的个体，都以自己独特的方式立于世。动物界有“金鸡独立”“鹤立鸡群”，植物界有秋菊的“傲然挺立”，荷花的“亭亭玉立”；山有“屹立”“耸立”；

咏庭前桂

［明］沈周

庭前有芳桂，耸立自孤生。
时当风露凄，顾发黄金荣。
翘处群植闹，悠悠扬德馨。
众秽岂不忌，气禀莫相能。

茕茕孑立（qióng qióng jié lì）

茕茕：孤独无依的样子。孑：孤单。孤零零一人站在那里。形容一个人孤孤单单，无依无靠。也作“茕茕孤立”。

人的世界有“肃立”“伫立”“茕茕孑立”……

世间万物都有自己的立足之道，那作为大自然的主宰——人类，该如何立于世呢？

孔子有云：“人无信不立。”的确如此，一个人生活在这个世界上，不论身份地位如何，如果不讲信用，就无法立足。历史上有名的“桐叶封侯”就是一个有关诚信的故事。那是在孔子还未出生的西周初期，故事要从一片梧桐树叶说起……

西周初期，周成王姬诵登基即位时才十二岁，还是一个懵懂无知的孩子，根本不懂什么国家大事，他的叔父周公姬旦辅助成王执政。

有一天，周成王和弟弟姬虞在园中玩耍，两个孩子玩得可高兴了。成王一时兴起，随手从梧桐树上摘下一片叶子，把树叶撕成了玉圭的形状，笑着说：“弟弟，我要封一块土地给你。”

姬虞也学着大臣们的样子跪在地上，双手接过梧桐树叶说：“臣弟领旨谢恩！哈哈，真好玩……”

兄弟俩继续玩耍，站在一旁专门负责记录天子事迹的史官把这件事记了下来。

过了一段时间，史官见周成王没有任何分封的表示，便将这件事情禀告了成王的叔叔周公。周公上朝时跟成王提起封地的事，成王一脸疑惑地说：“什么封地？哦，我想起来了，我那是跟弟弟闹着玩呢！”

周公严肃地对成王说：“天子无戏言，大王说的每句话都要记入史书。只有您说到做到，臣民们才能感受到天子的诚信啊！”

成王说：“叔父，我明白了，一切按您所说的办。”

后来，周成王下旨将唐地封给了姬虞，还选择了一个吉日，把姬虞正式封为唐国的诸侯。

在周公的教育下，年幼的周成王终于明白什么是做人之本、为君之道，为以后治理国家打下了坚实基础。看来，坚守诚信不仅是一个人的立身之本，更是一个国家的立国之策。

人立于世，讲诚信是为人之本。那作为一名读书人，你的人生追求又是什么呢？大家都知道，读书能改变人的气质。提出这个观点的是北宋大儒张载，他的“横渠四句”告诉我们，一个有使命感的读书人应该终身追求什么，那就是：为天地立心，为生民立命，为往圣继绝学，为万世开太平。

一、请选择合适的词语填到句子中。

伫立　矗立　屹立　耸立　挺立

（1）一座摩天大厦（　　）在人们眼前。

（2）李白（　　）在江边，看着友人的船渐渐远去，直到消失在自己的视线中。

（3）我们学校新建的教学楼（　　）在操场旁边。

（4）一棵棵高大的梧桐树（　　）在道路两旁，宽大的树叶挡住强烈的阳光，树下一片阴凉。

（5）中国人民靠着自强不息的精神，（　　）在世界东方。

二、请根据“立”的不同含义组词。

（1）站：________

（2）建立，树立：________

（3）直立的：________

（4）制定、订立：________

（5）存在，生存：________

（6）使物体的上端向上：________

12

子建之才，潘安之貌

才高八斗

南朝诗人谢灵运是中国历史上第一位全力创作山水诗的诗人，被誉为山水诗的鼻祖。谢灵运曾经这样说过：“天下才共一石（dàn），曹子建独得八斗（dǒu），我得一斗，自古及今共用一斗。”谢灵运对自己相当有自信，天下人他都不放在眼里，只有曹子建的文才让他由衷佩服。

这就是成语“才高八斗”的由来，现在“才高八斗”已经成了才学出众的代名词，后人常用“才高八斗”或“八斗之才”称赞才学出众者。如唐代诗人李商隐的《可叹》中有“宓（fú）妃愁坐芝田馆，用尽陈王八斗才”，唐代诗人徐夤（yín）的《献内翰杨侍郎》中有“欲言温署三缄口，闲赋宫词八斗才”等。

能得到谢大才子如此高评价的曹子建又是何许人也？他是三国时期曹操的儿子曹植，字子建。曹植自小聪明好学，他在十岁的时候就能诵读《诗经》《论语》和先秦两汉时的辞赋了。

有一天，曹操看到曹植手里拿着一篇文章，写得特别好，便问："这篇文章写得真好，是谁写的？"曹植跪下回答："父亲大人，这是孩儿刚写出来的。"曹操惊讶的同时，心里还有一丝怀疑。

刚好此时铜雀台建成了，这座富丽雄伟的建筑可是曹丞相向文武百官炫耀权势的地方。看到铜雀台如此高大恢宏，曹操很高兴，下令在铜雀台上大宴三天，并邀请很多文人来此相聚。

一天，曹操让大家以铜雀台为题写一篇赋，大家纷纷响应。曹植沉思片刻后，大笔一挥，第一个完成。曹操看了曹植的

这篇文辞华美的《铜雀台赋》，不禁赞叹：“妙哉，妙哉！”

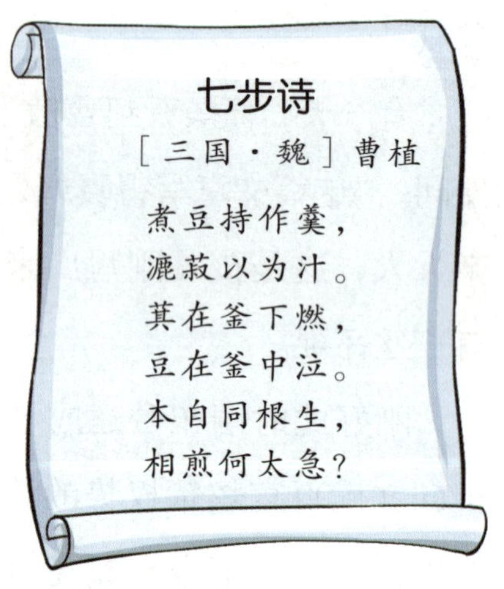

只可惜，曹植虽文才非凡，在政治方面却不是他哥哥曹丕的对手。曹操去世后，曹丕迫使汉献帝禅让帝位，自己当上了皇帝。他对自己这个“才高八斗”的弟弟十分忌惮，担心他迟早会威胁自己的皇位。

一天上朝，曹丕酸味十足地对曹植说：“大家都夸你文思敏捷，现在我命令你在七步之内作出一首体现兄弟感情的诗，但是全诗不能出现兄弟二字，否则，就休要怪我无情了！”

曹植小心应答：“一言为定，假如我不能在七步之内作诗一首，任凭您处置。”

果然，曹植在不到七步之内便吟出了非常有名的《七步诗》，这首诗的意思是，用豆秸烧火煮豆子，豆子在锅里哀号，

我们是同样的根长出来的，你何苦逼我逼得这么急迫呢？曹丕听了很惭愧，不好意思再下手害曹植了。

曹植靠着“八斗之才”挽回了自己的小命。这首《七步诗》你小时候是不是也背诵过？其实曹植的作品还有《洛神赋》《白马篇》等，后来都成了脍炙人口的名篇。

聊完了“子建之才”，我们再来谈谈“潘安之貌”。潘安是西晋时期非常有名的一位美男子。潘安的“粉丝”很多，而且“粉丝”群体的年龄跨度非常大，上到八十岁的老人，下到几岁的孩子都有。

有一次，潘安到集市上去，满大街的人都停下了脚步，街上的女人们手拉手把他围住，不让他走，真有点像现在的明星“粉丝”见面会。更夸张的是，有一些女人为了吸引潘安的注意，还把篮子里的水果放进潘安的车里，等潘安转完一圈回家的时候，车子早已装满了“粉丝”们送的水果。

看来，爱美之心，古来有之啊！现在，人们常用“潘安之貌”来形容长相帅气的小伙子。

一、下列成语中，哪些是专门用来形容女孩子的，哪些是可以用来形容男孩子的？请你分分类。

沉鱼落雁　玉树临风　秀外慧中　温文尔雅

冰清玉洁　气宇轩昂　闭月羞花　美如冠玉

二、像“才高八斗”这样形容人才学出众的成语还有很多，请你试着再写几个。

三、学习心得。

13

琴棋书画你擅长哪几样

琴棋书画

“琴棋书画”在我国古代文人中非常盛行，是风雅人士修身养性的艺术爱好。这四项技艺掌握得如何，在古代甚至成了衡量一个人是否有才的标准呢！

这里的“琴”可不是我们现在常见的西洋乐器钢琴、小提琴。这里的“琴”是指古琴，古琴的产生距今已经有三千多年的历史，是汉民族最早的弹弦乐器。古琴音域宽广，音色深沉，我们在影视剧中听到的很多余音悠远的乐曲，都是由它演奏出来的。

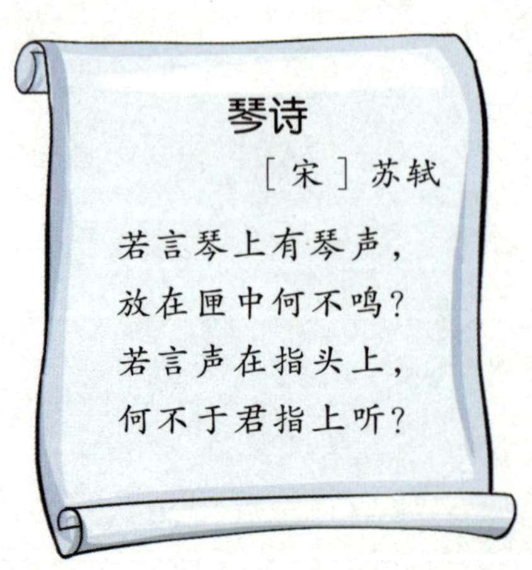

“琴棋书画”中的“棋”是指围棋，中国古代称之为“弈”，两个人下围棋就叫“博弈”。围棋起源于中国，可以

古琴：又称瑶琴、玉琴、七弦琴，是中国传统拨弦乐器，属于八音中的丝。2003年，中国古琴被选为世界文化遗产。2006年，古琴被列入中国非物质文化遗产名录。

说是棋类的鼻祖，距今已有四千多年的历史了。据先秦典籍《世本》记载："尧造围棋，丹朱善之。"这是怎么回事呢？

前面我们介绍过"三皇五帝"，知道尧是五帝之一，他有个儿子叫丹朱。丹朱小时候非常淘气，经常和小伙伴在一起打打闹闹，为此，身上留下不少伤疤，是个不折不扣的"熊孩子"。

尧看到熊孩子丹朱如此淘气，大伤脑筋，于是冥思苦想，终于想出一个教育儿子的好方法。一天，尧把丹朱叫到跟前说："你喜欢跟小朋友玩打仗游戏，很容易受伤，现在我教你一种不会受伤的打仗游戏。"丹朱听后很好奇。

第二天，尧让丹朱捡来一些黑色和白色的小石子，然后在地上画了很多小方格，尧指着小方格对丹朱说：“黑石子给你，白石子给我。一个石子就是一个兵，你就是将军。咱们轮流在方格线上摆放石子，一次只许放一个，看谁的兵能把对方的兵围住。被围住的石子就被消灭掉，必须把它拿走。”

丹朱一听，眼睛亮了，觉得很有意思，便开心地与尧玩起来。玩着玩着，丹朱发现自己的黑兵总被白兵消灭，急得坐不住了。尧笑着对丹朱说：“要多动脑筋才能赢哦！这与上战场打仗一样，必须学习排兵布阵。”

从此以后，熊孩子丹朱再也不和小伙伴们瞎打瞎闹了，而是谦虚地向父亲学习怎么玩这种游戏，经常入迷地对着方格认真思考，悟出了许多打仗的方法和做人的道理。慢慢地，丹朱变得聪明沉稳起来，由一个“熊孩子”成长为“别人家的孩子”。丹朱长大后，成了一名文武双全的将军。

池上二绝

［唐］白居易

其一

山僧对棋坐，局上竹阴清。
映竹无人见，时闻下子声。

其二

小娃撑小艇，偷采白莲回。
不解藏踪迹，浮萍一道开。

尧教儿子丹朱玩的这种游戏，经过不断发展便成为现在的围棋。同学们，像丹朱这样，从小学习围棋好处多多，可以培养我们高度的注意力、敏锐的观察力、灵活的应变力，以及对全局的统筹力，等等。但是，如果你下棋输了会不会生气?

故事发生在汉朝，因一颗棋子而引发了一场战乱。

话说西汉时期，汉文帝的堂兄弟刘濞（bì）被封为吴王，吴国有铜山可以铸钱，有海水可以煮盐，国家非常强盛。汉文帝当了十年皇帝，吴王都没有进京去觐见（朝见君主）过一次。

一次，吴王的儿子刘贤去京城玩，汉文帝让儿子刘启跟刘贤一起玩。两个孩子年纪相仿，一起玩了几天后，越来越熟悉，彼此之间也越来越随便了。

一次，两个人在一起下围棋。下了几盘后，双方各有胜负。刘启身为太子，平时深得皇帝的宠爱，连作业写错了也是由太监代他受罚，下棋更是“所向无敌”——每个人都明里暗里让着他。这次输了棋，刘启气呼呼地说：“不好玩，我不想玩了！”

刘贤是吴王的儿子，是个货真价实的“王子”。刘贤平时在吴国霸道惯了，压根儿不知道现在到了皇太子的地盘，需要夹着尾巴做人。他居然一再挑衅（xìn）太子：“再来一盘啊，你是不是怕了？”

“好，下就下，我还能怕你不成？”皇太子不甘示弱，两个人又下了起来。其实，两个人的下棋水平本是半斤八两，

谁知到了紧要关头，皇太子刘启放错了一颗棋子，眼看就要输了，刘启便把那颗棋子拿回来说：“这颗不算。”

“怎么可以不算呢？”吴王的儿子刘贤气得大叫，“你是将来要当皇帝的人，怎么可以耍赖啊？”

皇太子刘启是储君，从小就没有受过委屈，被刘贤这么一怼（duì），顿时就火了。他一把抓起石头做的棋盘，用力往刘贤的脑袋上砸去。刘贤没有防备，躲闪不及，立刻脑袋开花，一命呜呼了。

因为区区一件小事，要了王子的命。这事情虽然有点大，但汉文帝也只是狠狠地训斥了太子刘启。杀人偿命或坐牢，在皇帝或太子身上是不存在的。在封建社会，“普天之下，莫非王土；率土之滨，莫非王臣”，天下的土地与人都是皇帝家的，皇帝想怎么处置就怎么处置。

痛失宝贝儿子，吴王心如刀绞，但又没办法讨要“公道”。只是从那以后，吴王对汉朝政府极为不满，每次朝廷派人到吴国，他都爱答不理。

汉文帝去世后，刘启即位是为汉景帝，他想要削弱各个诸侯王的势力以巩固统治。丧子之痛未好，又迎来削权之恨，吴王刘濞忍无可忍，新仇旧恨一起爆发。他第一个起兵反对朝廷，紧接着又有六个刘姓宗室诸侯王跟随造反，这就是历史上著名的西汉七国之乱。七国之乱很快就被平定，七个王都被处死，除保存楚国另立新王外，其余六国都被废掉。

其实，下棋难免有输赢，人生也是一样的，赢要赢得漂亮，输也要输得有风度，我们可不能学汉景帝刘启哦。

“琴棋书画”中的“书”是指书法，前面我们介绍过汉

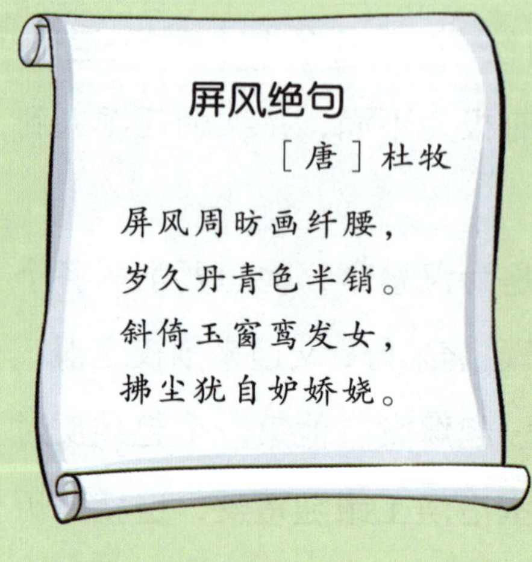

字的起源，知道汉字是世界上最古老的文字之一。书法艺术从产生、传承到发展已经有几千年的历史了。书圣王羲之的《兰亭序》被誉为天下第一行书；草圣张旭的《草书古诗四帖》雄强奇伟，笔势纵逸。此外，还有著名的楷书四大家欧阳询、颜真卿、柳公权、赵孟頫（fǔ）。他们的书法作品在历史的星河中熠熠生辉，闪烁着中华民族的智慧。

“琴棋书画”中的“画”可不是我们平时随手画的简笔画，它是指国画。“国画”一词起源于汉代，汉朝人认为中国是居天地之中者，所以称为中国，将中国的绘画称为“中国画”。

国画是中国传统的绘画形式，是用毛笔蘸水和颜料在绢或宣纸上作画。绘画的题材有人物、山水、花鸟等。顾恺之的《洛神赋图》、阎立本的《步辇图》、黄公望的《富春山居图》等都是著名的国画作品。

琴棋书画，雅人四好，作为古代文艺圈的象征，曹雪芹在《红楼梦》中给贾府“四春”的贴身丫鬟分别取名为抱琴、司棋、侍书、入画，真切地体现了琴棋书画在古代文人生活中的重要性。现在，我们不妨效仿古人做一回雅人，学学“琴棋书画”中的一两样，但是，千万要记住：胜败乃兵家常事！

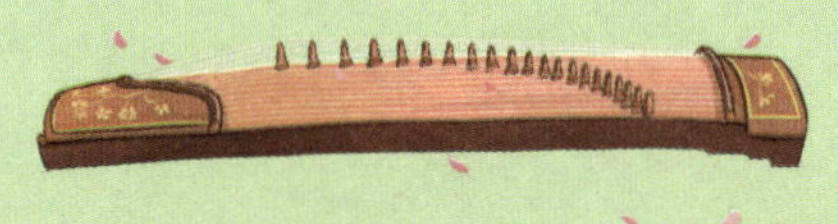

一、判断题，对的打“√”，错的打“×”。

（1）围棋是由丹朱造出来的。（　）

（2）“琴棋书画”中的“琴”是指古琴。（　）

（3）国画是中国传统的绘画形式，它是用毛笔直接蘸墨汁画出来的。（　）

（4）奋勇争先，有时候为了赢棋，我们可以不择手段。（　）

二、像“琴棋书画”这样四个字是并列关系的成语你能想到几个呢？挑战一下吧！

三、学习心得。

14

止戈为武，忘战必危

止戈为武

同学们，你们在新闻中肯定听说过：“军队是要准备打仗的，止戈为武，忘战必危。”你知道“止戈为武”是什么意思吗？提起“止戈为武”，就要听一个古老的故事了。

那是在春秋时期，楚国和晋国在两棠［也叫邲（bì）］发生战争，楚军大获全胜，看着晋军狼狈而逃的样子，楚军将士们欢欣鼓舞、军心大振。

楚国大夫潘党对楚庄王说：“大王，我们楚国这次获得胜利，真是上天庇（bì）佑啊！”

楚庄王说：“是的，此战大胜晋军，本王甚感欣慰。”

潘党提出建议：“大王，您看我们是不是应该把晋军的尸首堆积起来，封土为丘，以示纪念？将来也可以给我们的子孙看，以提醒他们不忘先人的武功。”

“不，不，寡人不能这样做。”楚庄王连连摇头，“战争不是为了宣扬武功，而是为了给百姓带来安定的生活。”

潘党一脸疑惑："大王，臣愚昧，还是不太明白。"

楚庄王若有所思地说："你认识'武'这个字吗？止戈为'武'，放下兵器，停止战争才是真正的武德。现在晋国和楚国交战，双方士兵皆有死伤，百姓不能安宁生活。武功应该具备的七种德行，我一种也没有，留什么给子孙看呢？再说，晋国的将士们为了执行命令而战死，他们也没有错。"

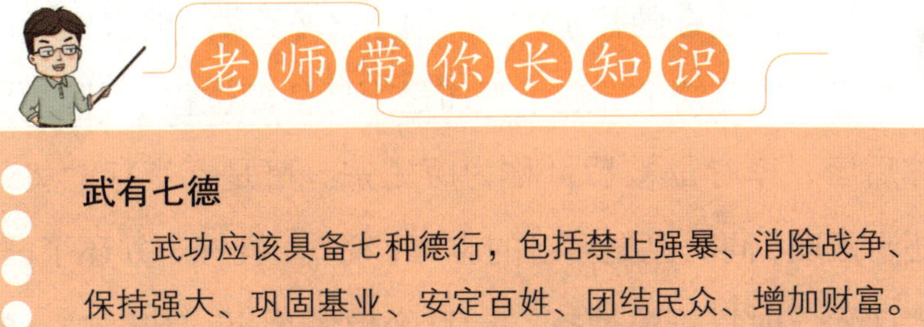

老师带你长知识

武有七德

武功应该具备七种德行，包括禁止强暴、消除战争、保持强大、巩固基业、安定百姓、团结民众、增加财富。

潘党躬身施礼，恍然大悟：“臣明白了，大王圣明！”

同学们，甲骨文中的“武”字是由“止”和“戈”两个字组成的，“戈”是古代的一种兵器，“止”在甲骨文中是人的脚趾的样子。正如楚庄王所言，停止战争才是真正的“武”。能不用武力而使对方屈服，这才是真正的武功。

听了楚庄王的故事，我们明白了“止戈为武”的意思。可是，如果一个国家因为眼前的安定太平，就忘记了为战事作准备，这样下去就很危险了。在中国几千年的历史长河中，曾有不少帝王沉浸在已取得的胜利中不能自拔，不再考虑国家的内忧外患，从而导致国家灭亡。

五代十国时期，晋王李克用在快要死的时候，拿出三支箭交给他的儿子李存勖（xù），说：“梁王是我的仇敌；燕王是我扶持建立起来的；契丹与我订立盟约，结为兄弟，他们却都背叛了我们。儿子，给你三支箭，你一定要记得为我报仇啊！”

李存勖接了箭，把它藏在祖庙里。此后每次出兵，就派随从官员到祖庙去祭告，请下其中一支箭，等到凯旋时再把箭藏入祖庙。李存勖花了 15 年时间完成了父亲的报仇遗命。

他将三支弓箭全部还于祖庙之上后便即位称帝，国号唐，史称后唐，李存勖被后世称为唐庄宗。可是，李存勖将三支箭还于祖庙，同时也把自己的志气、锐气、豪气一并还了回去。

打天下时拼了命地打，一旦坐稳了天下，却又拼了命地

玩。他只顾自己吃喝玩乐，不理朝政，不再去考虑国家的安危存亡。他的胡作非为终于激起事变，各地纷纷反叛，最后他也被乱军杀死。本来是一代有作为的帝王，最后却落得这样的下场，真是可惜。

天下虽安，忘战必危！中国人素来崇尚“以德服人”，但有时候只靠“德”是“服不了人”的。回顾中国的历史，我们不会忘记鸦片战争，不会忘记南京大屠杀，不会忘记近代中国经历的百年屈辱。中华民族素来珍惜友谊，维护世界和平，却也从不畏惧以战止战。

一、你知道哪些有关战争的俗语、谚语或成语？请写在下面。

二、根据本节内容，写一写你对“止戈为武”的理解。

三、学习心得。

15

弄璋弄瓦都一样

弄璋弄瓦

同学们，假如古人有手机，谁家有新出生的宝宝，会如何发朋友圈告诉大家这个喜讯呢？如果有人发“弄璋之喜”或“弄瓦之喜”，你能知道生的是男宝宝还是女宝宝吗？

这两个成语来自《诗经》，我们节选如下：

乃生男子，载寝之床，
载衣之裳，载弄之璋。
……
乃生女子，载寝之地，
载衣之裼，载弄之瓦。

——《诗经·小雅·斯干》

《诗经》中这两句话的意思是：生了个男孩子，就把他

放在床上睡觉，让他穿上好看的衣裳，手里把玩着玉器“璋”。生了个女孩子呢，就把她放在地上睡觉，穿上普通的衣裳，手里玩着“瓦”。

“璋”是古代贵族在举行仪式时用的礼器。给儿子玩“璋”，一方面是希望他有玉一般的品德，另一方面又希望他成为贵族，可以光宗耀祖；这里的“瓦”是指古代纺车上陶制的零件，给女儿玩“瓦”，是希望她将来能胜任女红。男孩弄璋、女孩弄瓦，体现了古时候父母对儿子和女儿不同的期盼。

提起“弄璋”“弄瓦”，《旧唐书》中还记录着这样个笑话呢！

唐玄宗在任时期，有位宰相叫李林甫，他舅舅家的表弟叫姜度，任太常寺少卿。有一年，姜度的夫人生了个儿子。李林甫非常高兴，亲自为刚出生不久的孩子办了个庆生宴，邀请文武百官参加。

在宴会上，李林甫突然来了兴致，想要挥毫泼墨，庆祝表弟喜得贵子。可是由于李林甫读书不多，当他写到“闻有弄璋之庆”时把“弄璋”写成了“弄獐”。

在场的宾客看到当朝宰相的“墨宝”，面面相觑，纷纷用手遮住嘴巴偷偷笑了起来。

因为“獐”是一种山林野兽，现在人们常用“獐头鼠目”来形容人相貌丑陋，神情狡猾。按照李林甫的贺词，意思就是“祝贺你们家生了一个小獐子（野兽）！”难怪现场宾客偷着笑了。不学无术的李林甫本想在大庭广众之下卖弄一下，却不想弄巧成拙、贻笑大方。后来有人戏称李林甫是“弄獐宰相”，以嘲笑他没有文化。

宋代大文豪苏轼一家被后人誉为“一门父子三词客”，这里的“父子三词客”是父亲苏洵、哥哥苏轼、弟弟苏辙。关于苏洵，还流传着“弄瓦”的“打油诗”呢。

苏洵年轻时，跟刘骥是好朋友，两个人的关系很铁。苏洵的夫人第二胎生了个女儿，邀请好朋友刘骥赴宴。庆生宴上刘骥喝多了，他对好友苏洵说：“苏兄，恭贺弄瓦之喜！”

苏洵笑着作揖：“感谢刘兄光临小女的庆生宴。”

刘骥打了个酒嗝，笑着说：“我想到了一首打油诗，大家一起品鉴一番：去岁相邀因弄瓦，今年弄瓦又相邀。弄去弄来还弄瓦，令正莫非一瓦窑？”(令正：对他人妻子的敬称。)

刘骥的打油诗让在座的宾客哈哈大笑。这个玩笑高级而刻薄，除非关系非常好并且对方是豁达大度之人，否则很容

易激怒对方而让场面尴尬。苏洵是一个豁达大度的人，自然也不会计较这种调侃，他也乐呵呵地大笑不止。

读到这里，你是不是觉得古人有点重男轻女？

其实在上古时代，是母系氏族制社会，女人在部族中有着崇高的地位。古文字中的“女”是一个女人低着头，双手交叉跪坐着的姿态。这个字其实跟象形字“母”字非常相似。

我们都知道上古神话女娲造人的故事。《说文解字·女部》中“娲”字是这么讲的：“娲，古之神圣女，化万物者也。”上古时期有女娲造人的神话故事，古人认为人和万物都是女娲一个人所创造的。后来很多伟人的出生都被赋予了神圣的光环，认为这些能力超群的人是感天地灵气所生。还有一部分专门用来指女子怀孕的字，如“妊”“娠”等。还有很多古姓也是带有“女”字旁的，如“姜”“姬”“姞”“姚”等。

随着母系氏族社会的瓦解，女人的地位急转直下，开始被歧视。到了封建社会，男尊女卑思想出现，认为男人才是

三从四德

这是封建社会为妇女制定的道德行为准则和规范。三从：未嫁从父，既嫁从夫，夫死从子。四德：妇德、妇言、妇容、妇功。意思是妇女的思想品德、言行举止、仪容态度以及家务劳动，都要严格遵守封建礼教的规定。

顶梁柱，女人只能依附于男人。

在古代，“女”字指的是还没有出嫁的女孩子，女孩子出嫁后就称为“妇”（婦）。“妇”的右边是“帚”，也就是扫帚。古代娶妻要求贤惠，能够操持家务，所以就造了一个拿着扫帚的女人表示“妇”人的意思。

古代的很多女子在出嫁之前，要学习三从四德，一生都在听从别人的安排。由此可见，在古代男女地位极其不平等。直到中华人民共和国成立以后，妇女的地位才大大提升。

记得 20 世纪八九十年代有条计划生育宣传标语，叫“生儿生女都一样，女儿也是传后人”，如果是古人来写，会不会写成“弄璋弄瓦都一样，弄瓦也是传后人”？

一、请写出几个带有“男”或“女”字的成语。

二、文中刘骥称苏洵的妻子为“令正”，像这样的敬辞，你知道的还有哪些？请试着写一写。

问老人的年龄（　　　　）　尊称别人的父母（　　　　）

称对方的女儿（　　　　）　请人谅解（　　　　）

好久没见（　　　　）　仰慕已久（　　）

三、学习心得。

16

扮演好你自己的角色

厚德载物

你听说过“自强不息”“厚德载物”这两个成语吗？这是清华大学的校训。它要求清华学子发愤图强，永不停息，还要增厚美德，以容载万物。清华大学的校训出自《周易》，原文是“天行健，君子以自强不息；地势坤，君子以厚德载物”。

《说文解字》中对“物”的注解是“牛为大物，天地万物之数，起于牵牛”。对于古代的先民们来说，天底下最大的事就是填饱肚子；要填饱肚子，就得耕种；耕种靠的就是牛。

所以古人认为，牵牛耕田，是天地间万事万物的根本。因此“物”字用“牛”作形旁，“勿”作声旁。

在老祖宗看来，“物”就是指世间万物。我们所有的财富、智慧以及一切生产生活资料都是“物”。厚德才能承载万物，一个有道德的人，应当像大地那样厚实宽广，像大地那样承载万物、生长万物。

前面我们提到，孔子的思想核心是“仁”，中国历史上第一位被称“仁”的皇帝是谁呢？他就是宋仁宗——赵祯。

宋仁宗是一位勤政爱民的君主。据说有一天，赵祯加班批阅奏折至深夜，肚子很饿，想喝一碗羊汤，但他转念一想：自己作为天子，这样劳民伤财的行为会被世人效仿，于是便饿着肚子睡了。

赵祯这样严于律己，但对身边的人却十分仁慈。有一次他在吃饭的时候，突然牙齿咯吱一响，原来是吃到了一粒沙子。皇帝的饭菜中居然有沙子，这对宫人来说是大罪。但赵祯没有大发雷霆，也没有声张，因为他不想让宫人因此获罪。

为了做好皇帝，赵祯始终重用贤臣，并且虚心纳谏。在他执政期间，名臣贤相辈出，有范仲淹、韩琦、王安石、司马光、苏轼、苏辙、包拯等。

宋仁宗还兴办学校、修建图书馆，培养了一批有用之才。我们熟知的唐宋八大家，其中有六个都于赵祯在位时期闻名于世；程颢、程颐也在此期间成了宋代理学的奠基者；四大发明之一的活字印刷术，更是为宋朝文化的传播奠定了基础……

可以说，宋仁宗的厚德，让当时的宋朝文化发展达到了历史的顶峰。在他的管理下四海升平，百姓安居乐业。

可惜的是，中国历史上像宋仁宗这样厚德载物的皇帝不太多，德不配位的皇帝倒是不少，如：夏桀、商纣、周幽王、秦二世、隋炀帝等。他们虽然身为一国之君，但德行不够，

四海升平

“四海”指天下，“升平”指太平。四海升平指天下太平。

昏庸残暴，最终导致民不聊生，国家走向灭亡。

由此可见，越是责任重大的岗位，越是需要有高尚道德的人。“厚德”对于皇帝来说太重要了。

皇帝如此，普通人也是一样的。在日常生活中，每个人都扮演着家庭角色和社会角色，经商从政、治病救人、清洁城市……每个人都有自己的位置。无论是个人品德，还是职业道德，都要牢牢恪（kè）守。在自己的位置上守不住应有的“德”，小则影响自己及身边的人，大则影响社会的运转和发展。

正如明代思想家薛瑄所言，“唯宽可以容人，唯厚可以载物”。

一、厚德才能载物，历史上“德才兼备”的人有很多，你知道的有哪些呢？请写出几位。

二、你知道哪些与品德有关的成语？请试着写一写。

三、学习心得。

17

君子当如竹，临风不曲折

竹

今天讲的是“竹”这个字。一看到“竹”这个字，我们首先想到的就是竹子。其实在我国古代，竹子有很多作用。在纸被发明之前，竹简是重要的书写工具之一；有许许多多的乐器也是用竹子做成的；有的房子也是用竹子做成的；还有许许多多的生活用品，也是用竹子制作的。后来人们还用它代表人的谦逊的品性。

竹由两个“𠂉”构成，“𠂉”就是一根亭亭玉立的竹子。竹子很少看到单独一根，它们总是一簇簇、一丛丛组成竹林。这是因为竹子的根茎发达，会长分支。聪明的古人把两个

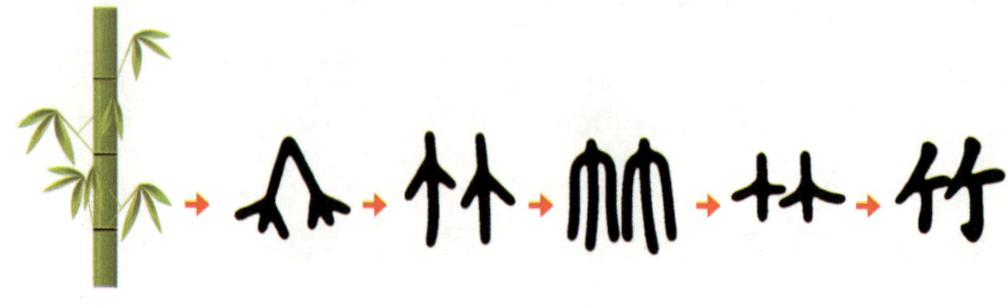

“个”放在一起组成“竹”，表现了竹子扎堆儿生长的特点。

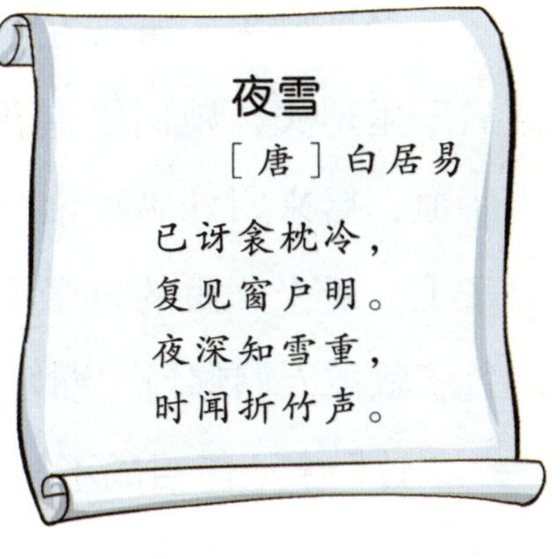

竹做偏旁时写成竹字头（⺮），竹字头的字有很多，如：筷、笔、竿、笛、笼等。也许你会觉得很奇怪，“笑”字为什么也有竹字头呢？我猜可能是因为人在大笑的时候，身体会来回摆动，就像竹子迎风摆动一样吧！

古人十分喜爱竹子。竹子挺拔直立，代表君子应有的正直；竹子是一节一节的，代表君子的气节；竹子中间是空的，表示君子为人谦虚，这些精神内涵都是我们中国人十分重视的。

竹子的种类有很多，包括毛竹、水竹、箭竹、慈竹、斑竹、凤尾竹等。斑竹还有一个好听的名字——湘妃竹。传说“三皇五帝”中的尧帝有两个女儿——娥皇和女英，她们俩都嫁

给了帝舜。后来，帝舜在一次过湘江时死了，娥皇、女英知道后千里追夫，她们俩抱着江边的竹子痛哭流涕，眼睛都哭出了血，后来姐妹俩投湘江自尽。她们的血泪滴在湘江边的竹子上，后来这里的竹子上就有了点点斑痕，这种带着斑点的竹子就被人们称为“湘妃竹”。

“竹”字还能组成不少成语，如：青梅竹马、罄竹难书、势如破竹、竹篮打水、胸有成竹、吹竹弹丝。

提到成语“罄竹难书”，还有一个历史典故呢！

那是在隋朝末期，隋炀帝杨广在位十二年，大兴土木，劳民伤财。他下令修建很多豪华宫殿供自己娱乐，为了修建这些宫殿，每个月要奴役两百多万人，民工死伤无数。

不仅如此，隋炀帝杨广还开运河、修长城，所需民工都在百万名以上。为了满足私欲，杨广丝毫不考虑农耕，严重影响了农业生产。

老师带你学成语

罄竹难书（qìng zhú nán shū）

罄：用尽，用完。竹：竹子；古人用竹子制成竹简来写字。

原义是用尽南山的竹子做竹简，都写不完他的罪行；后比喻罪行很多，难以写完。

当时有个叫李密的人，曾当过隋炀帝的侍卫，后来投奔瓦岗军翟让，一起起兵反隋，最后成了瓦岗首席指挥官。我们熟知的秦叔宝、程咬金等名将，都曾是李密的部下。

李密在进攻隋朝都城洛阳的时候，发布了一篇讨伐隋炀帝的檄文，号召各方人士一起行动起来，推翻隋朝的统治。檄文在列出隋炀帝残暴统治、祸国殃民的十大罪状后写道:“罄南山之竹，书罪未穷；决东海之波，流毒难尽。”意思是用尽终南山所有的竹子制成竹简，也写不完杨广的罪过；决出东海所有的水，也冲洗不清他的罪恶。

像隋炀帝这样的昏君，与“君子”二字完全不搭边。但在中国历史上，如竹般的谦谦君子其实有很多，如：辅佐周成王的周公，抗金名将岳飞，一心为民、两袖清风的于谦……

回顾中国历史上爱竹、如竹的人，很多人都会想到扬州八怪之一的郑燮（xiè），他号板桥，其诗、书、画世称“郑三绝”。

相传，郑板桥的朋友家新砌了一道墙，朋友请他在墙壁上画幅画。郑板桥大笔一挥，在墙上画了片竹林，郁郁葱葱，栩栩如生。等到下雨的时候，很多只麻雀飞过来避雨，原来麻雀把郑板桥画的画当成真的竹林了。

郑板桥名声在外，但生活却很清贫，因为他不肯轻易把画卖给别人。向他求字画的人络绎不绝，有些商人千方百计想斥巨资买他的字画，往往不能如愿；许多农夫、小贩、工匠、士兵却很容易求得他的画。

郑板桥说：“我画画是用来慰劳天下劳动者的，不是供那些达官贵人享用的。”

透过郑板桥画的墨竹，人们能看到他正直、谦虚的品质。

做人当君子，君子当如竹，临风不曲折，欲立天地间。郑板桥在晚年曾写下脍炙人口的《竹石》：“咬定青山不放松，立根原在破岩中。千磨万击还坚劲，任尔东西南北风。”这首诗至今仍在流传……

一、你知道哪些描写竹子的谚语？想一想，请试着写一写吧！

二、在你心目中，还有谁也是如竹般的君子？请简单介绍一下他们的事迹。

三、学习心得。

18

愿你永远平安、安心

今天我要讲的是“安”字。“安”这个字由来已久，它的本义是平静安好，即《说文解字》所谓的“静也”，由此引申出静止、舒适、稳妥、安全、使……稳定、使……有合适的位置、乐意等含义。从这些含义我们可以看出人们对美好生活的追求和向往。下面我们看一下“安”的演变过程。

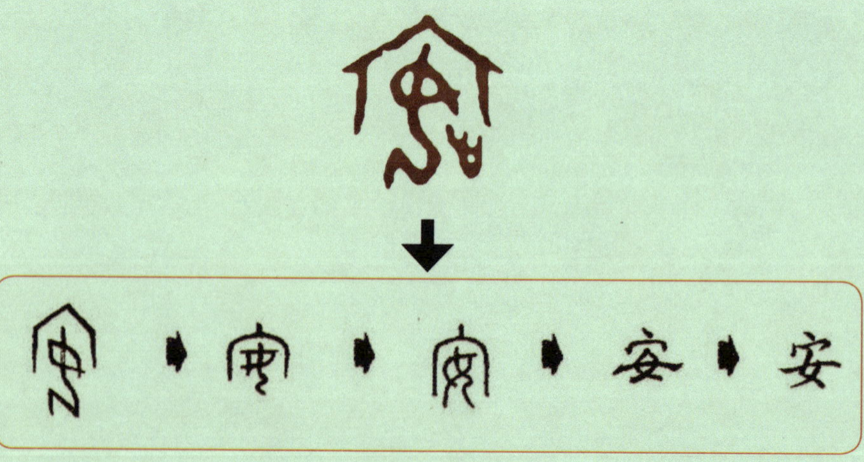

安是一个会意字。在最初的甲骨文中，“安”字由三部分组成。上面的半包围宝盖指的是房子，中间是一个面向右边端坐的女子，右下角的“止”表示从屋子外走到屋子里。

所以，“安”字说的是一个女人从屋外走进屋内并坐了下来。在四五千年前，毒蛇猛兽很多，又没有现代医药，女人在野外比较危险，只有回到屋子里才能安心。

后来，为了书写简便，右下角的“止”被省略，变成宝盖头（宀）下一个“女”字。女子端坐在屋里，这小日子就安逸了。

可能有读者会问：为什么宝盖下是女而不是男呢？

这是因为呀，仓颉造字时已经是父系氏族社会，男人在外耕作、打猎，身体练得棒棒的，危险要远远小于女人。说不定，男人遇到猛兽还能用长矛与之搏斗，杀死并带回家大吃很多天呢！

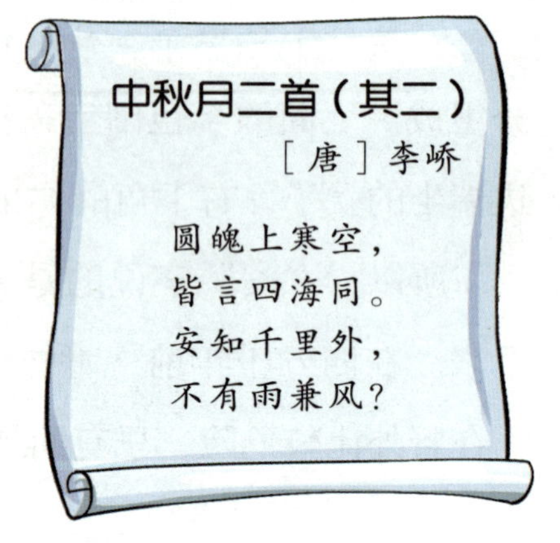

“安”是一个使用非常广泛的字，光是组词就能组好几百个，如：平安、安定、安身、安乐、安慰、安心、安装、安放、安知、安防、晚安。还有不少含有“安”字的成语，如：安身立命、安贫乐道、安然无恙、国泰民安、安分守己、居安思危。

甚至不少地名中也含有“安”字，如：安陵、安阳、安源、宝安、安庆、安顺、安化。

“平安”是“安”字的本义，如《荀子·王霸》：“国安则无忧民。”就是说，国家平安了，老百姓也就无忧无虑了。后又可引申为“习惯于”，如《汉书·艺文志》：“安

居安思危

身处平安稳定的环境中，也要想到可能出现的危险灾难。指要时时提高警觉，预防祸患。

安然无恙

原指人平安，没有疾病；在现代汉语中泛指事物平安未遭损害。

其所习，毁所不见。”

“安身”就是容身、立足的意思，如《三国演义》中所说的：“取彼荆州为安身之地。”但是你可不能类推，如《左传·昭公元年》：“君子有四时：朝以听政，昼以访问，夕以修令，夜以安身。”这里的“安身”是当“休息”讲。有时“安”字还可当疑问代词用，如《史记·陈涉世家》：“燕雀安知鸿鹄之志哉！”这是说，小燕雀怎么能知道大雁的宏志呢？这个“安”可当“怎么”讲，与“安”字本义无关，这是个假借字的问题。

下面再讲一个跟“安”字有关的地点和人物的故事。

安陵，现在是河南省鄢（yān）陵县的一个镇。在战国时期，安陵是一个小国家，这个国家的国君叫安陵君。

安陵君在获得封号前，只是楚王身边的一个宠臣。一个叫江乙的门客居安思危，认为安陵君没有给楚国做过大的贡献，也没有骨肉亲戚可以依靠，其地位一点都不安稳。

“您务必向楚王表忠，请求能随他而死，亲自为他殉葬，这样，您在楚国必能受到永久善待，安安心心地享受荣华富贵。”江乙说。

安陵君听取了意见，但整整三年没有去实施。江乙看了很焦急，对安陵君说：“我和您说过要向楚王表忠的事，您也应承了，直到现在您还没有行动，看来我只有离开这个危机四伏的地方了。”安陵君劝江乙留下，说：“我何尝不想表忠呢？但没有找到合适的机会啊！”

安陵君在苦等机会中度日如年。一次，楚王带了一大帮人外出打猎，安陵君有幸随游。一路上车马成群、络绎不绝，五色旌旗遮蔽天日。忽然，一头犀牛像发了狂似的朝车队冲过来。只见楚王拉弓搭箭，一箭便射死了犀牛。安全了的楚王随手拔起一根旗杆，按住犀牛的头，仰天大笑说：“今天的游猎，寡人实在太高兴了！待我百年之后，又有谁能与我一道享受这种快乐呢？”

安陵君听了，知道机会终于来了。他赶紧走上前，泪流满面地对楚王说：“我在宫中有幸和大王席地而坐，外出有幸和大王同车而乘。大王百年之后，我愿安然地随从，在黄泉之下也做大王的褥草以阻蝼蚁，又有什么比这更快乐的呢！”

安陵君的这次表忠，看不出任何做作、谋划的痕迹，表现得真诚自然。果然，楚王听了非常感动，回宫后就正式封他为安陵君，让他有了自己的封地。

有了自己封地的安陵君，终于安全了，安稳了，安逸了。

江乙这人非常有眼光与能力，能够居安思危并想出对策。安陵君非常有眼光与耐心，能够为了一个机会等三年，并在机会出现时紧紧抓住。

下面我们再说一说生活中经常用到的与“安”字相关的词语的意思。

我们经常说：“你若安好，便是晴天。”意思是“你要是平安快乐，我的世界就明朗舒爽”。“安”字在这里是一个形容词，这就体现出了它的本义，即安定、安全、安稳。

当“安”字作为动词时情况就大不一样了——上六年级的张小华好奇地将爸爸的电动剃须刀拆成了一堆部件，他爸爸看到后，愤怒地对他说：“你必须给我安好！”

在这里，“安好”的意思是“安装好”。我们经常用到的类似的词还有安排、安置、安心、安抚等，这就需要我们在实际使用中灵活掌握它的意思。

一、把下列词语填到句子中，使句子变完整。

安全　　安排　　安装　　安心

（1）李明的爸爸在_____空调时，不小心扭伤了脚，躺在床上。

（2）李明安慰爸爸说："爸爸，你_______养病吧，我自己的事情自己会_______好的。"

（3）爸爸说："真懂事，你上学路上也要注意_______哦！"

二、你知道哪些与"安"字有关的成语？试着写一写。

三、学习心得。

胡立根 主编

吴巧 著

大语文可以这样学 2

必背古诗课

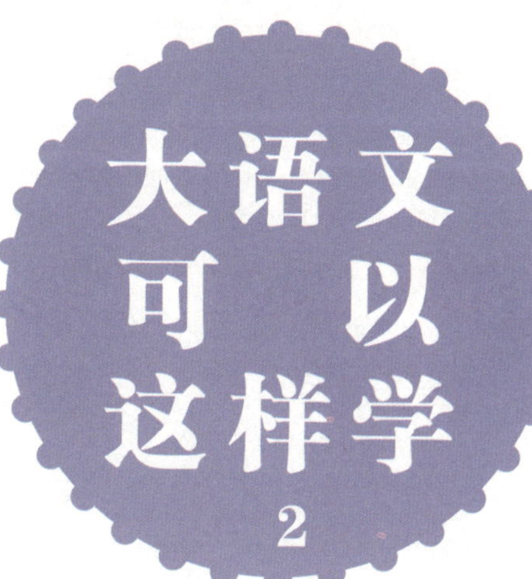

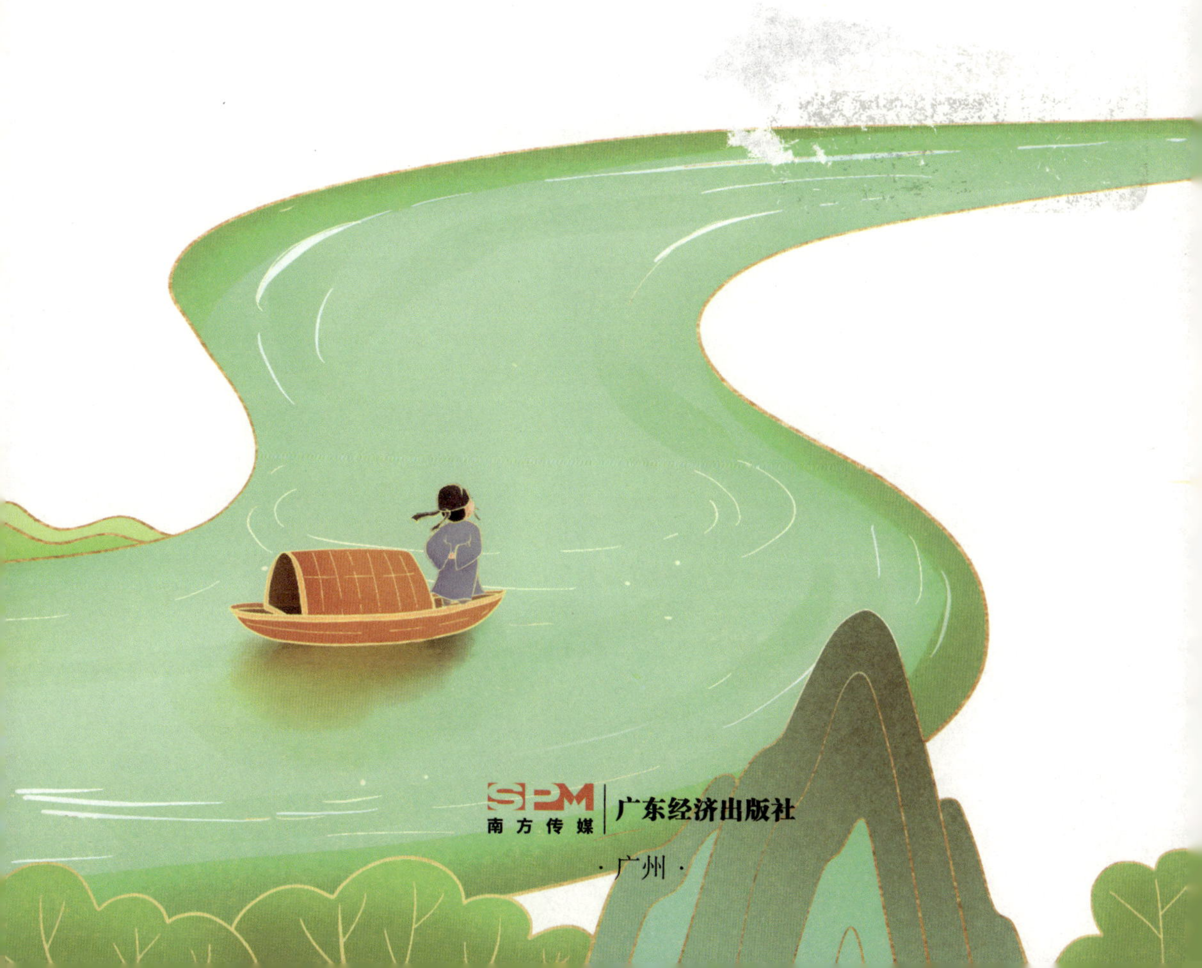

SPM 南方传媒 | 广东经济出版社

·广州·

卷首语

同学们，在碧波盈盈的湖面上，有一群大白鹅游来游去，你一定会说：“啊！这群鹅真漂亮！”

可是在诗人的眼里，就会浮现这样的画面：大白鹅弯弯的脖子伸向天空，正在自由自在地唱歌呢！它们正在湖中嬉戏，洁白的羽毛，红红的脚掌，碧绿的湖水互相映衬，多么美丽呀！

这就是唐代著名诗人骆宾王写的《咏鹅》：“鹅，鹅，鹅，曲项向天歌。白毛浮绿水，红掌拨清波。”

诗人写这首诗的时候才七岁，是不是很厉害呀！

同学们，古诗是中国传统文化的精髓，也是我们文学的启蒙，从我们咿呀学语起，就与古诗文相伴。

“远看山有色，近听水无声”，古诗是一幅幅美丽的画卷；“鸟宿池边树，僧敲月下门”古诗呈现了凝练的语言魅力；“千磨万击还坚劲，任尔东西南北风”，古诗带给我们强大的情感

力量；“大漠孤烟直，长河落日圆”，古诗让我们感受壮阔的边塞风光……

古诗是我们中华传统文学的根，是中华民族的魂。诵读古诗文，可以开阔你的眼界，丰富你的知识，打开你的想象空间，对你的胸怀的开阔，志气的增强，品格修养的提高都有很大的帮助。

当你读完这本书，一定可以感受古诗带给你的力量，拿起手中的笔，写下你心中的诗吧！相信你也能成为一个像骆宾王那样的小诗人。

让我们一起打开这本书，走进古诗文的世界，领略古诗文的魅力吧！

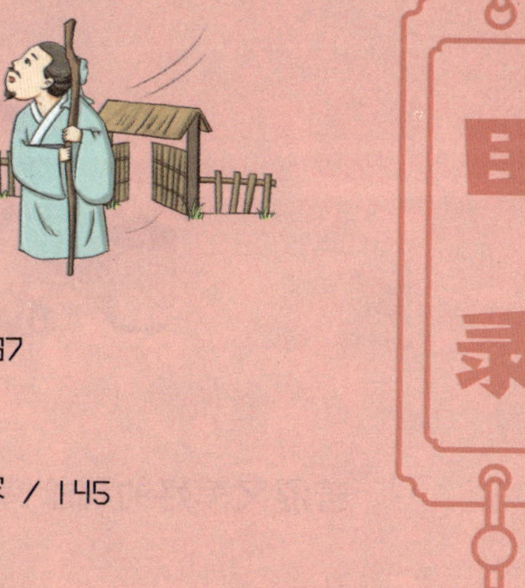

目录

01

一起探寻诗歌的源头

在中国的诗歌史与文学史上，有一座丰碑——《诗经》。古人说话写作，常会用到《诗经》里的比喻、意象。所以孔子对他儿子孔鲤说："不学诗。无以言。"意思是不学《诗经》，连说话写作都不灵。

例如曹操有一首著名的《短歌行》，其中有"青青子衿，悠悠我心。但为君故，沉吟至今"，而"青青子衿，悠悠我心"就来源于《诗经·郑风》。这八个字本来是写女孩在思念情人，借用到《短歌行》里，表达了作者无比渴望得到有学识的才子。

《诗经》里收集了西周初期至春秋中叶大约500年间的诗歌300多篇。当时，我们的祖先从野蛮逐渐走向文明，文学与艺术诞生，人们开始用文明而艺术的方式去追求美好的事物，比如人们看到漂亮的姑娘，就这样写情书：“关关雎鸠，在河之洲。窈窕淑女，君子好逑。”这里说的是美好的姑娘啊，每个男孩子都想追求你。

我们的祖先在夸赞姑娘的时候，为什么先要写雎鸠呢？

雎鸠是一种水鸟，传说它们雌雄双鸟形影不离、相亲相爱。“关关”指的是雌雄两只鸟一应一和的叫声，跟“呱呱”的意思是一样的。

我国的诗人太聪明又太浪漫，他们一开始不直接说要表达的对象，而是先言他物，引出表达对象，渲染气氛，营造意境。这种表现的手法叫“兴”，“兴”至今依然是文学艺术的重要表达方式。

《诗经》中大量运用了“兴”的表现手法，如为了表现一名远征在外的战士思念家乡，开篇写“昔我往矣，杨柳依依。今我来思，雨雪霏霏”，通过杨柳、雨雪等景物，将那一股深邃的、飘忽的情思自然流露出来，含蓄深远，意味无穷。

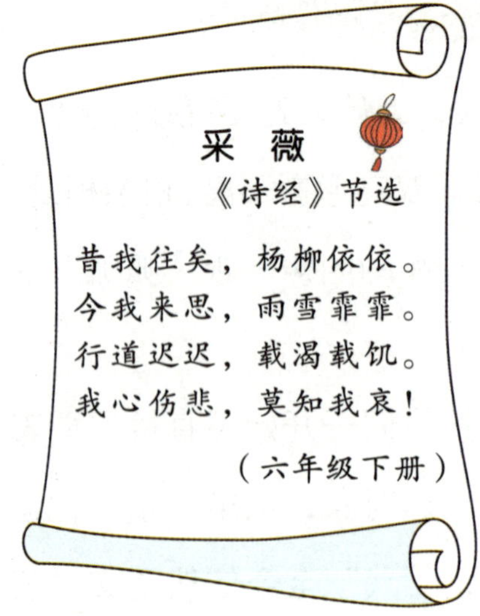

采　薇

《诗经》节选

昔我往矣，杨柳依依。
今我来思，雨雪霏霏。
行道迟迟，载渴载饥。
我心伤悲，莫知我哀！

（六年级下册）

【译文】

回想当初出征时，杨柳依依随风吹。

如今回来路途中，大雪纷纷满天飞。

道路泥泞难行走，又渴又饥真劳累。

满腔伤感满腔悲，我的哀痛谁体会！

美丽的姑娘要出嫁了，《诗经》这样说：“桃之夭夭，灼灼其华。之子于归，宜其室家。”意思是：桃花开满枝头，多么美丽呀！这位姑娘要出嫁，定使家庭和美幸福。

诗里先说桃花，再引出美丽的姑娘，这就是 “兴”。当然，将美丽的桃花比作美丽的姑娘，又运用了比喻手法。比喻也是《诗经》的另一种重要表现手法，

桃 夭

《诗经》节选

桃之夭夭，灼灼其华。之子于归，宜其室家。
桃之夭夭，有蕡其实。之子于归，宜其家室。
桃之夭夭，其叶蓁蓁。之子于归，宜其家人。

【译文】

桃花怒放千万朵，色彩鲜艳红似火。这位姑娘嫁过门，夫妻美满又和顺。

桃花怒放千万朵，硕果累累大又多。这位姑娘嫁过门，早生贵子后嗣旺。

桃花怒放千万朵，桃叶纷呈真茂盛。这位姑娘嫁过门，齐心携手家和睦。

我们称之为“比”。在后来的古诗词以及文学作品里，大家都常用“花”来比喻美丽的姑娘。

除了“兴”与“比”，《诗经》还有一种重要的表现手法：赋。“赋”即铺陈直叙，诗人把思想情感及与其有关的事物平铺直叙地表达出来。如《诗经》里的“七月流火，九月授衣”。

人们常说“诗六义”，不仅包括上面所讲的三种表现手法“赋”“比”“兴”，还有三种诗歌形式“风”“雅”“颂”。

《诗经》内容根据所咏的对象，分为不同的形式。其中表现老百姓生活的民间小调，以及爱情、婚姻等，是篇数最多的，统称为“风”，也叫“国风”。或许是老百姓之间的口口相传，使其流传范围广，像一阵风一样，吹遍大地。

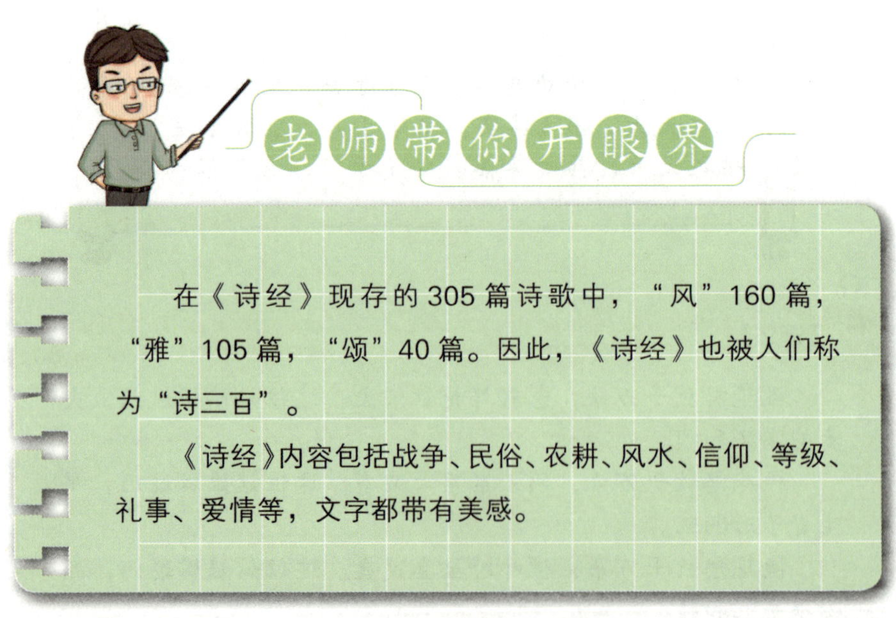

在《诗经》现存的305篇诗歌中，“风”160篇，“雅”105篇，“颂”40篇。因此，《诗经》也被人们称为“诗三百”。

《诗经》内容包括战争、民俗、农耕、风水、信仰、等级、礼事、爱情等，文字都带有美感。

还有部分反映贵族阶层生活和思想感情的作品，显得高雅些，被称为“雅”。

人们活着的时候喜欢这些诗歌，去世了也得用诗歌送一程呀！于是就出现了“颂”：在祭祀的时候，唱给逝去的亲人们，表达哀思。这些诗歌一般都是宗庙祭祀之乐，内容比较呆板平直。“颂”在《诗经》中的数量是最少的，但具有很高的史料价值。

《诗经》中诗歌的表现手法至今依然被大量运用，几乎所有的中文文学作品都被深深打上了《诗经》的烙印。

一、《诗经》中有三种表现手法："赋""比""兴"，回忆你学过的古诗，你能分别举例说明吗？

二、学习心得

02

从题目入手，秒懂诗词内容

上一节我们讲了古诗词的源头，这一节我们要说一说古诗词的题目。我们都知道题目是一篇文章的“眼睛”，在古诗中，抓住了诗题，就相当于找到了理解古诗的指明灯。当我们漫游在古诗词王国时，诗题这盏“指明灯”，会指引我们领略别样的风景。

从古诗的题目往往就可以看出诗的内容。我们常常写命题作文，那题目就是作文内容的集中体现。诗人写诗也是这样，在诗题中就将诗的主要内容都体现了出来。

比如《黄鹤楼送孟浩然之广陵》，从题目中我们能看出诗的内容是李白在黄鹤楼送别好友孟浩然。去哪儿呢？对，去广陵，也就是今天的扬州，这是一首送别诗。跟李白一样，许多送别诗都是以这样的方式来命题的。如王维的《送元二使安西》、王观的《卜算子·送鲍浩然之浙东》、王昌龄的《芙蓉楼送辛渐》等，从这些诗的题目中都能读出诗中的地点、人物等信息。

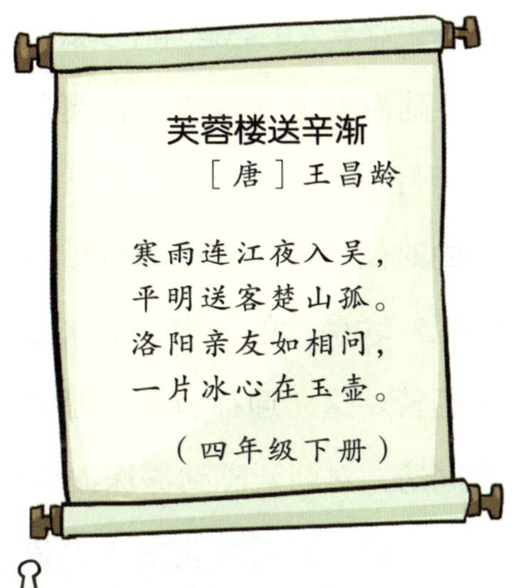

芙蓉楼送辛渐

［唐］王昌龄

寒雨连江夜入吴，
平明送客楚山孤。
洛阳亲友如相问，
一片冰心在玉壶。

（四年级下册）

【译文】

迷蒙的烟雨，连夜洒遍吴地江天；
清晨送走你，孤对楚山离愁无限！
朋友啊，洛阳亲友若是问起我来；
就说我依然冰心玉壶，坚守信念！

从古诗的题目还可以读出诗人的情感。王维的《九月九日忆山东兄弟》，从诗题可以看出时间是九月九日，重阳节这一天。干什么呢？思念远在家乡的兄弟。由此可以看出诗人是怀着对家乡、对亲人的思念作下此诗的，一股相思之情流露在诗间。

陆游的《秋夜将晓出篱门迎凉有感》，一首七言小诗，光题目就有十一个字，交代了时间，即秋天的夜晚，天还没亮的时候。诗人这个时候就走出柴门，是因为什么而睡不着觉呢？联系诗的内容，原来是中原沦陷金人之手，百姓们生活困苦。这“迎凉有感”是陆游心中的惆怅啊：对老百姓满含同情，对朝廷感到深深失望。

我们一起看杜甫的《春夜喜雨》这首诗，一个“喜”字奠定了全诗的感情基调。诗人为什么而喜呢？是因为这一场

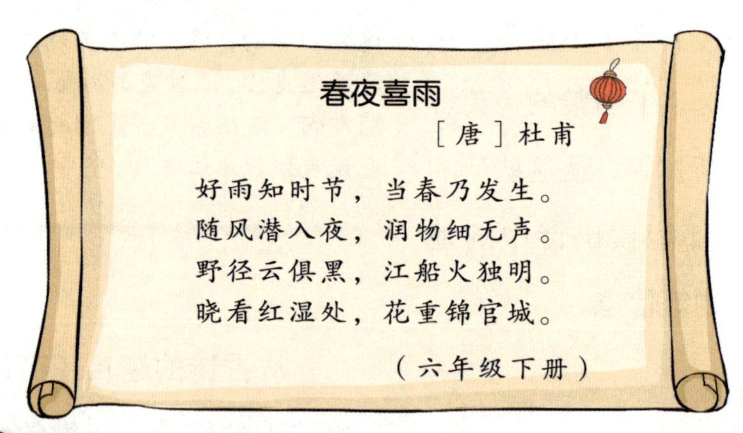

春夜喜雨

［唐］杜甫

好雨知时节，当春乃发生。
随风潜入夜，润物细无声。
野径云俱黑，江船火独明。
晓看红湿处，花重锦官城。

（六年级下册）

【译文】

好雨似乎会挑选时辰，到了春天就来了。

伴着春风在夜晚悄悄地下起来，无声地滋润着万物。

田野小径的天空一片昏黑，唯有江边渔船上的一点渔火放射出一线光芒，显得格外明亮。

等天亮的时候，那潮湿的泥土上必定布满了红色的花瓣，锦官城的大街小巷也一定是一片万紫千红的景象。

“好雨”来得太是时候了，万物复苏，唤醒了一个生机盎然的春天。虽然全诗内容没有一个“喜”字，却充满作者的喜悦之情。杜甫一生忧国忧民，难得写出这样一首高兴的小诗。

古诗的题目往往还能让你对诗人的表达方式一目了然，显示诗歌的类别。比如李白的《望天门山》是山水诗，从题目中可以预测诗人描绘的是天门山的美景，一般这样的山水诗都寄托了诗人对大自然的赞美和喜爱之情。同类型的诗还有许多，如：刘禹锡的《望洞庭》，李白的《望庐山瀑布》《独坐敬亭山》《早发白帝城》，等等。这些诗都能从题目中看出诗人通过写景抒发出自己的感情。

下面我们再来看高适的《别董大》，从诗题你可以看出这是一首送别诗。董大是一个人，就是当时有名的音乐家董庭兰，因为他在家中的兄弟中排行老大，故称

董大。送别诗中一般都会表现出依依惜别之情，但这首诗有不一样的地方，它比其他的送别诗更豪迈豁达，反而劝慰友人：“莫愁前路无知己，天下谁人不识君。”

送别诗的题目一般都比较明显，容易区分。比如《晓出净慈寺送林子方》《山中送别》《送元二使安西》等，都能从题目中看出时间、地点、人物等内容。还有一类诗能从诗

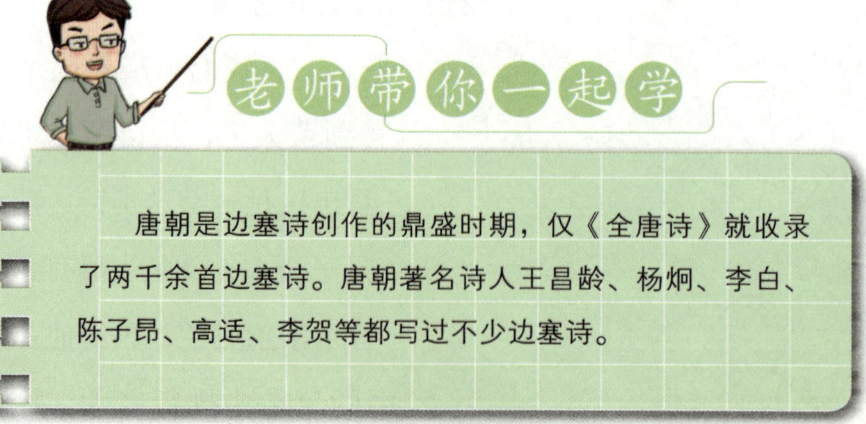

唐朝是边塞诗创作的鼎盛时期，仅《全唐诗》就收录了两千余首边塞诗。唐朝著名诗人王昌龄、杨炯、李白、陈子昂、高适、李贺等都写过不少边塞诗。

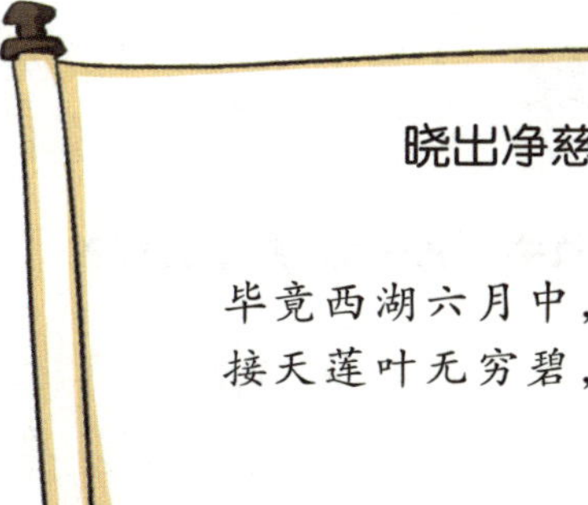

晓出净慈寺送林子方

［宋］杨万里

毕竟西湖六月中，风光不与四时同。
接天莲叶无穷碧，映日荷花别样红。

（二年级下册）

【译文】

六月里西湖的风光景色到底和其他时节的不一样：那密密层层的荷叶铺展开去，与蓝天相连接，一片无边无际的青翠碧绿；那亭亭玉立的荷花竞相盛开，在阳光辉照下，显得格外鲜艳娇红。

题中明显看出类别，那就是边塞诗，如《从军行》《出塞》《塞上曲》《凉州词》等。

古诗题目中的秘密还有许多，需要我们在读诗时细细品味。

学完练一练

一、读一读下面两首小诗，从诗题入手，你读出了什么呢？

游子吟

［唐］孟郊

慈母手中线，
游子身上衣。
临行密密缝，
意恐迟迟归。
谁言寸草心，
报得三春晖。

忆江南

［唐］白居易

江南好，
风景旧曾谙。
日出江花红胜火，
春来江水绿如蓝。
能不忆江南？

二、请将下面的诗题，与右侧的情感连线。

《长相思》	赞美春光
《悯农》	思恋恋人
《咏柳》	想念亲人
《九月九日忆山东兄弟》	怜悯农民

03

从诗人入手，深入读懂诗词

我们前两节了解了诗歌的起源和诗歌的题目，接下来我们聊一聊诗人本身的重要性。

我们都知道诗是一个人灵魂的歌唱。

什么样的经历铸就什么样的诗人，什么样的诗人写作什么样的诗歌。要想触摸到古诗的灵魂、深刻理解古诗，必定要走近诗人、了解诗人。

现在，让我们一起到古诗站台，等候一辆时光穿梭火车，去看看历史长河中比较具有代表性的几位诗人。

首先到达的是东晋，人到中年的陶渊明，低吟着“采菊东篱下，悠然见南山”，挥一挥衣袖，将喧嚣吵闹、世俗凡尘都抛到九霄云外。陶渊明年轻时想当官造福黎民百姓，担任过江州祭酒、建威参军、镇军参军、彭泽县令等官职。在官场浮沉多年，他始终与黑暗的官场格格不入。在当彭泽县令八十多天后，他辞官回乡，归隐田园，落得一身轻闲与安逸。

紧随其后的，是唐朝的王勃、杨炯、卢照邻、骆宾王四位大才子，这四人被誉为“初唐四杰”，其中的骆宾王尤其早慧，是一位“学霸”般的存在。

骆宾王出生于浙江义乌的一个村庄里，村外有一个小池塘。有一天，七岁的骆宾王与来访客人行至村外池塘时，见一群白鹅正在池中嬉戏，骆宾王当即作诗《咏鹅》。这首诗被传诵至今，可以说家喻户晓、老少皆知。

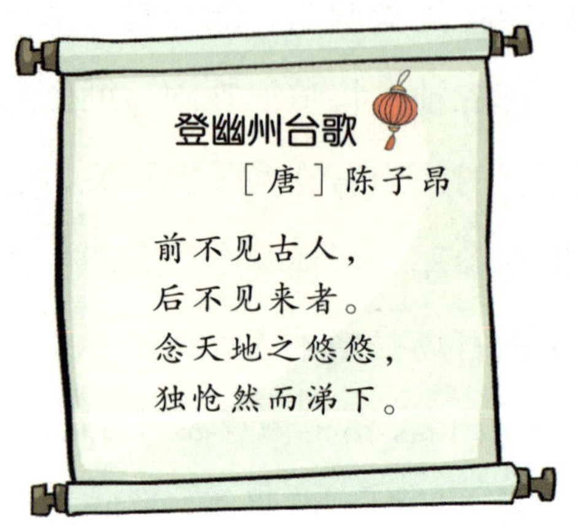

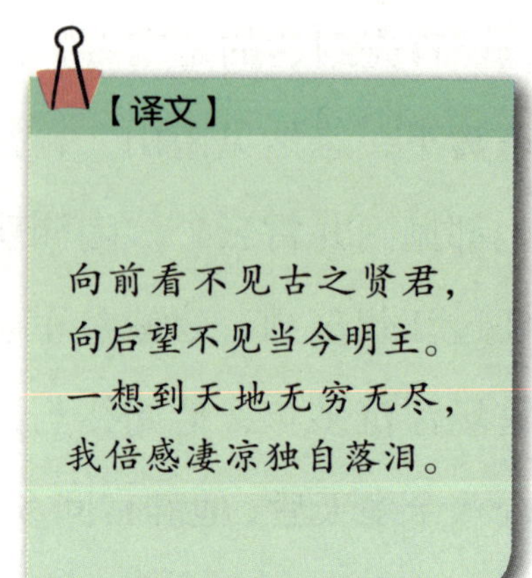

跟在骆宾王后的是陈子昂，他悲情地感叹："前不见古人，后不见来者……"读着他这首《登幽州台歌》，真切地感受到了他怀才不遇、悲伤凄凉的境地。

接下来的是王维和孟浩然，他们俩在当时被合称为"王孟"，但二人的仕途之路却是相反的，王维一路官运亨通，而孟浩然却终生仕途不顺，被称为"布衣诗人"。王维诵读着那首《送元二使安西》中的"劝君更尽一杯酒，西出阳关无故人"。孟浩然跟在王维后面，满脸忧伤地说了一句："夜来风雨声，花落知多少。"他说的正是他那首《春晓》中的名句。

李白是从盛唐的车厢下来的，这节车厢里人才济济，合力将中国古代诗歌推向了巅峰。

李白下车时别具一格——他"仰天大笑出门去"。李白这人喜欢周游四海，喜欢练剑，喜欢与武功高强、抑强扶弱的侠客交往。他笔下的诗，正如他本人一样豪放旷达，浪漫自然。

相传李白小时候也是个贪玩的孩子，经常在读书的时候偷跑出去玩耍。有一天，他跑出去玩，在一条小溪边，遇见一位老妇人正在磨一根铁杵。李白奇怪地问："老人家，您在干什么呢？"老妇人头也不抬，回答道："我在磨绣花针。"李白更疑惑了，接着问："这么粗的铁杵还能磨成针？"老妇人看着他，笑着说："只要功夫深，铁杵磨成针。"听了老妇人的话，李白深受启发。

从此，李白认真读书，最终成为唐代著名的诗人。他的《古朗月行》清新自然、想象奇特，充满浪漫主义色彩。

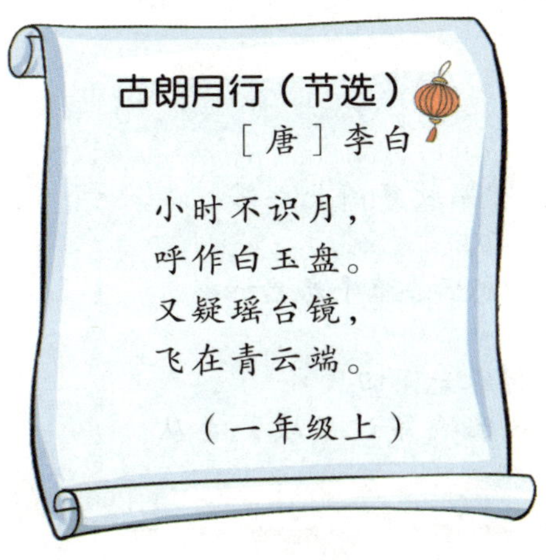

古朗月行（节选）

［唐］李白

小时不识月，
呼作白玉盘。
又疑瑶台镜，
飞在青云端。

（一年级上）

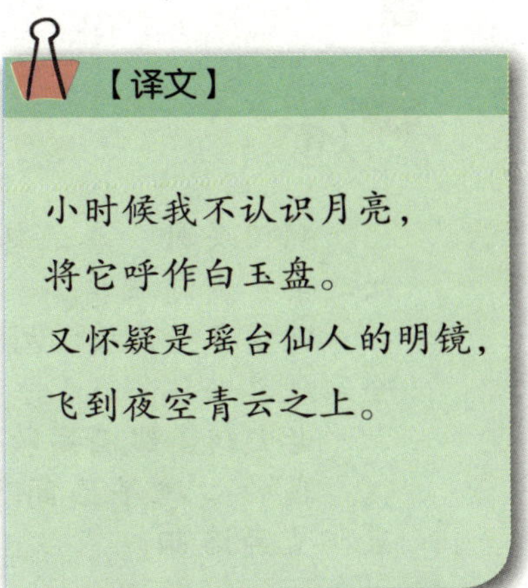

【译文】

小时候我不认识月亮，
将它呼作白玉盘。
又怀疑是瑶台仙人的明镜，
飞到夜空青云之上。

李白身后跟着的是愁眉苦脸的杜甫。这两人风格迥异，但成就都非常了不起。他们一个是“诗仙”，一个是“诗圣”，历史上并称“李杜”。

同在盛唐，杜甫为什么没有李白的浪漫洒脱呢？主要是由于诗人所处的历史背景不同，杜甫经历了安史之乱，饱受战乱之苦，漂泊他乡，郁郁不得志。一首《闻官军收河南河北》正是杜甫人生的真实写照。

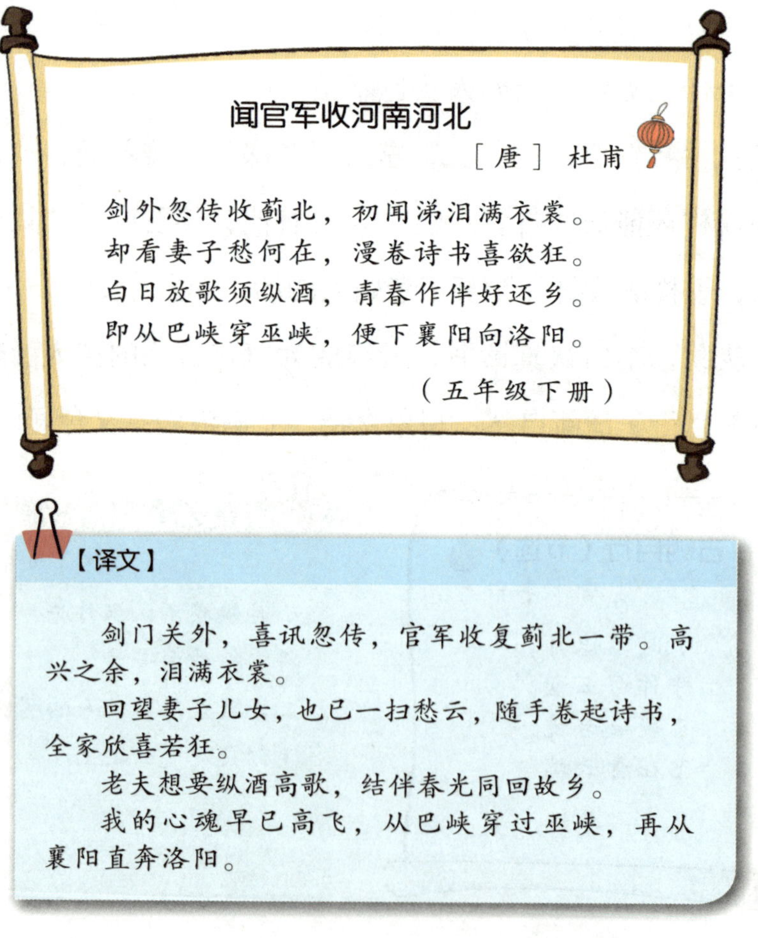

闻官军收河南河北

［唐］杜甫

剑外忽传收蓟北，初闻涕泪满衣裳。
却看妻子愁何在，漫卷诗书喜欲狂。
白日放歌须纵酒，青春作伴好还乡。
即从巴峡穿巫峡，便下襄阳向洛阳。

（五年级下册）

【译文】

剑门关外，喜讯忽传，官军收复蓟北一带。高兴之余，泪满衣裳。

回望妻子儿女，也已一扫愁云，随手卷起诗书，全家欣喜若狂。

老夫想要纵酒高歌，结伴春光同回故乡。

我的心魂早已高飞，从巴峡穿过巫峡，再从襄阳直奔洛阳。

同样经历战争，也有王昌龄“黄沙百战穿金甲，不破楼兰终不还”的决心和勇气；还有王翰“醉卧沙场君莫笑，古来征战几人回”的壮怀激烈。于是涌现出了王昌龄、王翰、高适、岑参等一大批边塞诗人。

接下来走出的是中唐时期的白居易，只听他轻吟着：“离离原上草，一岁一枯荣。野火烧不尽，春风吹又生。”这首经典的诗把他一生不攀附权贵，不怨天，不尤人，修身正己的德行和求进、积极的一面表现得淋漓尽致。

从中晚唐的车厢里走出的是柳宗元，他希望摆脱世俗，“独钓寒江雪”。罗隐则吟哦着“采得百花成蜜后，为谁辛苦为谁甜”，表达了对老百姓的怜悯和同情。

唐朝是历史上最强盛的朝代之一，当时的中国是世界上最强大的国家，涌现出的诗人也太多太多了。最后一起下车的是晚唐的“小李杜”——李商隐和杜牧，他们让咏史诗、咏古

诗大放光彩，集感伤主义传统之大成，他们的诗成为晚唐诗歌“伤春”“伤别”特征最突出的代表，建立了感伤诗的最高范式。杜牧一首《赤壁》表达出了对前朝人、事、物的慨叹。李商隐看了看西沉的太阳，发出了“夕阳无限好，只是近黄昏”的慨叹。

赤壁

［唐］杜牧

折戟沉沙铁未销，自将磨洗认前朝。
东风不与周郎便，铜雀春深锁二乔。

【译文】

一支折断了的铁戟沉没在水底的沙中还没有被销蚀掉，经过磨洗发现这是当年赤壁之战的遗留之物。

假如东风不给周瑜方便，结局恐怕是曹操取胜，二乔被关进铜雀台了。

登乐游原

［唐］李商隐

向晚意不适，驱车登古原。
夕阳无限好，只是近黄昏。

【译文】

傍晚时分我心情不太好，独自驱车登上了乐游原。
这夕阳晚景的确十分美好，只不过已是黄昏。

初唐

骆宾王

杨炯

王勃

卢照邻

陈子昂

盛唐

李白

杜甫

王维

王翰

高适　岑参

中唐

白居易

柳宗元

晚唐

杜牧　李商隐

送杜少府之任蜀州

［唐］王勃

城阙辅三秦，风烟望五津。
与君离别意，同是宦游人。
海内存知己，天涯若比邻。
无为在歧路，儿女共沾巾。

【译文】

三秦之地护卫着巍巍长安，透过那风云烟雾遥望着蜀川。

和你离别时心中怀着无限情意，因为我们同在宦海中浮沉。

四海之内有知心朋友，即使远在天边也如近在比邻。

绝不要在岔路口上分手之时，像多情的少年男女那样悲伤得泪湿衣巾。

春望

［唐］杜甫

国破山河在，城春草木深。
感时花溅泪，恨别鸟惊心。
烽火连三月，家书抵万金。
白头搔更短，浑欲不胜簪。

【译文】

国都遭侵但山河依旧，长安城里杂草丛生，树木疯长。

感于战败的时局，看到花开而潸然泪下；内心惆怅怨恨，听到鸟鸣而心惊胆战。

连绵的战火已经延续了一个春天，家书难得，一封抵得上万两黄金。

愁绪缠绕，搔头思考，白发越搔越短，简直要不能插簪了。

春晓

［唐］孟浩然

春眠不觉晓，处处闻啼鸟。
夜来风雨声，花落知多少。

【译文】

春日里贪睡，不知不觉天就亮了，到处可以听见小鸟的鸣叫声。回想昨夜的阵阵风雨声，不知吹落了多少娇美的春花。

时代更迭，时光火车依旧向前，迎来了中国古代诗歌史上的第二个辉煌时期——宋代。宋代是诗人和词人辈出的时代，像柳永、范仲淹、晏殊、王安石、晏几道、苏轼、李清照、范成大、辛弃疾等有名的词人都在这列火车上，其中苏轼是具有代表性的人物。苏轼人生浮沉、命运坎坷，但依旧保持灵心慧眼，乐观旷达。一首《浣溪沙》淋漓尽致地展现出他乐观积极的人生态度。

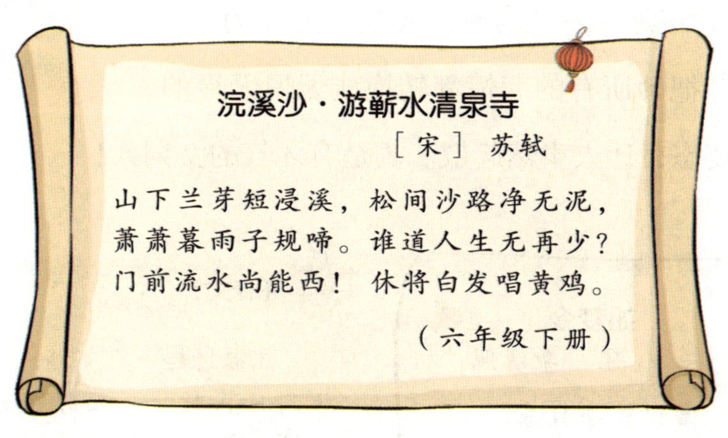

浣溪沙·游蕲水清泉寺

［宋］苏轼

山下兰芽短浸溪，松间沙路净无泥，
萧萧暮雨子规啼。谁道人生无再少？
门前流水尚能西！休将白发唱黄鸡。

（六年级下册）

【译文】

山脚下刚生长出来的幼芽浸泡在溪水中，松林间的沙路被雨水冲洗得一尘不染。

傍晚下起了小雨，杜鹃鸟的叫声从松林中传出。

谁说人生就不能再回到少年时期？

门前的溪水还能向西边流淌！

不要在老年感叹时光飞逝啊！

接下来我们再看看有名的女词人李清照，她是婉约词派的代表人物。她一生颠沛流离，有着“千古第一才女”之称。她是纯洁天真的，她的一首小令“沉醉不知归路。……误入藕花深处。争渡，争渡，惊起一滩鸥鹭”，把她早期生活的情趣和少女心境表露无遗。她是女中豪杰，“生当作人杰，死亦为鬼雄”把她所有的悲愤都转换成无惧无畏的人生姿态，让人肃然起敬。真是有才气的女词人！

如梦令

［宋］李清照

常记溪亭日暮，
沉醉不知归路。
兴尽晚回舟，
误入藕花深处。
争渡，争渡，
惊起一滩鸥鹭。

【译文】

常常想起一次郊游，一玩就到日暮时分，沉醉在其中不想回家。

一直玩到尽兴才乘舟返回，却迷途进入藕花池的深处。

划呀，划呀，吓得一滩水鸟都飞起来了。

经过诗词繁荣的唐宋时期，进入了诗词不温不火的元明清时期，其间也散落不少诗歌流传至今。

时光火车穿越诗歌发展的整个历程，它将诗人们的喜怒哀乐、家国情怀带给了我们。所以想深入了解诗词，我们要深入了解诗人，了解他们的生活环境、人生经历、悲伤与喜悦等，这对我们理解诗词、解读诗词会有莫大的帮助。

一、你知道下面的诗人各有什么样的称号吗？连一连吧！

李白	诗圣
杜甫	诗仙
王维	诗鬼
李贺	诗佛
白居易	诗豪
刘禹锡	诗魔

二、请联系陆游的人生经历，简单谈谈陆游为什么要创作《示儿》一诗。

示　儿

［宋］陆游

死去元知万事空，但悲不见九州同。
王师北定中原日，家祭无忘告乃翁。

04

古诗中无以言说的意象（一）

在诗歌创作中，“意象”是一个非常重要的表现手法。所谓意象，就是寓“意”于“象”，将主观情思寄托在客观物象之上。比如：“水”本是客观存在的物象，但由于诗人写作的心境不同，写出的“水”也具有了诗人的情感，有惜时之水、离别之水、思念之水等等。同样的水，在不同诗人的笔下蕴含了不同的情感。

不知你们注意到没有，在古诗词里经常可以看到“水”。

日日思君不见君，共饮长江水。（李之仪）

无边落木萧萧下，不尽长江滚滚来。（杜甫）

滚滚长江东逝水，浪花淘尽英雄。（杨慎）

唯有长江水，无语东流。（柳永）

……

这些各种各样的“水”，在诗词里究竟意味着什么？传递了作者何种情感呢？

第一种是惜时之水。所谓“一寸光阴一寸金，寸金难买寸光阴”。那一去不复返的流水，很容易让诗人感慨光阴易逝。正如苏轼在《浣溪沙》中所写的：“谁道人生无再少？门前流水尚能西！”又如李白《将进酒》中所说，时间就像那“黄河之水天上来，奔流到海不复回”呀！这里的水代表了时间，传递出了诗人珍惜时间的情感。

这两句诗表面上用夸张的手法说黄河之水来势凶猛，波涛滚滚，势不可当，实际上表达了诗人对韶华易逝、岁月倥偬、壮志未酬的感伤。

第二种是思念之水。人们常说“柔情似水”，水在人们的心中是温柔的代表，怪不得人们常用“水”来形容温柔善良的女孩子。

相传，牛郎和织女被天河所阻，无法相见，真是“盈盈一水间，脉脉不得语”。他们只能隔着一条清澈的银河，遥遥相望，无法交谈，无限的思念都藏在水里。这里的“水”就表达了一种思念之情。

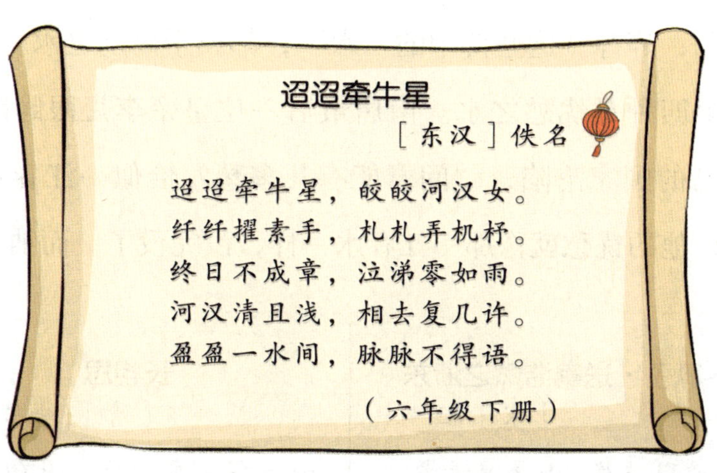

【译文】

在银河东南牵牛星遥遥可见，在银河之西织女星明亮皎洁。
织女细长而白皙的手，摆弄着织机，发出札札的织布声。
一整天也没织成一段布，眼泪如下雨般零落。
这银河看起来又清又浅，两岸相隔又有多远呢？
虽然只隔一条河流，但他们只能含情凝视，无法用语言交谈。

第三种是离别之水，多出现在送别诗中。古人远行一般乘船出发，因此江边码头是送别之处。那滚滚流动的江水，就好像友人之间那不舍的深情。

李白看着桃花潭的水，感慨“桃花潭水深千尺，不及汪伦送我情”；李白送别孟浩然，看着辽阔的长江水，写下“孤帆远影碧空尽，唯见长江天际流”；王观送鲍浩然时，叹道“水是眼波横，山是眉峰聚。欲问行人去那边？眉眼盈盈处”；等等。这些诗中的“水”，都属于离别之水。

第四种是忧愁之水。南唐最后一位皇帝李煜眼睁睁地看着自己的国家沦陷，“问君能有几多愁？恰似一江春水向东流”，他的忧愁就像那一江春水一样，没完没了。而纳兰性德

卜算子·送鲍浩然之浙东

［宋］王观

水是眼波横，山是眉峰聚。
欲问行人去那边？
眉眼盈盈处。
才始送春归，又送君归去。
若到江南赶上春，千万和春住。

【译文】

水像美人流动的眼波，山如美人蹙起的眉毛。想问行人去哪里？到山水交汇的地方。

刚送走了春天，又要送你回去。假如你到江南还能赶上春天，千万要把春天的景色留住。

长相思

［清］纳兰性德

山一程，水一程，身向榆关那畔行，夜深千帐灯。
风一更，雪一更，聒碎乡心梦不成，故园无此声。

（五年级上册）

【译文】

翻山越岭，登舟涉水，马不停蹄地向着山海关进发。入夜，营帐中灯火辉煌，宏伟壮丽。

外面正刮着风、下着雪，聒噪的声音打碎了将士们思乡的梦，故乡是多么温暖宁静呀，哪会有这般嘈杂的声音。

的“山一程，水一程”，一程一程又一程，家乡遥远，诗人感叹何时才能回到自己的故乡，这里的“水”也表达了诗人的无限忧愁。

正所谓“清风明月本无价，远山近水皆有情”。水本无情，但在诗人们的笔下，水有了万般柔情，其实这都是诗人们赋予的情感。“一切景语皆情语”，“水”之情是由诗人的心境所决定的，诗人将写作时的境遇和情感，寄托在描写的水上，让水也变得和诗人一样多愁善感起来。

在学习了多情之“水”后，我们也可以举一反三，用这样的方法去解读诗歌，透过景物了解作者的内心感受。当然，要想更好地理解古诗中的景情关系，我们需要了解诗人的写作背景，并联系上下文去深入解读。

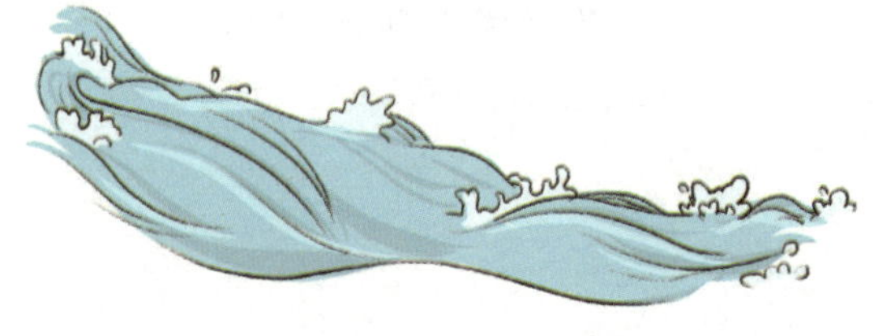

一、你还能说出有关“水”的诗吗？试着了解诗中“水”的情感。

二、正所谓“一醉解千愁”，“酒”在古诗中经常出现，诗人们借酒抒情。下面三首诗你能说说诗人分别抒发了怎样的感情吗？

凉州词二首（其一）

［唐］王翰

葡萄美酒夜光杯，欲饮琵琶马上催。
醉卧沙场君莫笑，古来征战几人回？

送元二使安西

［唐］王维

渭城朝雨浥轻尘，客舍青青柳色新。
劝君更尽一杯酒，西出阳关无故人。

短歌行（节选）

［魏晋］曹操

对酒当歌，人生几何！
譬如朝露，去日苦多。
慨当以慷，忧思难忘。
何以解忧？唯有杜康。

05

古诗中无以言说的意象（二）

上一节我们讲了在诗歌创作中，水的意象表现手法。

除了水之外，月亮也是诗人情感的“首席代言人”。人们举头望月，低头思月，梦中念月……“一轮明月几多情”，在古诗词中，由于诗人心境的不同，一轮明月被赋予了太多的情感，月亮这一意象几乎占据了古诗词的半壁江山。

有思乡怀人的月亮。一轮明月高高挂在天空，远离家乡、亲人、朋友的人，难免望月思乡怀人。

客居他乡的李白“举头望明月，低头思故乡”，一缕思

乡之情在月夜涌上心头；王安石来到瓜洲渡口边，放眼远望，感慨“春风又绿江南岸，明月何时照我还”，表达了对家乡的思念之情；当李白听说好友王昌龄被贬他乡时，写下“我寄愁心与明月，随君直到夜郎西”，借一轮明月寄托对友人的思念……思乡怀人的月亮多出现在羁旅诗中。

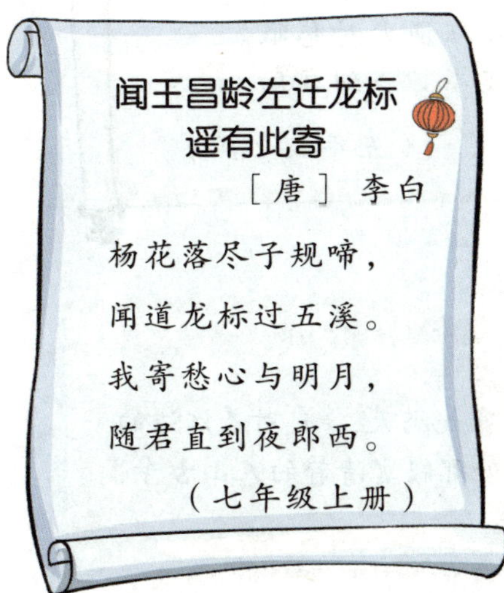

【译文】

在杨花落完，子规啼鸣的时候，我听说你被贬为龙标尉，龙标地方偏远要经过五溪。

我把我忧愁的心思寄托给明月，希望能一直陪着你到夜郎以西。

有诉说愁绪的月亮。“人有悲欢离合，月有阴晴圆缺”，在情绪低落的诗人眼中，月亮也笼罩着浓浓的愁绪。孟浩然在旅途中夜宿建德江时，借“江清月近人”来寄托他的“客愁新”。“月落乌啼霜满天，江枫渔火对愁眠”，漫长的夜晚，诗人张继因心中愁闷无法入睡，只能将满腔愁思寄予一轮明月。如李白的《月下独酌》：“举杯邀明月，对影成三人。”从表面上看，是写诗人在花下与月和影相伴、相舞、相酌成欢的美好情景，实则是诗人用这美好的情景来反衬自己内心的孤寂与悲苦。而这一切，皆因月起。若无此月，诗人恐怕也不会有此感伤。

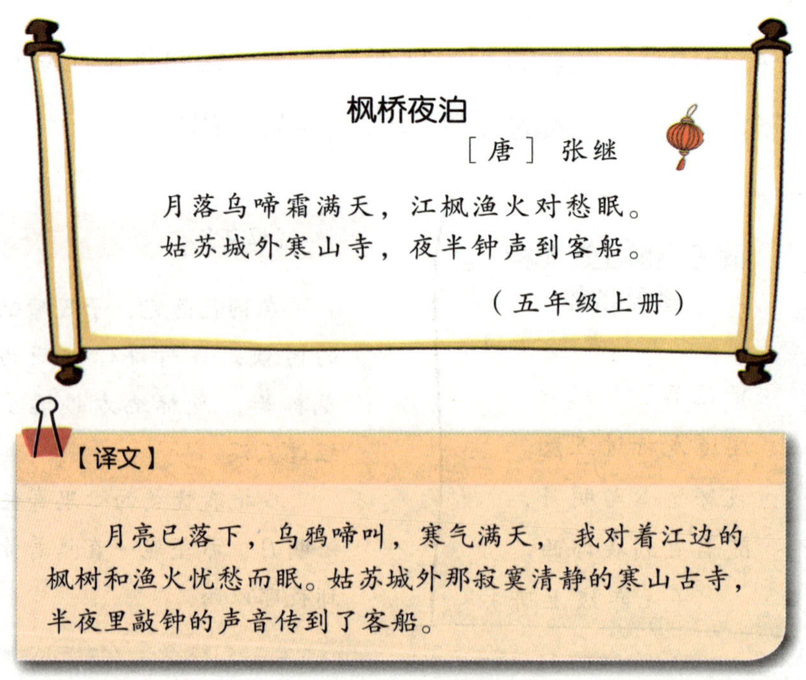

枫桥夜泊

［唐］张继

月落乌啼霜满天，江枫渔火对愁眠。
姑苏城外寒山寺，夜半钟声到客船。

（五年级上册）

【译文】

月亮已落下，乌鸦啼叫，寒气满天，我对着江边的枫树和渔火忧愁而眠。姑苏城外那寂寞清静的寒山古寺，半夜里敲钟的声音传到了客船。

又如杜甫的《旅夜书怀》："星垂平野阔，月涌大江流。"这一句刻画了一幅明星低垂、平野广阔、月随波涌、大江东流的雄浑情景与浩瀚气势。通读全诗，我们会很容易发现本诗是写诗人垂暮之年漂泊的凄苦景况。而辽阔的平野、浩荡的大江、灿烂的星月正是为了反衬诗人孤苦伶仃的形象和颠连无告的凄凉心情，以乐景抒哀情。

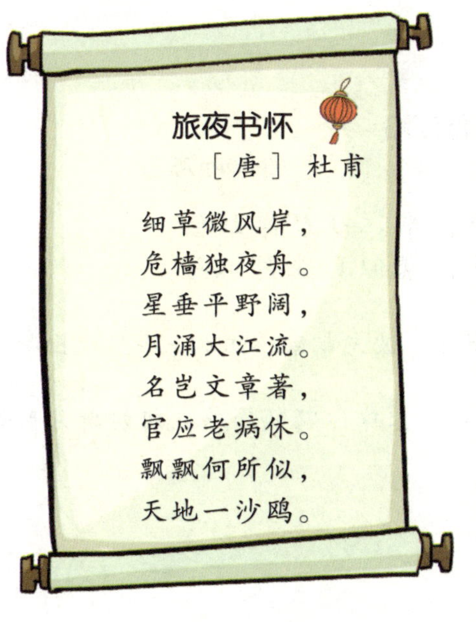

旅夜书怀

［唐］ 杜甫

细草微风岸，
危樯独夜舟。
星垂平野阔，
月涌大江流。
名岂文章著，
官应老病休。
飘飘何所似，
天地一沙鸥。

【译文】

微风吹拂着江岸的细草，那竖着高高桅杆的小船在夜里孤零零地停泊着。

星星垂在天边，平野显得宽阔；月光随波涌动，大江滚滚东流。

我难道是因为文章而著名吗？年老病多也应该休官了。

自己到处漂泊像什么呢？就像天地间的一只孤零零的沙鸥。

塞下曲

［唐］卢纶

月黑雁飞高，单于夜遁逃。
欲将轻骑逐，大雪满弓刀。

【译文】

寂静的夜晚，乌云遮月，天边大雁惊飞，单于的军队想要趁着夜色悄悄潜逃。

正想要带领轻骑兵一路追赶，大雪纷纷扬扬落满了身上的弓刀。

鸟鸣涧

［唐］王维

人闲桂花落，夜静春山空。
月出惊山鸟，时鸣春涧中。

【译文】

寂静的山谷中，只有桂花在无声地飘落，宁静的夜色中春山一片空寂。

月亮升起，惊动了山中正在栖息的小鸟，在春天的溪涧里不时地鸣叫。

暮江吟

［唐］白居易

一道残阳铺水中，半江瑟瑟半江红。
可怜九月初三夜，露似真珠月似弓。

【译文】

残阳倒映在江面上，霞光洒下，波光粼粼；江水一半呈现出深深的碧色，一半呈现出红色。

最可爱的是那九月初三之夜，露珠似颗颗珍珠，朗朗新月形如弯弓。

在恬淡闲适、乐观旷达的人眼里，月亮这一意象成了清幽雅致、悠闲自在的代名词。诗人们喜欢写景寄托情思，以月入诗，常常能展现一幅壮阔的美景。如王维的《山居秋暝》，“明月松间照，清泉石上流”，这是一幅多么幽雅、明净而又充满情趣的画面啊！在这里，一切都显得自在安然、新鲜活泼，洋溢着诗人对自然山水的热爱和隐逸山水间的飘逸情怀。

再看王维的《鸟鸣涧》：“月出惊山鸟，时鸣春涧中。”在这首诗中，月亮以动态的形式出现，一个“惊”字打破了宁静。在这宁静的夜色中，一轮明月的出现，更加渲染了清幽与雅致的氛围。

月光随波涌动，大江滚滚东流，这是一幅多么壮阔的画面啊！“月黑雁飞高，单于夜遁逃。”寥寥数语，便将夜晚紧张的气氛展现了出来。“秦时明月汉时关，万里长征人未还”，展现了一幅苍茫之景。这样的意象多出现在边塞诗中。

从古至今，月是古诗词中最常出现的意象。人们望月生情，一轮明月寄托着诗人的情感。情由景生，景由情变。人心情好，景色就美；心情灰暗，景色也黯然失色。正所谓“一切景语皆情语”，不同的环境，不同的感受，一轮明月寄托诗人不同的情思。

一、“一轮明月几多情”，以下描写月的诗句，你能读出作者的情感吗？试着猜一猜这是一轮什么样的月亮。

海上生明月，天涯共此时。——张九龄《望月怀远》

明月几时有，把酒问青天。——苏轼《水调歌头》

大漠沙如雪，燕山月似钩。——李贺《马诗二十三首》（其五）

晨兴理荒秽，带月荷锄归。——陶渊明《归园田居》（其三）

露从今夜白，月是故乡明。——杜甫《月夜忆舍弟》

鸟宿池边树，僧敲月下门。——贾岛《题李凝幽居》

月黑见渔灯，孤光一点萤。——查慎行 《舟夜书所见》

二、我们与“月”来个约会吧！我说上句，你来接下句。

小时不识月，________________________

明月别枝惊鹊，________________________

月落乌啼霜满天，________________________

06

古诗中无以言说的意象（三）

在诗人的眼中，一草一木、一虫一鸟都是情感的化身，于是在诗歌中，这些物象也便成为具有特定情感的意象。

先说说古诗中的那些动物。古诗中常见的动物形象有许多，而最受诗人青睐的要数鸟类了。

子规，也叫杜鹃鸟，传说是古代的一位皇帝，看到自己国家灭亡了，死不瞑目，就化作子规，夜夜啼叫，那声音充满了悲苦哀怨。于是诗人常以子规入诗，表达一种愁苦之情。苏轼官场失意，于是在《浣溪沙》中写道："潇潇暮雨子规啼。"

李白也在《闻王昌龄左迁龙标遥有此寄》中写道："杨花落尽子规啼，闻道龙标过五溪。"看来听到子规啼叫就没有好事发生，原来是好友王昌龄被贬了。

乌鸦全身黑漆漆的，叫声也不好听，在古诗词中常常用来渲染一种凄凉的意境。正如马致远在漂泊途中写的："枯藤老树昏鸦，小桥流水人家。"

黄鹂、燕子、鸳鸯、黄莺等鸟类，叫声清脆，在诗中常常营造一种清新自然、心情舒畅的氛围，表达诗人愉悦的

心情。比如“两个黄鹂鸣翠柳，一行白鹭上青天”“泥融飞燕子，沙暖睡鸳鸯”“千里莺啼绿映红，水村山郭酒旗风”等。

黄牛、鸣蝉、蝴蝶、蛙等具有农村生活气息的动物，则展现出一幅田园生活画卷，一般寄托了诗人对田园、乡村生活的喜爱之情。如“牧童骑黄牛，歌声振林樾”“明月别枝惊鹊，清风半夜鸣蝉。稻花香里说丰年，听取蛙声一片”“儿童急走追黄蝶，

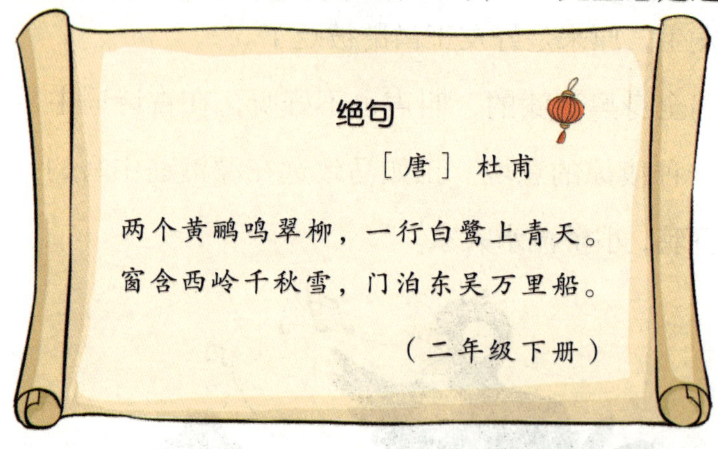

绝句

［唐］ 杜甫

两个黄鹂鸣翠柳，一行白鹭上青天。
窗含西岭千秋雪，门泊东吴万里船。

（二年级下册）

【译文】

两只黄鹂在翠绿的柳树间婉转地歌唱，一队整齐的白鹭直冲向蔚蓝的天空。

我坐在窗前，可以望见西岭上终年不化的积雪，门前停泊着自万里之外的东吴远行而来的船只。

飞入菜花无处寻”等等。

接下来，咱们再聊聊古诗中那些植物。植物是有生命的，在诗人们的笔下，植物也具有了感情。

柳的谐音是“留”，常出现在送别诗中，表达一种不舍得友人离开，希望留下友人的深意。《诗经》中就有这样表达不舍之意的“柳”：“昔我往矣，杨柳依依。”再如王维送别好友元二时写道：“渭城朝雨浥轻尘，客舍青青柳色新。”李白在《劳劳亭》中也借“柳”抒写离别情。

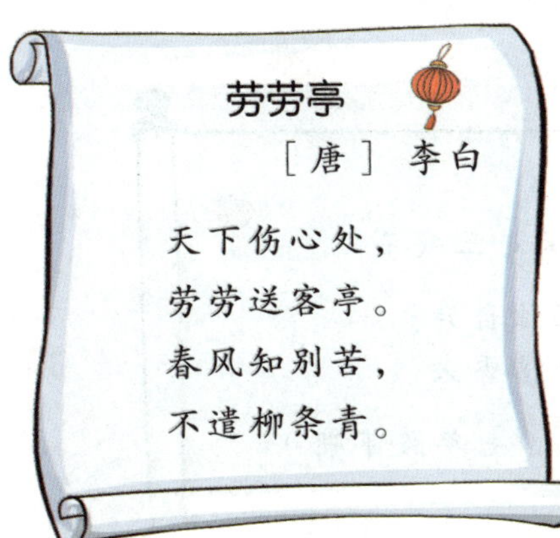

劳劳亭

［唐］ 李白

天下伤心处，
劳劳送客亭。
春风知别苦，
不遣柳条青。

【译文】

天下最伤心的地方，
就是这送别的劳劳亭。
春风也会意离别的痛苦，
不催这柳条儿发青。

梅花不畏严寒，洁白如雪，自带淡淡的清香，自古以来备受文人墨客的青睐。古诗中的梅花常常表达诗人像梅花一样高洁的品质。王冕在《墨梅》中写道：“不要人夸好颜色，只留清气满乾坤。”表现了诗人高洁的品格和独善其身的情操。

王安石也被梅花甘于寂寞、不畏严寒的精神打动，写道：“墙角数枝梅，凌寒独自开。”

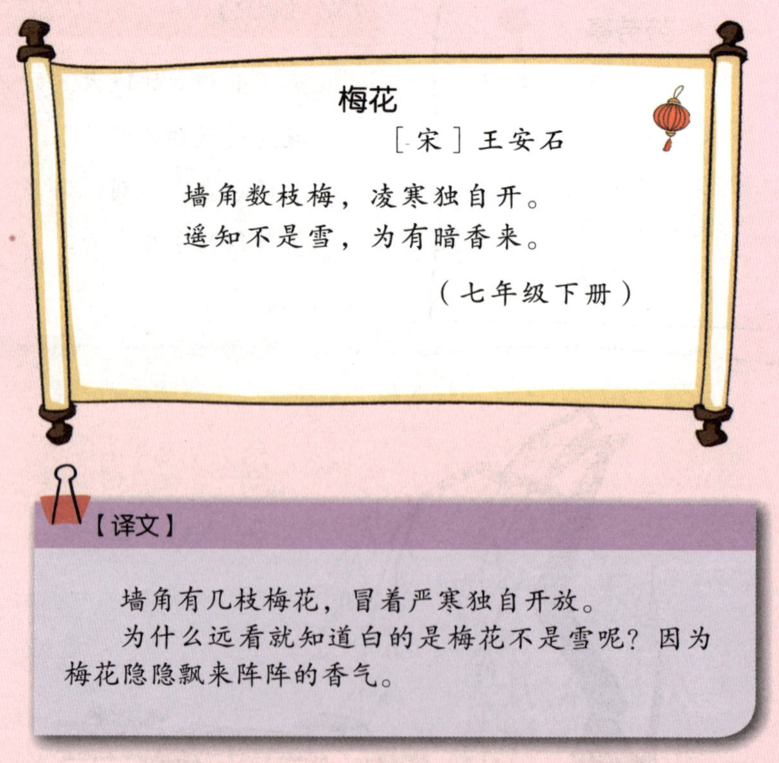

梅花

［宋］王安石

墙角数枝梅，凌寒独自开。
遥知不是雪，为有暗香来。

（七年级下册）

【译文】

墙角有几枝梅花，冒着严寒独自开放。

为什么远看就知道白的是梅花不是雪呢？因为梅花隐隐飘来阵阵的香气。

落花常常寓意美好事物的凋零，表达诗人的怜惜之情。孟浩然在风雨交加的夜晚，不禁感叹："夜来风雨声，花落知多少。"

松、柏、竹等植物具有旺盛的生命力，常用来表达诗人坚强的意志。如郑燮笔下的竹子"千磨万击还坚劲，任尔东西南北风"，陈毅笔下的青松"大雪压青松，青松挺且直"。

最后咱们说说大自然的景物在古诗中的意象。我们已初步了解"月"在古诗中丰富的意象，可谓"一轮明月几多情"，

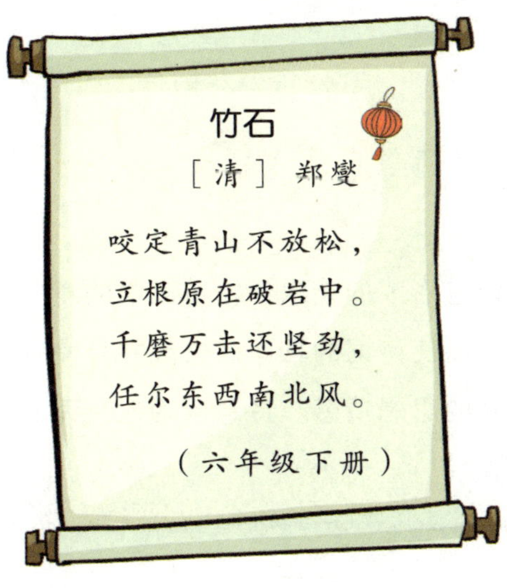

竹石

［清］郑燮

咬定青山不放松，
立根原在破岩中。
千磨万击还坚劲，
任尔东西南北风。

（六年级下册）

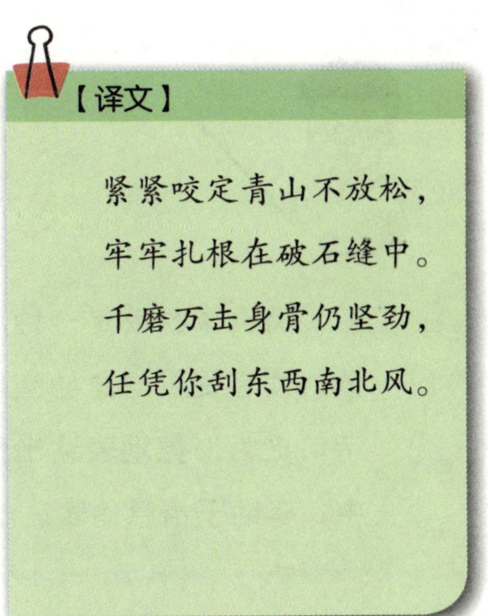

【译文】

紧紧咬定青山不放松，
牢牢扎根在破石缝中。
千磨万击身骨仍坚劲，
任凭你刮东西南北风。

也在“一切景语皆情语”中认识了“水”的多样情思。

夕阳也常在古诗中出现，表达诗人的失落之情，以及光阴易逝的伤感。李商隐心情不好时，面对傍晚，伤感道：“夕阳无限好，只是近黄昏。”马致远牵着一匹瘦马，行走在一条孤独的小道上，不禁感慨：“夕阳西下，断肠人在天涯。”

古诗中丰富的意象还有许多，以上只是简单举例而已。

诗词本身就是一种用语言形成的艺术，古诗词中的意象为读者提供想象的空间，促使诗词的画面感生成并且使诗句更为形象地表达出作者的思想情感。将意象融入诗词中，有助于情感的表达。

随着学习的深入，以及对古诗的不断积累，我们会了解更多的意象。面对陌生的意象，我们可以联系古诗上下文，了解诗人的写作背景，去理解意象背后的深意。

意象就像为古诗穿上了一件纱衣，增加了古诗的韵味。这些意象就像一座桥梁，通过它可以抵达诗人的内心世界。

一、下列古诗中都有哪些意象呢？你能找出来吗？

春色满园关不住，一枝红杏出墙来。——叶绍翁《游园不值》

羌笛何须怨杨柳，春风不度玉门关。——王之涣《凉州词》

两岸猿声啼不住，轻舟已过万重山。——李白《早发白帝城》

二、说一说下列事物在古诗里的意象。

松柏象征 ______________________________

桃李象征 ______________________________

菊花象征 ______________________________

桃花象征 ______________________________

牡丹象征 ______________________________

杨花象征 ______________________________

07

典故在诗歌中的妙用

学习古诗还能了解更多的历史故事。诗人们常常将历史故事用一个词或一个字来指代，隐藏在古诗中，含蓄地表达自己的情感。这些含有特定意义的字词就是典故。了解这些典故，可以帮助我们更好地理解古诗，领会诗人的情感。下面我们就一起来看看古诗背后的典故。

楼兰是古代的一个国家，楼兰国王贪财，对汉朝非常不友好，多次把汉朝派去的使者给杀掉。忍无可忍之下，汉朝皇帝派傅介子去杀掉了楼兰国王，傅介子为汉朝立了大功，

回来就被封了大官。

于是在古诗中，“楼兰”就成为一个典故，常代指边境的敌人。“破楼兰”就指将士们打败敌军，建功立业。这一典故常出现在边塞诗中。王昌龄在《从军行》中就写道：“黄沙百战穿金甲，不破楼兰终不还。”

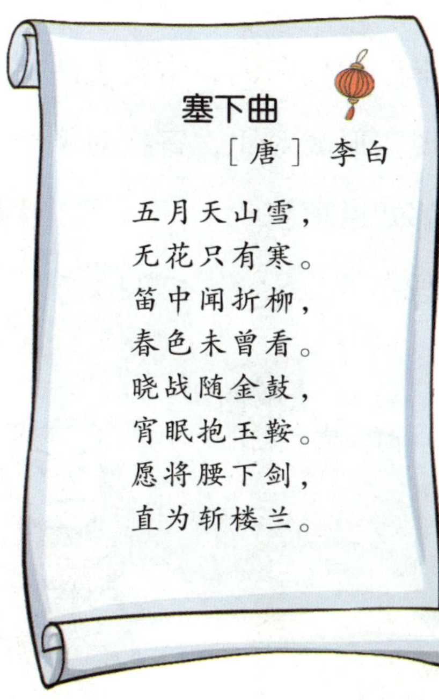

塞下曲

［唐］ 李白

五月天山雪，
无花只有寒。
笛中闻折柳，
春色未曾看。
晓战随金鼓，
宵眠抱玉鞍。
愿将腰下剑，
直为斩楼兰。

【译文】

五月的天山仍是满山飘雪，只有凛冽的寒气，根本看不见花草。

虽然远处传来吹奏《折杨柳》的笛声，却依旧看不到一丝春色。

战士们白天在金鼓声中与敌人进行殊死的战斗，晚上却抱着马鞍睡觉。

愿用腰间悬挂的宝剑，过关斩将，平定边疆。

李白在《塞下曲》中写道：“愿将腰下剑，直为斩楼兰。”

王昌龄在《出塞》中写道：“但使龙城飞将在，不教胡马度阴山。”

飞将指的是西汉时期的名将李广。飞将军李广会行军打仗，射箭技艺高超。据说李广将军能将石头射穿。卢纶的《塞下曲》就这样写道：“林暗草惊风，将军夜引弓。平明寻白羽，没在石棱中。”传说只要李广镇守边关，匈奴就会闻风丧胆，夹着尾巴有多远躲多远。于是在古诗中，“飞将”就成了李广的代名词，常常表达对英勇善战的李广的赞颂，或者与现实形成对比，寄托对像李广这样英勇的将士的向往。我们都知道项羽是历史上的一位盖世英雄，可以说是“力拔山兮气盖世”。项羽一生中打了无数胜仗，但在垓下之战中，被敌军重重包围，步步后退。项羽退至乌江边时，别人劝他："渡过这条江，就是江东老家了。你快去那里躲躲。留得青山在，不怕没柴烧。"但项羽挥起大刀说："跟随我的战士们，一个个都战死沙场，我哪还有脸面去见江东的父老乡亲啊！"最后，项羽在乌江边挥刀自刎。

在古诗中，常常出现项羽或是乌江，表达诗人对项羽的思念和惋惜之情。王安石在《乌江亭》中写道："江东子弟今虽在，肯与君王卷土来？"郑板桥在《悲项羽》中写道："乌江水冷秋风急，寂寞野花开战场。"李清照在《夏日绝句》中写道："至今思项羽，不肯过江东。"

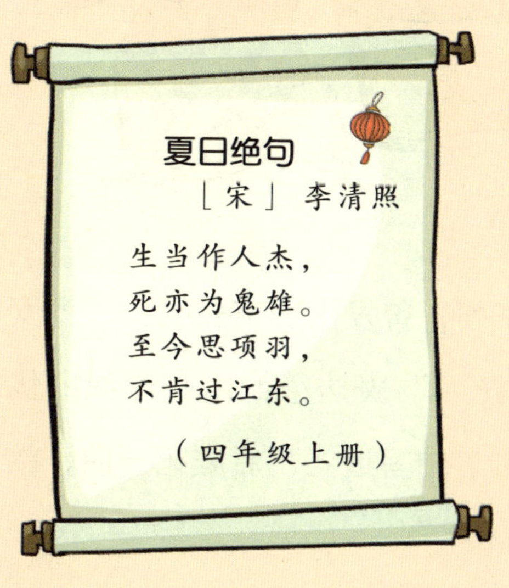

夏日绝句

［宋］李清照

生当作人杰，
死亦为鬼雄。
至今思项羽，
不肯过江东。

（四年级上册）

【译文】

生时应当做人中豪杰，死后也要做鬼中英雄。

到今天人们还在怀念项羽，是因为他不肯苟且偷生，退回江东。

古代的诗人们还常常以“后庭花”入诗，来暗指国家即将灭亡，表达内心的不安和无奈。“后庭花”出自南朝陈后主作的一首曲子《玉树后庭花》，这首曲子是送给他最爱的妃子张丽华的。据说张丽华貌美如花，陈后主便不问国事，每天和张丽华一起听曲跳舞。没过多久，国家就被北朝的隋文帝灭了。于是，“后庭花”常常用来比作亡国之音、不祥之兆。

杜牧面对危机四伏的唐王朝，曾发出一声长叹：“商女不知亡国恨，隔江犹唱后庭花。”表达了他内心深深的忧患。还有刘禹锡在《金陵怀古》中写道：“后庭花一曲，幽怨不堪听。”

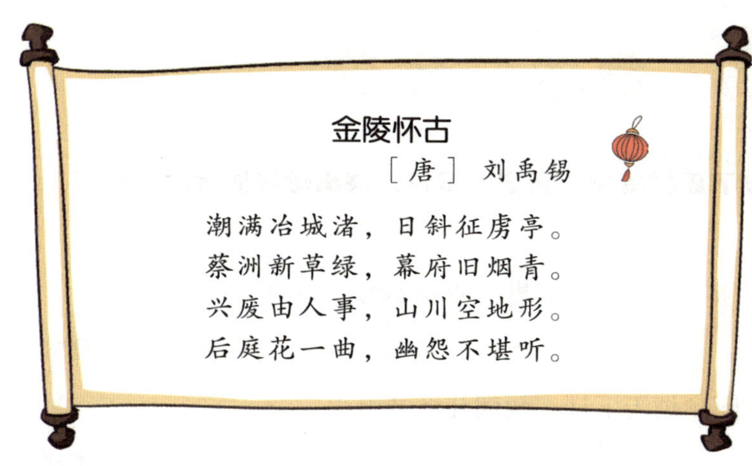

【译文】

春潮淹没了冶城的洲渚，落日余晖斜照在征虏亭上。
蔡洲长出一片嫩绿的新草，幕府山上青烟袅袅，风景依旧。
国家的兴亡取决于人事，仅仅依靠险峻的地形难以长久。
《玉树后庭花》这支亡国曲，凄婉幽怨令人不忍再听。

当然，古诗中的典故还有许多，我们这里只讲了一小部分。这些典故大都出自历史故事或是有名的典籍中。有了这些典故，古诗的内容更加丰富。了解这些典故，不仅可以增长历史知识，还能让我们对古诗所表达的情感有更深刻的理解。

一、读下面的诗句，再查阅资料，找出诗句里藏着的典故。

安能摧眉折腰事权贵，使我不得开心颜。

——李白《梦游天姥吟留别》

三顾频烦天下计，两朝开济老臣心。

——杜甫《蜀相》

二、“高山流水”指的是什么？有何典故？

08

诗歌中那些有灵魂的数字

这一节我们主要讲讲数字在古诗中的妙用。

诗人手中的笔就像一支魔法棒，具有“化腐朽为神奇”的力量。枯燥乏味的数字在诗人的“魔法棒”下也可以焕发生机，变得富有韵味。

古诗中的数字可以营造意境，增强画面感。下面我们一起来看邵雍的这首《山村咏怀》：“一去二三里，烟村四五家。亭台六七座，八九十枝花。”这首诗将数字一到十都罗列了一遍，如果你用数学的思维来解读，那不免有些单调生涩了。

这里的烟村、人家、亭台、花朵通过数字串联成了一幅清新自然的田园画，营造了幽静、闲适的意境。细细读来，是不是这枯燥的数字，也有了情感，有了诗意？

再看郑燮的这首《咏雪》：“一片两片三四片，五六七八九十片，千片万片无数片，飞入梅花都不见。”郑燮用一连串数字，营造了下雪时苍茫深远的意境。苏轼在《惠崇春江晚景》中这样写早春的景象：“竹外桃花三两枝，春江水暖鸭先知。”为什么是“三两枝”呢？因为多了就不叫早春了，是不是很巧妙呢？

有“词中之龙”之称的辛弃疾在《西江月·夜行黄沙道中》中用“七八个星天外，两三点雨山前”写出了夜晚乡村的静谧景象，画面感十足，意境深远。

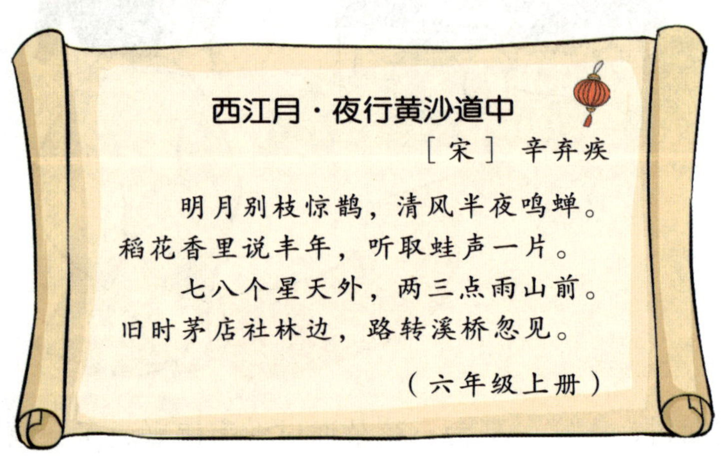

【译文】

天边的明月升上了树梢，惊飞了栖息在枝头的喜鹊。清凉的晚风仿佛带来了远处的蝉叫声。田里稻花飘香，蛙声阵阵，似乎在告诉人们今年是一个丰收年。

天边零散的星星时隐时现，山前下起了淅淅沥沥的小雨，往日那熟悉的茅店小屋依然坐落在土地庙附近的树林中。拐弯过了小桥，茅店忽然出现在眼前。

古诗中的数字常常体现了作者巧妙使用的夸张手法。李白可以算得上将数字入诗的高手了。他为了表达出朋友汪伦对自己的深厚情谊，说道：“桃花潭水深千尺，不及汪伦送我情。”用夸张的手法写出了桃花潭水之深，与汪伦的情谊形成了巧妙的比喻。

望着飞流而下的庐山瀑布，李白不禁感叹：“飞流直下三千尺，疑是银河落九天。”再次用夸张手法表现了瀑布之高。“白发三千丈，缘愁似个长。”这是李白为了表现自己的愁思之深，夸张地说自己的白发已经有三千丈。

被夸张了的数字，在古诗中别有一番韵味，巧妙地表达出诗人的内心感受。陆游是宋朝有名的爱国诗人，他在眼睁睁地看着祖国的土地被金兵占领后，发出一声长叹“三万里河东入海，五千仞岳上摩天”，用夸张的手法描绘了北方中

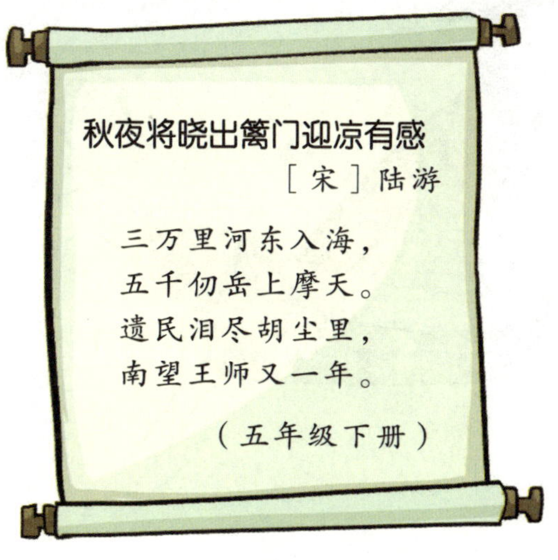

秋夜将晓出篱门迎凉有感

［宋］陆游

三万里河东入海，
五千仞岳上摩天。
遗民泪尽胡尘里，
南望王师又一年。

（五年级下册）

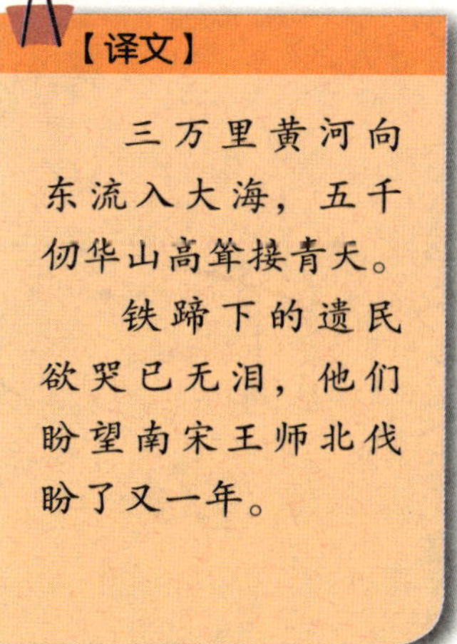

【译文】

三万里黄河向东流入大海，五千仞华山高耸接青天。

铁蹄下的遗民欲哭已无泪，他们盼望南宋王师北伐盼了又一年。

原的辽阔壮美，痛失祖国土地，让他睡不着觉啊！

古诗中巧妙运用数字还可以让古诗的形式更加工整，构成相互对仗的句式，读来朗朗上口，富有音律美。如杜甫的《绝句》：“两个黄鹂鸣翠柳，一行白鹭上青天。窗含西岭千秋雪，门泊东吴万里船。”“两个”和“一行”并列，“万里”与“千秋”对举，两组数字相互对应，读来朗朗上口，勾勒出一幅美丽壮阔的自然画面。

“千山鸟飞绝，万径人踪灭。”柳宗元用“千山”与“万径”相对，刻画了幽静寒冷、浩瀚无边的雪景。李绅在《悯农》中写道：“春种一粒粟，秋收万颗子。”“一粒”与“万颗”

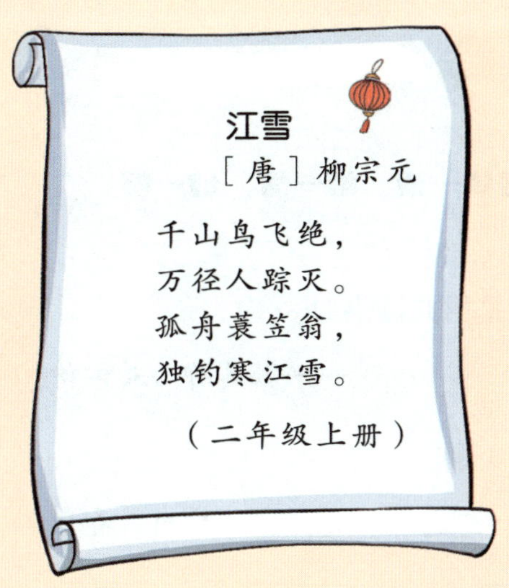

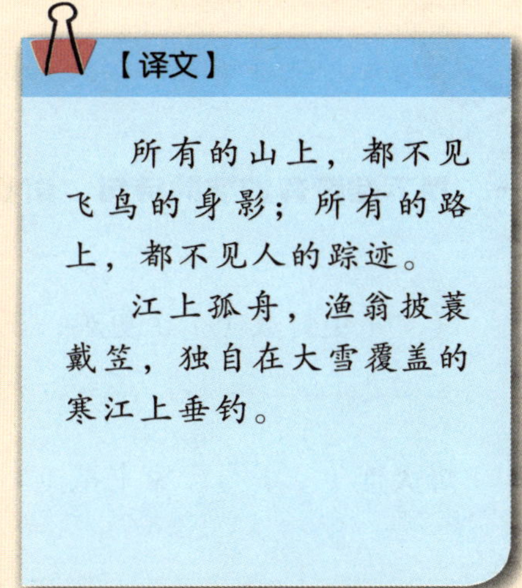

既是对仗又是鲜明的对比。当我们读到“农夫犹饿死”时，是不是倍感悲哀凄惨呢?

正是这些意味深长的数字，使古诗变得更有韵味。有了这些数字，寥寥数语就能表达出诗人丰富的情感，显示了古诗独特的艺术魅力。当然，我们这一节只是讲了一小部分关于数字在古诗中的奇妙应用，有兴趣的同学可以找出更多数字在古诗中的妙用，理解古诗中的数字“妙”在哪里。

一、以下是带有数字的诗句，试着猜一猜，悟一悟，填一填。

（　　）更灯火（　　）更鸡，正是男儿读书时。

——颜真卿《劝学诗》

烽火连（　　）月，家书抵（　　）金。

——杜甫《春望》

（　　）年生死（　　）茫茫。不思量，自难忘。

——苏轼《江城子·乙卯正月二十日夜记梦》

（　　）锤（　　）凿出深山，烈火焚烧若等闲。

——于谦《石灰吟》

二、古诗中的数字往往前后对仗，形成工整的句式。下面的诗句，你能对一对吗？

三十功名尘与土，________________

九州生气恃风雷，________________

两岸青山相对出，________________

解落三秋叶，________________

09

诗歌里经过“锤炼”的字词

在我们读古诗时会发现其中有许多的奇字妙语。其实古人写诗，每一个字都是经过深思熟虑的，甚至有时为了找到一个合适的字，觉也睡不着，饭也吃不下。

贾岛就是这样一位苦吟诗人，他在写作小诗《题李凝幽居》时，就为其中一句“僧敲月下门”还是“僧推月下门”苦苦思索。他骑着小毛驴走在路上，一边走，一边做着“推门”和“敲门”的手势。刚好韩愈经过，贾岛的小毛驴撞到了韩愈的仪仗队里，旁边的护卫们立刻将贾岛拿下，准备问罪。韩愈好奇地问："你怎么回事？"贾岛将琢磨的这两句诗读给韩愈听。韩愈也是位大诗人，不仅没有责怪他，反而和他探讨起来，最终成就了一句流传千古的名句"僧敲月下门"。

一个"敲"字让宁静的夜晚有了点声响，更能衬托夜晚的幽静，这以动衬静、动静结合的手法用得妙！"推敲"这个词语也用来比喻做文章或做事时，反复琢磨，反复斟酌。

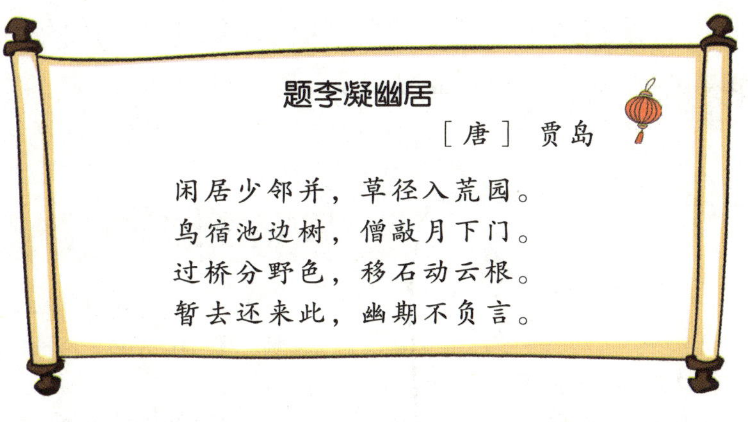

题李凝幽居

［唐］贾岛

闲居少邻并，草径入荒园。
鸟宿池边树，僧敲月下门。
过桥分野色，移石动云根。
暂去还来此，幽期不负言。

【译文】

悠闲地住在这里很少有邻居来，杂草丛生的小路通向荒芜小园。
鸟儿自由地栖息在池边的树上，皎洁的月光下僧人正敲着山门。
走过桥去看见原野迷人的景色，云脚在飘动山石也好像在移动。
我暂时离开这里但是还会回来，按约定的日期与朋友一起隐居。

在写诗时善于推敲的第二位诗人要数王安石了。他的“春风又绿江南岸”一句，其中的“绿”字就经过了多次修改。最初用“到”，后改作“过”，又改作“入”，再改作“满”，就这样一改再改，最后才选定了“绿”字。数百年来，无数文人墨客都赞颂这个“绿”字改得好，改得妙。一个“绿”字不但表现出春风的到来，而且体现了江南原野一片勃勃生机，给人以“动”的感觉。

泊船瓜洲

［宋］王安石

京口瓜洲一水间，
钟山只隔数重山。
春风又绿江南岸，
明月何时照我还？

（六年级下册）

【译文】

京口和瓜洲不过一水之隔，钟山也只隔着几重青山。

和煦的春风又吹绿了大江南岸，天上的明月呀，你什么时候才能够照着我回家呢？

像“绿”这样凝练的动词，往往是一首诗中最重要、最值得慢慢品味的词。陶渊明在“采菊东篱下，悠然见南山”一句中，若将“见”字改成“望”或“看”怎么样呢？当然没有“见”好，“见”是无意中看见，不经意间抬起头来看见南山，符合整首诗悠然自得的心境，符合“山气日夕佳，飞鸟相与还”这种非常自然的、率真的意境。

古诗中还有许多表示颜色的词，经过诗人的匠心独运，别有一番风味。比如杨万里为了展示西湖六月的美景，写道：“接天莲叶无穷碧，映日荷花别样红。”“碧”与“红”，两种颜色相互映衬，让整个画面富有色彩美，刻画了绚丽多彩的西湖之景。

白居易是这样回忆江南景色之美的：“日出江花红胜火，

春来江水绿如蓝。”“红”“绿”突出了色彩的明艳，让美景更加光彩夺目。

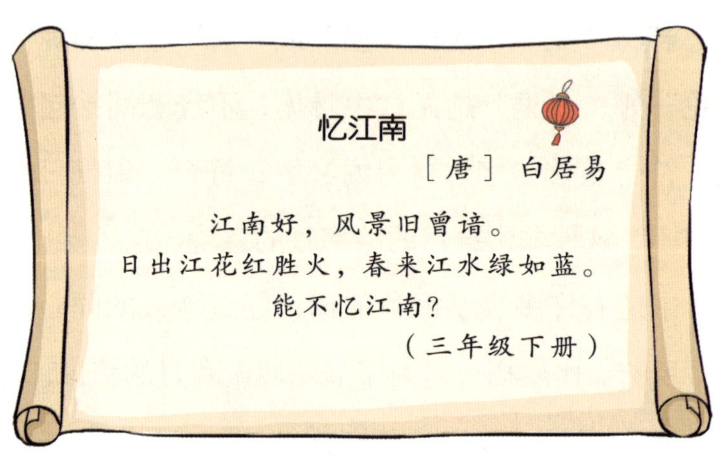

忆江南

［唐］白居易

江南好，风景旧曾谙。
日出江花红胜火，春来江水绿如蓝。
能不忆江南？

（三年级下册）

【译文】

江南多么美好，风景久已熟悉。

太阳从江面升起，把江边的鲜花照得比火都红，碧绿的江水绿得胜过蓝草。

怎能叫人不怀念江南？

古诗中有些形容词也用得十分巧妙。如王维《使至塞上》中对边塞大漠的描写令人神往：“大漠孤烟直，长河落日圆。”“直”和“圆”两字描绘了沙漠的真实景象，画面开阔，意境雄浑。杜甫的《春夜喜雨》中对春雨的描写是“随风潜入夜，润物细无声”，其中的“潜”“细”二字用得极妙，用拟人化的手法将春雨之“好”展现无遗。

古诗词中的奇字妙语不仅仅体现在这些动词、形容词的使用上，还包括数量词、叠词、名词等。如《迢迢牵牛星》中多次出现叠词：“迢迢牵牛星，皎皎河汉女。纤纤擢素手，札札弄机杼。”不仅灵动地表现了诗人的情感，更增添了诗歌的音乐美，情趣盎然。又如王安石的“一水护田将绿绕，两山排闼送青来”，这“一水”与“两山”相互映衬，形成对仗。

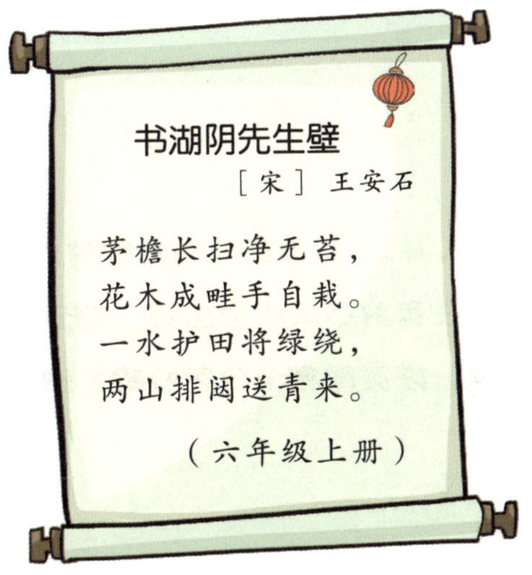

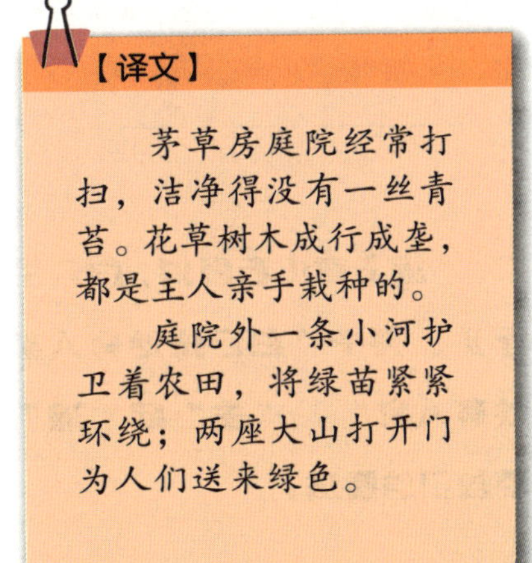

古诗词具有丰富的语言美。正所谓“两句三年得，一吟双泪流”，诗人们将自己真挚的情感赋予简短的语言上，不仅美，更是意蕴深刻。品读这些奇字妙语，就好像畅游诗歌王国中美丽的风景区。有了这一盏盏指明灯，我们的诗歌旅行必将有趣，有味，有情感。

一、下面这首诗中，哪一个字用得好，品一品，感受其妙处。

凉州词二首（其一）

[唐] 王之涣

黄河远上白云间，一片孤城万仞山。
羌笛何须怨杨柳，春风不度玉门关。

二、“远上寒山石径斜，白云生处有人家。”这句诗选自杜牧的《山行》。其中“白云生处有人家”，在有的版本中也出现“白云深处有人家”。“生”和“深”二字，你觉得哪个字更好呢？请谈谈自己的看法。

10

诗中有画，画中有诗

“落花人独立，微雨燕双飞。”

当同学们读到这句诗时，脑海里是不是浮现出这样一幅画面？

——落花缤纷，微雨蒙蒙，一个人幽幽独立，她头顶上有一对燕子双双飞过。

这个画面是不是非常美，同时也传递出一种孤寂与思念之情？

诗和画是一对好搭档，好诗可以入画，好画可以作诗。

苏东坡曾称赞王维的诗“诗中有画，画中有诗”。“诗中有画”让诗的意境更加优美，“画中有诗”让画蕴含无穷诗意。

我们都知道王维是一位多才多艺的诗人，他不仅擅长写诗，还精通绘画、音乐、书法等。他喜欢参禅悟道，闲游山水，描绘美丽的田园风光，有“诗佛”之称。读王维的《山居秋暝》，仿佛观赏一幅清新秀丽的山水画，又像聆听一支恬静优美的抒情乐曲。

山居秋暝

［唐］王维

空山新雨后，
天气晚来秋。
明月松间照，
清泉石上流。
竹喧归浣女，
莲动下渔舟。
随意春芳歇，
王孙自可留。

（五年级上册）

【译文】

新雨过后，山谷里空旷清新，初秋傍晚的天气格外凉爽。

明月映照着幽静的松林，清澈的泉水在山石上淙淙淌流。

竹林中传来少女洗衣归来的谈笑声，莲叶轻摇，渔舟顺流而下。

任凭春天的美景消歇，眼前的秋景足以令人流连。

如果我们闭目欣赏这首诗，脑海里是不是会不自觉地浮现出一帧帧美丽的画？是诗还是画，有时我们甚至有点分不清楚。比如王维的古诗《画》，谜面是一首诗，谜底是一幅画，是不是很有趣？

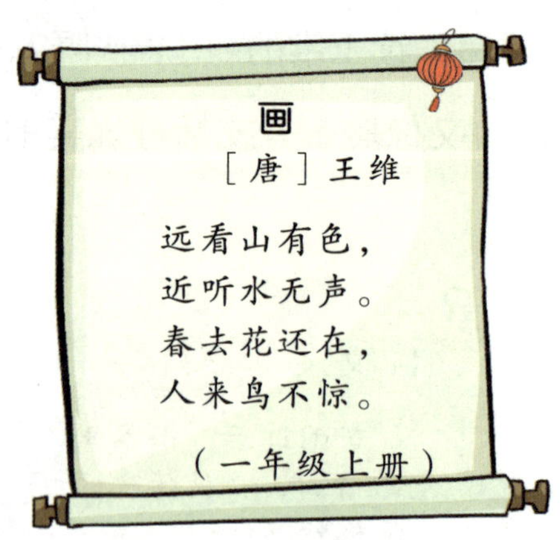

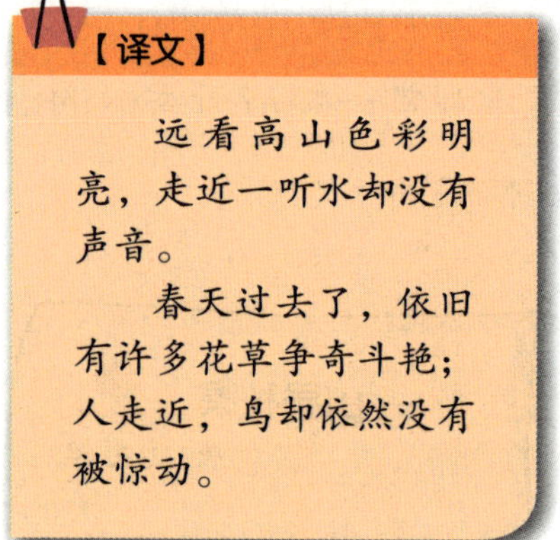

因为诗和画这对好朋友形影不离，于是诞生了一种新的艺术形式——题画诗。诗人看上了喜欢的画作，便在画中题诗，最后加盖上红印章，一幅集诗、书于一身的画便完成了。苏轼就曾为北宋有名的和尚——惠崇大师的画题了一首《惠

惠崇春江晚景

［宋］苏轼

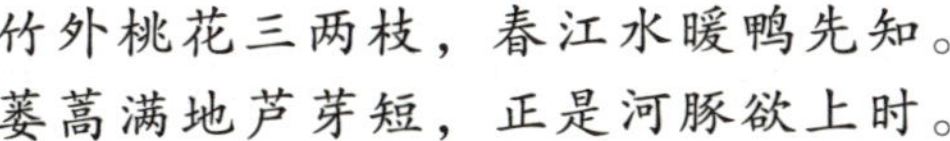

竹外桃花三两枝，春江水暖鸭先知。
蒌蒿满地芦芽短，正是河豚欲上时。

（三年级下册）

【译文】

竹林外两三枝桃花初放，鸭子在水中游戏，它们最先察觉了初春江水的回暖。

河滩上已经满是蒌蒿，芦笋也开始抽芽，而河豚此时正要逆流而上，从大海洄游到江河里。

崇春江晚景》。

好画配好诗，犹如好马配好鞍，交相辉映，彼此成全。

也有不少诗人本身也是画家，例如元代的王冕，他作诗作画都是一流。王冕出身贫寒，幼年时是个放牛娃。他常常趁放牛时间偷偷地跑进学堂，听老师教书。有一次他听得入迷，等到傍晚回家才发现把放牧的牛都忘记了。王冕的父亲大怒，打了王冕一顿。即使如

牛呢？

此，依然没有阻止王冕勤奋学习的脚步，他最终自学成材，成为著名的画家、诗人、篆刻家。

《墨梅》就是王冕为自己的梅花图题的一首诗，不仅写出了墨梅的韵味，也表现了诗人高尚的情操。

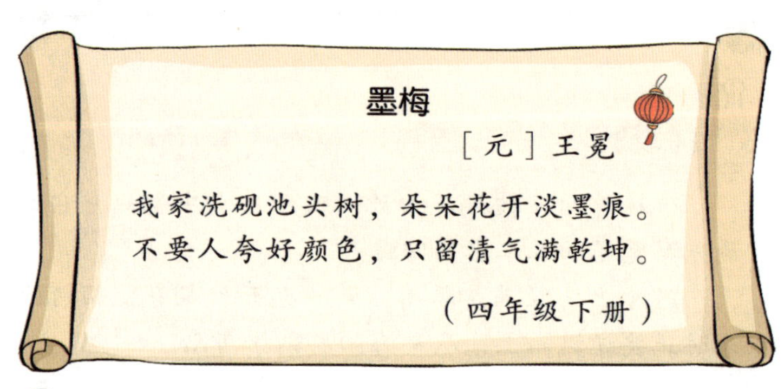

【译文】

我家的洗砚池边有一棵梅树，朵朵梅花都似乎是淡墨点染而成的。

它并不需要别人去夸奖它的颜色，只想让清淡的香气弥漫在天地之间。

诗与画是不同的艺术形式，它们作为搭档相互融合，相互补充，提升了诗画的艺术境界，正所谓“诗是无形的画，画是有形的诗”。

通过想象比照，可以更深刻地理解诗歌画面，也能感受到古典语言的独特魅力。艺术的相通性不仅在于大脑与语言的联系，也在于各个艺术种类的融会贯通。

同学们可以组织一些“以诗作图、以图赋诗”的小活动，丰富古诗文的学习模式，变枯燥为生动，让我们学以致用，并在用的过程中认识学习古诗文的重要性。

一、下面这首诗是一首歌咏竹子的题画诗，如果让你来为这首诗配画，你想画一棵什么样的竹子呢？从画和诗中，你认为作者想要表达什么样的情感呢？

竹

［清］郑燮

一节复一节，千枝攒万叶。
我自不开花，免撩蜂与蝶。

二、学完本节你有哪些心得？

苦涩又美好的羁旅诗

诗人的生活从来不是眼前的苟且，他们永远追寻诗和远方。

诗人们总是在路上。有的是为了游山玩水，有的是为了当官实现自己的理想，也有的是无奈背井离乡。

一个人孤独地行走在路上，好寂寞啊！于是他们就开始写诗，这种在路上或是客居他乡写的诗就是羁旅诗。

人们常说“树高千尺，叶落归根”，家就是每一个人的根。羁旅诗中最常见的一种情感就是思乡之情。李白豪放豁达、四海为家，乐于游山玩水、喝酒交友，但在夜深人静之时，天上的月亮也会勾起他的思乡之情。

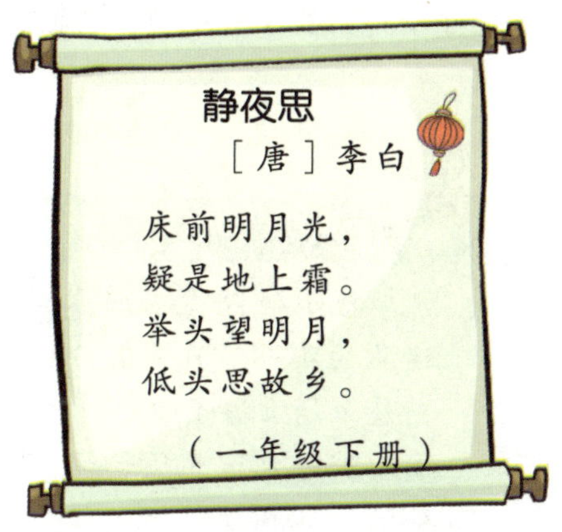

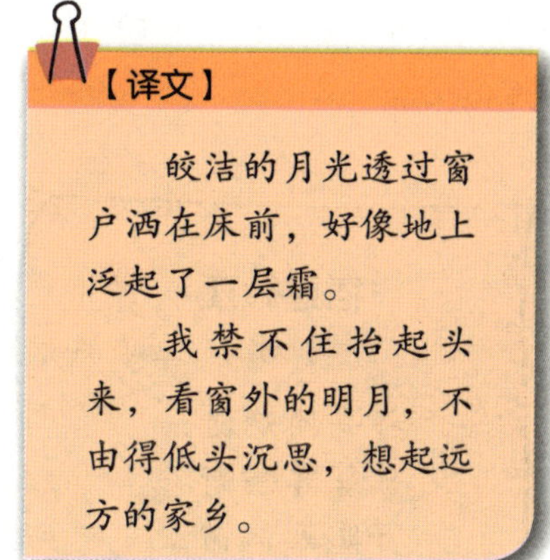

羁旅诗中除了蕴含浓浓的思乡之情，往往还弥漫着淡淡的忧愁。他们愁什么呢？他们愁何时可以回家；愁何时能升官实现理想；愁国家何时能不打仗，过上太平的日子……

每当月亮升起，就是他们表达愁思、思念家乡的时候。所以在羁旅诗中，“月”成了经常出现的景物。当时的交通没有现在便捷，船是远行最主要的交通工具，天黑了，他们就住在船上。于是“船”“江”“渔火”也是羁旅诗中常见的意象。

诗人孟浩然在远行的小船上，写下《宿建德江》这样饱含愁思的羁旅诗。小诗中的“愁”字，将诗人的心情流露于字里行间。

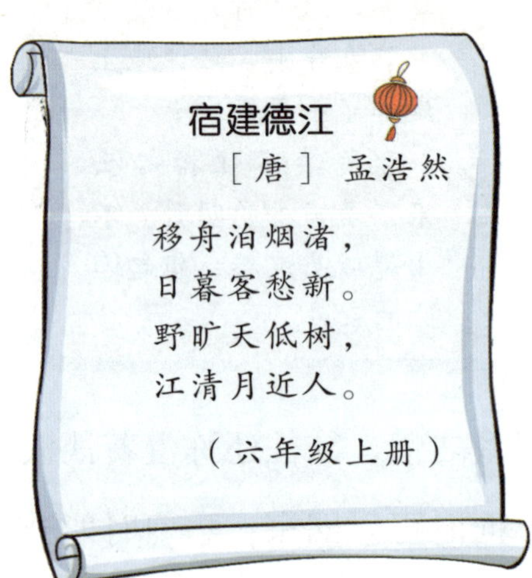

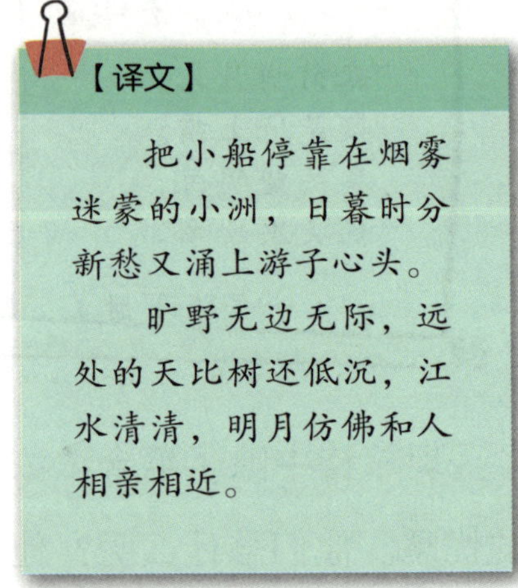

诗人们不仅在羁旅诗中寄托自己的思念和愁绪，还会表达自己对国家和百姓的关心。诗人杜牧夜晚乘船停泊在秦淮河内，耳边传来歌女们唱的《玉树后庭花》曲，继而联想到此时国家衰败，老百姓过得非常艰难，而这些人还有空在这里听曲，这简直就是亡国的靡靡之音呀！他满腔的无奈和伤感化作一首《泊秦淮》。

泊秦淮

［唐］杜牧

烟笼寒水月笼沙，夜泊秦淮近酒家。
商女不知亡国恨，隔江犹唱后庭花。

【译文】

如烟的水汽笼罩在秦淮河上，月光映照着江边的沙岸。
夜晚把船停在岸边，靠近酒家。
卖唱的歌女不知亡国之恨，仍在江对面唱《玉树后庭花》。

逢年过节，客居他乡的诗人们看着人家团团圆圆，就更加思念自己的故乡和亲人。如冬至、除夕、元宵节、重阳节等重要节日，常常引发旅人的思乡怀人之情。怪不得王维说“独在异乡为异客，每逢佳节倍思亲”。但王维转念一想，远在家乡的人会不会也思念我呢？于是他不说自己多么思念家人，反而说家人思念自己。这是一种主客移位的手法，更能看出王维对家人的思念之深。

如杜甫的《月夜》：“今夜鄜

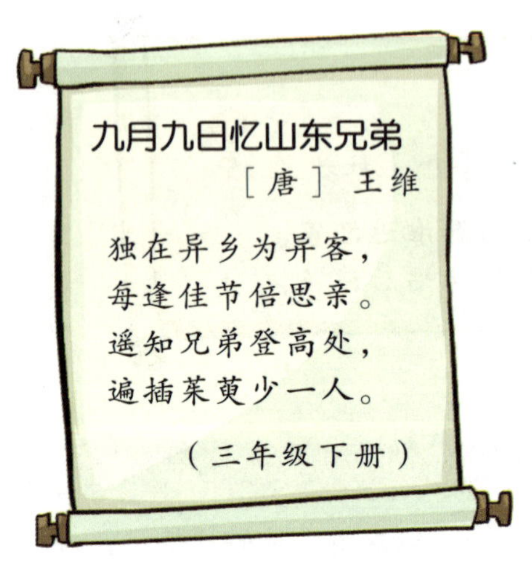

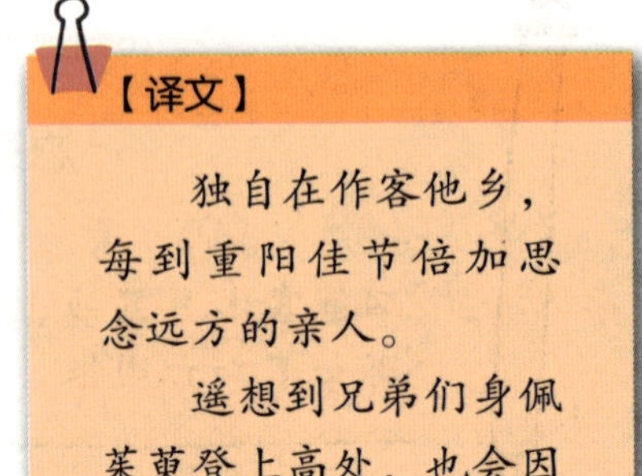

州月，闺中只独看。遥怜小儿女，未解忆长安。香雾云鬟湿，清辉玉臂寒。何时倚虚幌，双照泪痕干。”诗人设想了一幅妻子望月怀远的画面，忆之深，故望之久，将妻子写得娇美动人，也衬托出诗人的思之切，爱之深，读来格外动人。

羁旅诗除了使用前面所说的一些表达技巧外，还有特殊的表现手法，即以乐景衬哀情。如杜甫的《绝句》，当时诗人客寓成都，亟思东归，因战乱道阻，未能成行，所以有“今春看又过，何日是归年”的叹息。但诗的前两句“江碧鸟逾白，山青花欲燃”却勾画出一幅浓丽的春日画面，极言春光融洽。如此美景，何以思归？原来这是以乐景写哀情，以客观景物与主观感受的鲜明对照，反衬诗人浓厚的思乡之情。

羁旅诗通常表现客居他乡的艰难、漂泊无定的辛苦、对家乡亲人的思念，以及对安定幸福生活的期盼与向往。这些感情是人类亘古相通的，容易引起共鸣，所以羁旅诗大多浅显易懂。

羁旅类诗词中有一些关键的字词，如“孤”“悲”“无情”“怜”“空”“独”“故园”“相思”，这些都是解读古诗词的切入点。

前途漫漫，诗人们边走边写。这一首首羁旅诗就像一张张照片记录着他们路上的离愁别绪。真庆幸，那时没有手机，没有微信，没有朋友圈，否则就没有这么多的羁旅诗留给我们了。

一、下面这首羁旅诗表现了诗人什么样的情感呢？哪句诗最能打动你？

春夜洛城闻笛

［唐］ 李白

谁家玉笛暗飞声，散入春风满洛城。
此夜曲中闻折柳，何人不起故园情。

二、羁旅诗中最常出现哪些意象？请列举三个并说明该意象的含义。

12

依依不舍的送别诗

当我们跟好朋友作长久分别时，总是会互相送一点小礼品或是一些感人的话语作为留念。

古人也是如此，他们往往会在这上面花很多心思。特别是诗人，他们感情丰沛、心思细腻，除了送出别致的礼物外，往往还会当场赋诗一首，以表达对友人（爱人）的深厚情谊。

李白得知好友孟浩然要去广陵（如今的江苏省扬州市），非常不舍。他把孟浩然送到江边，目送孟浩然的船只越走越远，不禁吟诵“孤帆远影碧空尽，唯见长江天际流”。

载着好友的船只消失在远方，李白依然舍不得离开。这份深厚的友谊和惜别之情，藏在那消失于天际的小船里，藏在水天相接的美景里，更藏在这首深情款款的送别诗里。

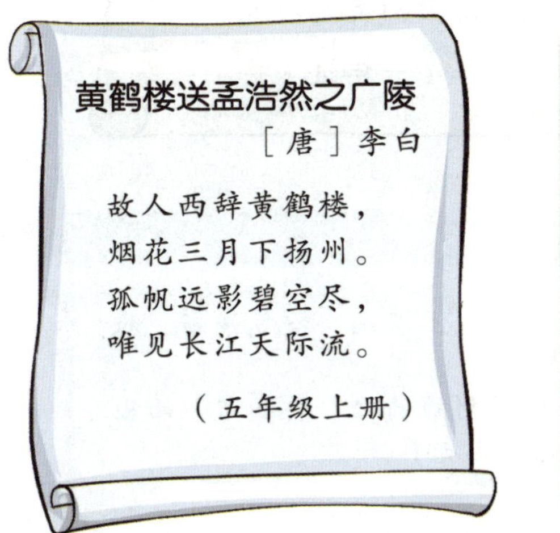

黄鹤楼送孟浩然之广陵

［唐］李白

故人西辞黄鹤楼，
烟花三月下扬州。
孤帆远影碧空尽，
唯见长江天际流。

（五年级上册）

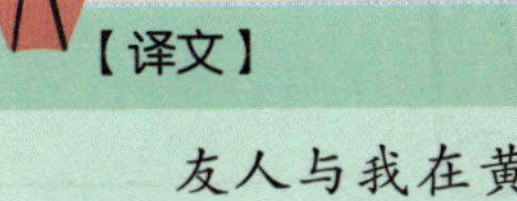

【译文】

友人与我在黄鹤楼辞别，在这柳絮如烟、繁花似锦的阳春三月去扬州远游。

友人的孤船帆影消失在碧空的尽头，只看见一线长江向邈远的天际奔流。

李白在江边目送好友孟浩然远去，王维也要送好友元二去遥远的边疆。王维备好小菜、美酒，看着翠绿的柳树，这“柳”就意味着“留”呀！既然留不下来，那就喝酒吧！王维与好友畅饮，一杯一杯接一杯，喝完这杯酒就“西出阳关无故人”了！这首诗增添了离别的忧伤和愁绪。

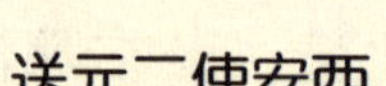

[唐] 王维

渭城朝雨浥轻尘，客舍青青柳色新。
劝君更尽一杯酒，西出阳关无故人。

（六年级下册）

【译文】

清晨下了阵雨，渭城尘土湿润，空气清新，旅舍周围的柳树更加青翠。

朋友啊，再饮一杯送别的酒吧，要知道，西出阳关之后，就再也难见老朋友了。

离别是一件伤心事，送别诗里除了满满的惜别情，也有如高适这般乐观旷达的劝慰鼓励。一句“莫愁前路无知己，天下谁人不识君”，将“萋萋满别情”化作了友人前行路上的信心和勇气。朋友，别担心，放心地去吧！普天之下谁不认识你呀！豪迈而质朴的语言鼓舞人心，可谓送别诗中的一杯老酒。

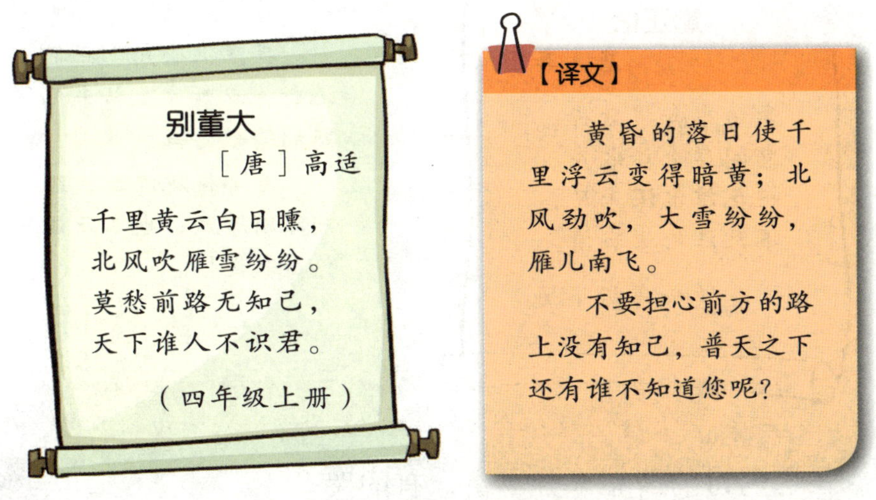

在无法视频、语音、打电话的古代，能够拥有高适这样的朋友，带着一份勇气上路，也是一种欣慰呢！

还有的送别诗中寄托了对友人的深情祝福。宋代词人王观送友人鲍浩然去浙东，就是这样表达对友人的祝福的。“若到江南赶上春，千万和春住”， 王观希望友人的生活像春天般美好。

人们常说“来而不往非礼也”，友人分别，有时是写诗送给远去的友人；有时，自己即将远行，也要留给朋友一首诗，这就叫留别诗。李白临走时，汪伦唱着歌为他送行，李白深受感动，写下了“桃花潭水深千尺，不及汪伦送我情”。《赠汪伦》也成为一首著名的留别诗。

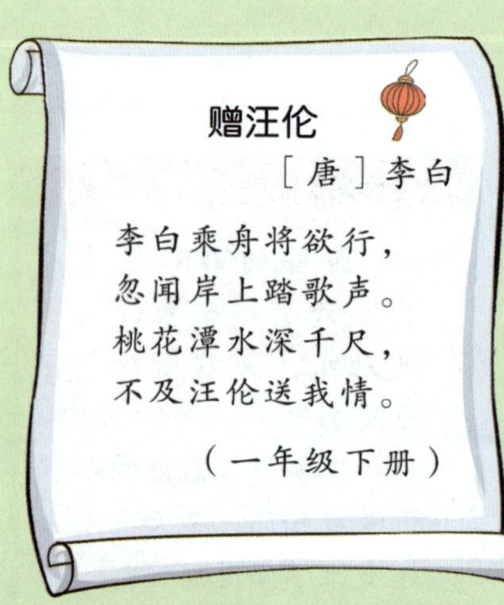

赠汪伦

［唐］李白

李白乘舟将欲行，
忽闻岸上踏歌声。
桃花潭水深千尺，
不及汪伦送我情。

（一年级下册）

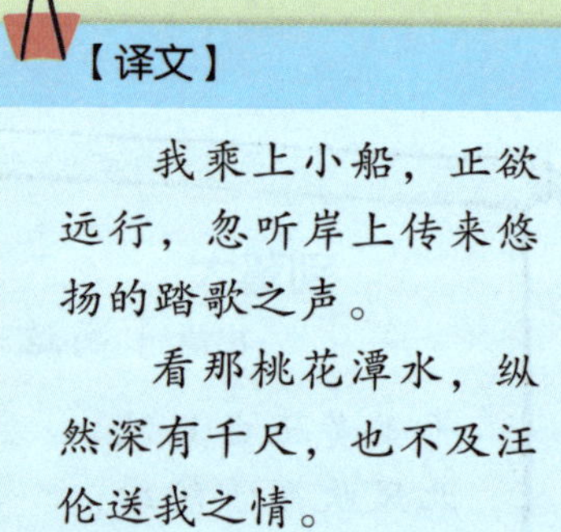

【译文】

我乘上小船，正欲远行，忽听岸上传来悠扬的踏歌之声。

看那桃花潭水，纵然深有千尺，也不及汪伦送我之情。

送别诗的情感十分丰富，有的哭哭啼啼，难舍难分；有的给友人加油呐喊；还有的送上深情的祝福；当然，更有旷达洒脱之作，就像王勃送别杜少府时所说的“海内存知己，天涯若比

邻”，无论到哪里，只要我们的友谊在，我们就像邻居一样。

你更喜欢什么样的送别诗呢？如果你和友人分别，赠上一首送别诗，通过微信传递给好友，应该是个不错的临别礼物呢！

一、下面两首都是白居易的送别诗，它们表达的情感一样吗？你从中读出了诗人什么样的离愁别绪呢？

赋得古原草送别

［唐］白居易

离离原上草，一岁一枯荣。
野火烧不尽，春风吹又生。
远芳侵古道，晴翠接荒城。
又送王孙去，萋萋满别情。

南浦别

［唐］白居易

南浦凄凄别，
西风袅袅秋。
一看肠一断，
好去莫回头。

二、正所谓“折柳送别”，在送别诗中，“柳”成为独特的意象，你可以找一首你喜欢的含有 “柳”的送别诗吗？

13

满怀豪情的边塞诗

这一节我们主要讲一讲那些让人满怀爱国情怀的边塞诗。在古代经常发生战争，特别是在边境，难得过几天太平日子，成年的男子经常会被朝廷征去参军守卫边塞。

在这些戍边的将士里，诞生了一批诗人。他们用诗描绘战地风光、将士风貌、战争场面。这类诗，被称为边塞诗。

边塞诗起源于汉魏六朝，到唐朝达到了巅峰。唐朝是目前边塞诗存诗最多、内容最丰富、思想最深刻、艺术造诣最高的时期。边塞诗自然离不开塞外风光，下面我们一起来看一下其中最具代表性的唐朝诗人王维的《使至塞上》：

使至塞上

［唐］王维

单车欲问边，属国过居延。
征蓬出汉塞，归雁入胡天。
大漠孤烟直，长河落日圆。
萧关逢候骑，都护在燕然。

【译文】

轻车从简想去慰问边关的将士，路经的属国已过居延。
像随风飘飞的蓬草出汉塞，北归大雁正翱翔云天。
浩瀚沙漠中孤烟直上，无尽黄河上落日浑圆。
到萧关遇到侦候骑兵，得知主帅尚在前线未归。

诗中这句“大漠孤烟直，长河落日圆”将壮阔雄奇的大漠奇景表现得淋漓尽致。

在边塞诗中不仅要描写边塞之景，更要写人。写什么人呢？当然是戍守边疆的战士们。边塞诗的情感非常丰富，对戍边战士们的歌颂是边塞诗的一大主题。

打仗就意味着吃苦受罪，风餐露宿。但战士们一心想的是杀敌报国，即使战死沙场也不做缩头乌龟。一句“黄沙百战穿金甲，不破楼兰终不还”，表现出战士们杀敌报国的决心和意志，不打败敌人绝不还乡！

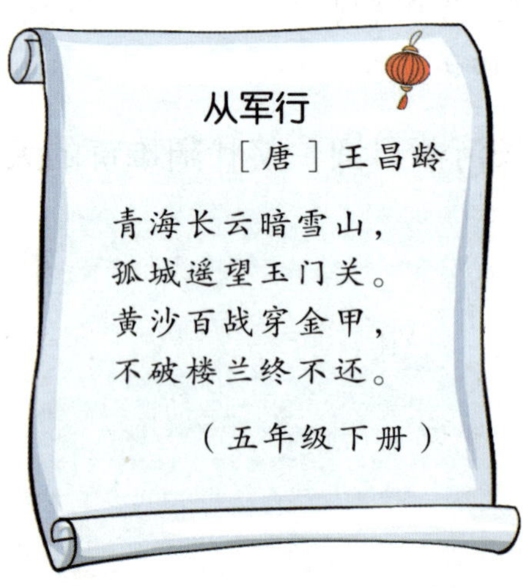

从军行

［唐］王昌龄

青海长云暗雪山，
孤城遥望玉门关。
黄沙百战穿金甲，
不破楼兰终不还。

（五年级下册）

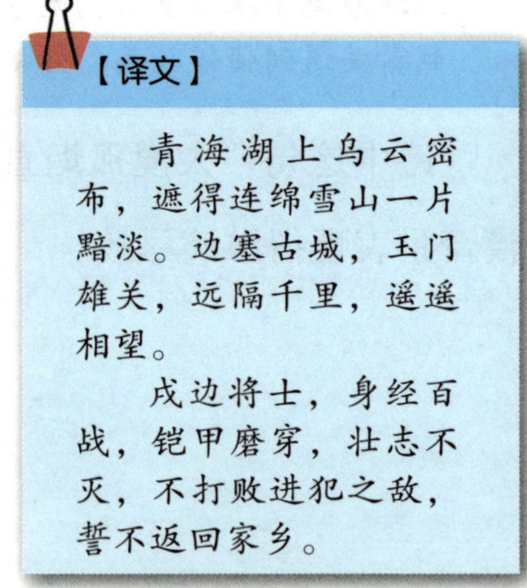

【译文】

青海湖上乌云密布，遮得连绵雪山一片黯淡。边塞古城，玉门雄关，远隔千里，遥遥相望。

戍边将士，身经百战，铠甲磨穿，壮志不灭，不打败进犯之敌，誓不返回家乡。

战争意味着流血与死亡。边塞诗里的战士，都具有不怕死的精神。战争之余，战士们也拿出“葡萄美酒”，喝喝酒，聊聊天。即使“醉卧沙场”也没什么可笑的，因为他们知道“古来征战几人回”。

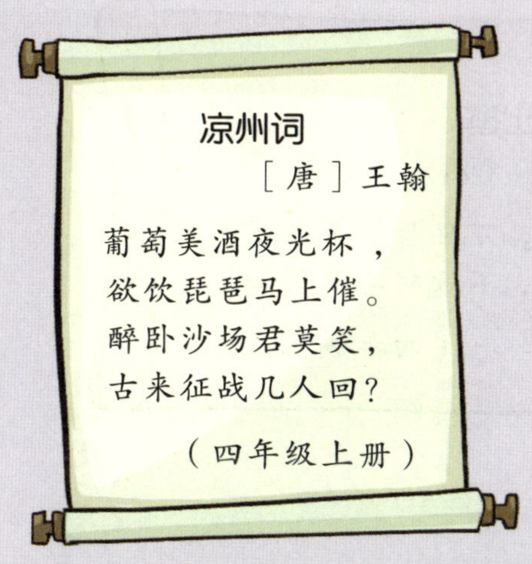

【译文】

美酒倒满了华贵的酒杯，当将士们正要畅饮的时候，琵琶声突然响起，一声又一声，仿佛在催促他们快点上前线作战。

如果在沙场上醉倒了，请你不要笑，从古到今，前往战场的将士有几个人能平安归来？

只要战争没有结束，战士们就无法回家。面对无尽的战争，人们难免会有一丝哀怨，也对长期戍边的战士们表达了深切同情。或许那“万里长征人未还”早已成了“可怜无定河边骨”。于是，人们多么希望能多一些飞将军李广这样的将士。这样，敌人定会闻风丧胆，夹着尾巴逃跑。

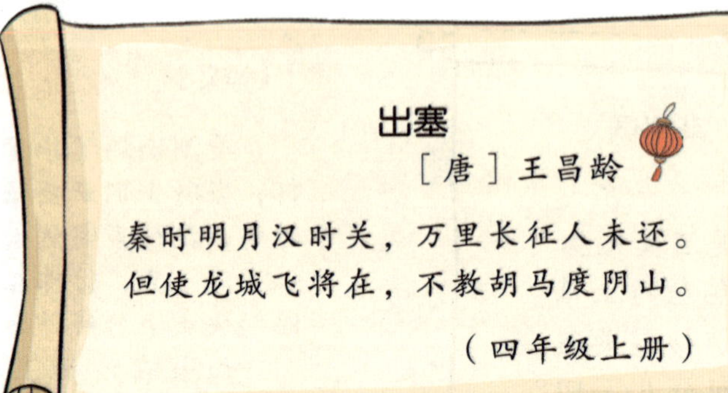

出塞

［唐］王昌龄

秦时明月汉时关，万里长征人未还。
但使龙城飞将在，不教胡马度阴山。

（四年级上册）

【译文】

秦汉以来，皎洁的月光就是这样照耀着边塞，但是离家万里的士卒却没能回还。

如果像李广这样骁勇善战的将军还在，一定不会让敌人的铁蹄踏过阴山。

边塞诗的情感内容非常丰富，不同历史背景下的边塞诗情感也不太一样，但浓浓的爱国情怀始终是边塞诗的主旋律。

边塞诗也有自己的特点，即诗中藏着丰富的历史知识，还有许多特别的意象。如代表战争的地点凉州、阴山、龙城、关山、楼兰等，代表军事方面的景物如沙场、烽火、铁骑、吴钩、旗、鼓等。

边塞诗的题目往往也比较特别，让你一下子就能看出这

是边塞诗。如边塞诗题目中常有“塞”，如《出塞》《使至塞上》《塞下曲》等；有的题目中还含有跟军队有关的字眼，如《从军行》《兵车行》《战城南》等。

如果同学们想更全面地了解一个朝代的战争史，不妨去读一读这个朝代的边塞诗，从诗中你会找到不一样的故事。

一、下面两首都是有名的边塞诗，从诗中，你发现了哪些边塞诗中独有的景象或意象呢？

陇西行

［唐］王维

十里一走马，
五里一扬鞭。
都护军书至，
匈奴围酒泉。
关山正飞雪，
烽戍断无烟。

雁门太守行

［唐］ 李贺

黑云压城城欲摧，
甲光向日金鳞开。
角声满天秋色里，
塞上燕脂凝夜紫。
半卷红旗临易水，
霜重鼓寒声不起。
报君黄金台上意，
提携玉龙为君死！

二、在边塞诗《夜上受降城闻笛》中，作者表达了边塞将士怎样的情感呢？

夜上受降城闻笛

［唐］李益

回乐烽前沙似雪，
受降城外月如霜。
不知何处吹芦管，
一夜征人尽望乡。

14

安静、和谐的田园诗

人在年轻时，总是向往山外的世界。世界那么大，我想去看看，这个很正常。

等人到中年或暮年，看惯了山外的光怪陆离，不少人会怀念山里的简单纯粹。

那些不安分的诗人兜兜转转一圈，发现最美好的原来就在曾经竭力想逃离的田园。在这里，有美丽的果蔬植物，有朴实的山野村夫，有想干什么就干什么的自由。于是，他们就开始写诗讴歌田园。这些诗，被称为田园诗。

田园诗的创始人是东晋的陶渊明。我们在第三节说过，陶渊明年轻时想当官造福黎民百姓，在官场浮沉多年，但始终不与人同流合污。压抑多年后，他终于辞官回乡，归隐田园。

回归田园后，他无官一身轻，每天喝喝小酒，看看风景，在“采菊东篱下，悠然见南山”中找到了人生的大自在。

跟陶渊明一样，南宋的范成大也经历过从做官到隐居的生活。范成大是进士出身，担任过几任知府。晚年退隐石湖，

饮酒（其五）

［东晋］陶渊明

结庐在人境，而无车马喧。
问君何能尔？心远地自偏。
采菊东篱下，悠然见南山。
山气日夕佳，飞鸟相与还。
此中有真意，欲辨已忘言。

【译文】

居住在人世间，却没有车马的喧嚣。

问我为何能如此？只要心志高远，自然就会觉得所处的地方僻静了。

在东篱之下采摘菊花，悠然间，那远处的南山映入眼帘。

山中的气息与傍晚的景色十分好，有飞鸟结着伴儿归来。

这里面蕴含着人生的真正意义，想要分辨，却已忘了该怎样表达。

十年中写了许多田园诗，其中以《四时田园杂兴》最为著名。这组诗共 60 首，每 12 首为一组，分季节展现了美好的田园生活，分别为春日、晚春、夏日、秋日和冬日。

范成大的田园诗中，将田园的风光与田园农民的生活融为一体，表现出诗人对田园生活的无限向往和赞美。

四时田园杂兴（其三十一）

［宋］范成大

昼出耘田夜绩麻，
村庄儿女各当家。
童孙未解供耕织，
也傍桑阴学种瓜。

（五年级下册）

【译文】

白天去田里锄草，夜晚在家中搓麻线，村中男男女女各有各的家务劳动。

小孩子虽然不会耕田织布，也在那桑树荫下学着种瓜。

四时田园杂兴（其二十五）

［宋］范成大

梅子金黄杏子肥，
麦花雪白菜花稀。
日长篱落无人过，
惟有蜻蜓蛱蝶飞。

（四年级下册）

【译文】

一树树梅子变得金黄，杏子也越长越大了；荞麦花一片雪白，油菜花倒显得稀稀落落。白天长了，篱笆的影子随着太阳的升高变得越来越短，没有人经过，只有蜻蜓和蝴蝶围绕着篱笆飞来飞去。

田园诗大多描绘了一幅安静、和谐、与世无争的自然之景，也有部分田园诗聚焦农民的劳动生活，表达对劳动人民的赞美之情。诗人翁卷晚年隐居在深山的一个村子里，他的诗中就有对农民劳作生活的描写。下面我们一起来看翁卷这首《乡村四月》。

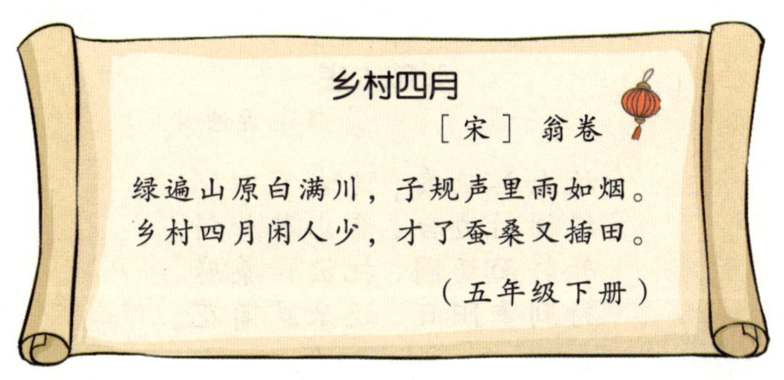

乡村四月

［宋］ 翁卷

绿遍山原白满川，子规声里雨如烟。
乡村四月闲人少，才了蚕桑又插田。

（五年级下册）

【译文】

山坡田野间草木茂盛，稻田里的水色与天光相辉映。烟雨蒙蒙，杜鹃声声啼叫，大地一片欣欣向荣的景象。

四月到了，没有人闲着，刚刚结束了蚕桑的事又要插秧了。

安静的田园始终是人们灵魂的最佳居所。田园或许会荒芜，但它永远在守候主人的归来。小朋友，你生活在田园吗？你的爷爷奶奶有没有生活在田园呢？

如果有机会亲近田园，一定要用心观察与领会田园的静谧祥和。你也可以尝试着写一首田园诗哦！可以用古诗的形式，也可以用新诗的形式。只要写出自己的所见所想，你就是最棒的！

一、下面这首诗是孟浩然经过奔波流离之后，暂时定居成都草堂时所写的。诗人描绘了什么样的田园风光呢？你透过字里行间还能读出些什么样的情感呢？

过故人庄

［唐］孟浩然

故人具鸡黍，邀我至田家。
绿树村边合，青山郭外斜。
开轩面场圃，把酒话桑麻。
待到重阳日，还来就菊花。

____

____

____

二、我们和田园诗人来场特别的约会吧！我说上句，你接下句。

雨里鸡鸣一两家，______________

少无适俗韵，______________

种豆南山下，______________

15

一起游览古诗里的锦绣山河

古诗词犹如一卷千里江山图，它能带我们饱览祖国的壮丽河山，还可以带我们去感受异域风土人情。说到这里，你是不是很向往呢？接下来，让我们一起跟着古诗去旅行吧！

第一站，我们跟着诗人的脚印，游览祖国的名山大川。喜爱游山玩水的李白，首先带我们去遥望那“飞流直下三千尺，疑是银河落九天”的庐山瀑布。接着又来到天门山前，看那雄奇壮观的天门山，奔腾浩荡的江水，不禁吟诵：“天门中断楚江开，碧水东流至此回。”路过峨眉山，看到“峨眉山月半轮秋，影入平羌江水流”。

与李白同年代的诗人王湾也不甘示弱，他要带我们去看看北固山下“潮平两岸阔，风正一帆悬”的美景。杜甫招招手道：“来，来，来！我带你们去泰山见识见识吧！”登上

山顶，杜甫大声吟道：“会当凌绝顶，一览众山小！”原来泰山才是山中霸王。

第二站，我们闲庭信步，边走边看，欣赏祖国美丽的自然风光。江南是个好地方，吸引了无数的文人墨客。我们可以跟随《江南》去欣赏盛开的荷花，看小鱼儿在水里一会儿游到东，一会儿游到西，自由嬉戏的情景。白居易总是念叨着“江南好”，那里“日出江花红胜火，春来江水绿如蓝”，怎能不对江南念念不忘呢？

西湖独特的自然风光也备受诗人的青睐。苏轼眼中的西

江南

汉乐府

江南可采莲，莲叶何田田。
鱼戏莲叶间。鱼戏莲叶东，
鱼戏莲叶西，鱼戏莲叶南，
鱼戏莲叶北。

（一年级上册）

【译文】

江南又到了适宜采莲的季节了，莲叶浮出水面，挨挨挤挤，重重叠叠，迎风招展。

在茂密如盖的荷叶下面，欢快的鱼儿在不停地嬉戏玩耍。

一会儿在这儿，一会儿又忽然游到了那儿，说不清究竟是在东边，还是在西边，还是在南边，还是在北边。

饮湖上初晴后雨

［宋］苏轼

水光潋滟晴方好，
山色空蒙雨亦奇。
欲把西湖比西子，
淡妆浓抹总相宜。

（三年级上册）

【译文】

在灿烂阳光的照耀下，西湖水微波粼粼，波光艳丽，看起来很美；雨天时，在雨幕的笼罩下，西湖周围的群山迷迷茫茫，若有若无，也显得非常奇妙。

若把西湖比作美人西施，淡妆浓抹都是那么适宜。

湖简直就是美丽的西施，无论是“淡妆”还是“浓抹”都是那么好看。而杨万里的《晓出净慈寺送林子方》把西湖描绘得仿若人间天堂，看那接天的莲叶、映日的荷花，醉了你我，也醉了神仙。

看完西湖看洞庭，如镜的洞庭湖闪着宝石般的光芒，真是“湖光秋月两相和，潭面无风镜未磨”。

诗中的江南风景还有很多，有兴趣的同学可以翻阅资料，把你看到的描绘江南风景的诗词一一记下来，然后细细体会诗中的美景。

第三站是令人神往的异域风土人情。一首民歌《敕勒川》，带领我们感受敕勒族人民“天苍苍，野茫茫”的生活画面。来到大草原，我们感受“离离原上草，一岁一枯荣”的广袤景象。西域的葡萄酒也是美美的，看到“葡萄美酒夜光杯”，你陶醉了吗？还有那“大漠孤烟直，长河落日圆”的大漠风光，想不想去看看呢？

你还可以跟随诗人去大理寺看桃花，去寒山寺听钟声，去天山赏雪……

一、享有“天下江山第一楼”的黄鹤楼，吸引了无数的文人墨客。请说出两首描写黄鹤楼之景的古诗，并说一说表达了诗人什么样的情感。

二、你还知道哪些描写美丽河山的古诗呢？试着写一写，当然你也可以查阅一下资料！

16

跟古诗里的儿童一起嬉戏

古代的儿童没有手机，没有电脑，他们平时都玩什么？如果你想知道，那就跟我一起学习这些与古代儿童相关的古诗词，了解他们，和他们一起嬉戏吧！

古代的儿童跟现在的小朋友一样，也是淘气又可爱。你瞧，唐代的白居易目击了一个正在偷采白莲的小孩："小娃撑小艇，偷采白莲回。"南宋的杨万里最喜欢孩子了，在春天他被一个正在追逐蝴蝶的小孩给逗乐了——"儿童急走追黄蝶，飞入菜花无处寻"；到了冬天，他又被儿童玩冰的景象给迷住了——“稚子金盆脱晓冰，彩丝穿取当银钲”。

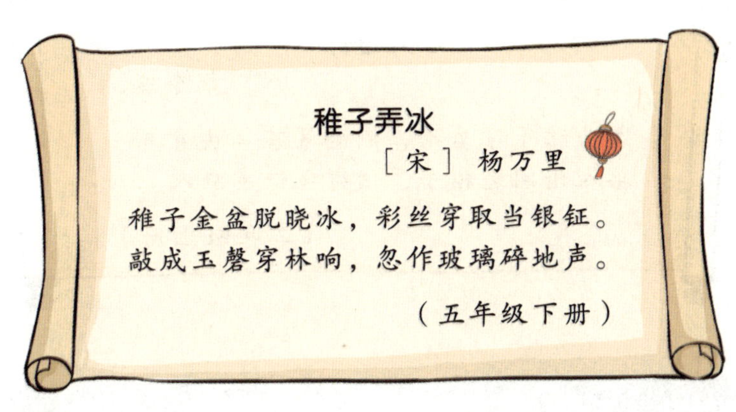

稚子弄冰

［宋］ 杨万里

稚子金盆脱晓冰，彩丝穿取当银钲。
敲成玉磬穿林响，忽作玻璃碎地声。

（五年级下册）

【译文】

一个小孩子，早上起来，从结冰的铜盆里剜冰，用彩丝将冰穿起来当钲来敲。

敲出的声音像玉磬一般穿越树林，突然冰落在地上发出美玉一样的碎裂声。

有的孩子还非常机智，富有灵性。胡令能在《小儿垂钓》中写到一个正在钓鱼的小孩，“路人借问遥招手，怕得鱼惊不应人”。看到有人过来问路，钓鱼的儿童隔老远就摆手拒绝——别过来别过来，我不知道我不知道。其实呢，他是担心问路的人惊跑了水里的鱼儿。

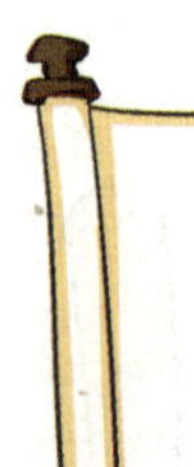

小儿垂钓

［唐］ 胡令能

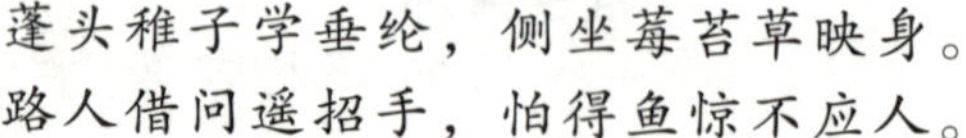

蓬头稚子学垂纶，侧坐莓苔草映身。
路人借问遥招手，怕得鱼惊不应人。

（二年级上册）

【译文】

一个头发蓬乱、面孔稚嫩的小孩在河边钓鱼，侧着身子坐在草丛中，野草掩映了他的身影。

听到有过路的人问路，小孩远远地摆了摆手，生怕惊动了鱼儿，不敢回应过路人。

古时候的儿童，五六岁起就要帮家里干活了。他们做得最多的是放牛。所以古诗词中出现较多的儿童形象是牧童，即放牛的儿童。他们享受放牛的乐趣，自由自在，潇洒可爱。清代诗人袁枚笔下的牧童，边唱歌边放牛：“牧童骑黄牛，歌声振林樾。”宋代诗人雷震笔下的牧童，随意吹着短笛“牧童归去横牛背，短笛无腔信口吹。”唐代杜牧笔下的牧童，乐于助人，人见人爱：“借问酒家

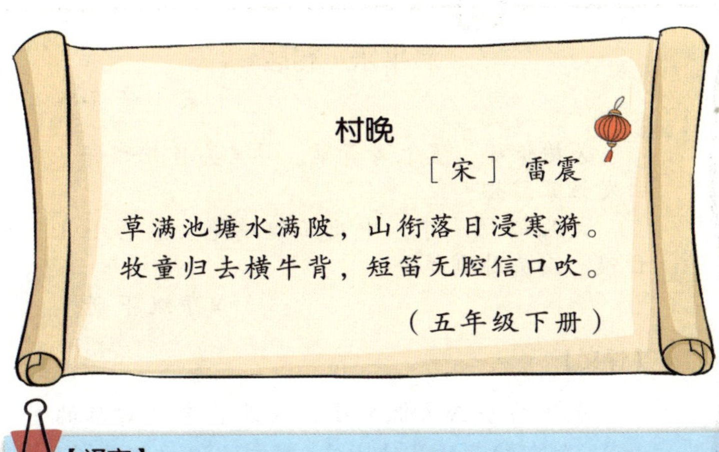

村晚

［宋］雷震

草满池塘水满陂，山衔落日浸寒漪。
牧童归去横牛背，短笛无腔信口吹。

（五年级下册）

【译文】

池塘长满了水草，池塘里的水呢，几乎溢出了塘岸。远远的青山，衔着彤红的落日，一起把影子倒映在波光粼粼的水面。

那小牧童横骑在牛背上，缓缓地把家还。他拿着一支短笛，随口吹着，也没有固定的声腔。

何处有？牧童遥指杏花村。”

正是因为古代的儿童从小就帮助家人劳作，分担家务，所以古诗词中展现了儿童勤劳、善良的好品质。辛弃疾就在古诗中描绘了一家三个孩子劳动的画面：“大儿锄豆溪东，中儿正织鸡笼。最喜小儿亡赖，溪头卧剥莲蓬。”即使是最小的孩子，也在学习剥莲蓬呢！“童孙未解供耕织，也傍桑阴学

清平乐·村居

［宋］辛弃疾

茅檐低小，溪上青青草。醉里吴音相媚好，白发谁家翁媪？

大儿锄豆溪东，中儿正织鸡笼。最喜小儿亡赖，溪头卧剥莲蓬。

（四年级下册）

【译文】

草屋的茅檐又低又小，溪边长满了青翠的小草。含有醉意的吴地方言，听起来温柔又美好，那满头白发的老人是谁家的呀？

大儿子在小溪东边的豆田除草，二儿子正忙于编织鸡笼。最令人喜爱的是顽皮的小儿子，他正横卧在溪头草丛中，剥着刚摘下的莲蓬。

种瓜”，范成大《四时田园杂兴》中那个小孩，正在学着大人的样子，种瓜呢！

当然，古代也有上学的孩子，但他们放学了干什么呢？清代高鼎说：“儿童散学归来早，忙趁东风放纸鸢。”原来，他们放学后还可以放风筝。“知有儿童挑促织，夜深篱落一灯明。”宋代叶绍翁在夜深人静的时候，还看见几个小孩在兴致勃勃地斗蟋蟀呢！

通过古诗词，我们与古代儿童来了场美丽的邂逅。看到古代儿童嬉戏欢乐的方式是不是觉得非常有趣呢？看到古代儿童帮助父母干活，你是不是觉得自己应该向他们学习，帮助爸爸妈妈做一些力所能及的小事呢？相信你也可以成为大人眼里机智聪明、勤劳善良的好孩子。

一、以下诗句都是描写儿童的，你读出了怎样的儿童形象呢？

绕池闲步看鱼游，正值儿童弄钓舟。——白居易《观游鱼》

骑牛远远过前村，短笛横吹隔陇闻。——黄庭坚《牧童诗》

意欲捕鸣蝉，忽然闭口立。——袁枚《所见》

二、你最想跟古诗里的儿童一起干什么呢？

17

中国好声音，把古诗词唱出来

古诗词是讲究韵律的，宋代有个喜欢唱歌的人，他非常仰慕苏东坡。有一次，苏东坡问这位歌者："我写的词和柳永的相比如何？"

歌者回答说："柳先生的词适合十七八岁的女孩拿着红牙板，柔情绵绵地唱杨柳岸晓风残月。苏学士您的词，需一个彪悍的关西大汉拿着铁板，气势如虹地唱大江东去。"

歌者避开了"谁更厉害"的难题，从风格与类型入手，公正客观地阐述了他的观点。这让苏东坡大为受用。

从这个故事可以看出，古代的诗词是可以用来唱的。诗歌诗歌，诗与歌不分家。

因为需要唱出来，因此需要通过平仄与押韵来使诗词具有节奏感、韵律感。

简单地说，就是汉语拼音中一二声为平声，三四声为仄声。古诗词对每一句的每一个字都有平仄的要求，这样能让诗词读起来具有跌宕起伏、抑扬顿挫之感。下面以王之涣的《登鹳雀楼》为例，聊聊这首诗里的平仄格式。

登鹳雀楼

［唐］ 王之涣

白日依山尽，　　平仄平平仄
黄河入海流。　　平平仄仄平
欲穷千里目，　　仄平平仄仄
更上一层楼。　　仄仄仄平平

古诗中对于平仄的格式有严格的要求，一般一句古诗中，上下句对应平仄相反，当然也有很多不同的变式。读着这样的平仄是不是韵律感十足？再配上音乐，就可以唱成一首带着节奏的歌啦！

古诗还讲究押韵，就是古诗中一句的最后一个字，它们一般韵母相同或相近，押韵的这个字就叫韵脚。

句子押韵，不仅便于吟诵和记忆，更使古诗读起来有节奏感，声调和谐动听。

“床前明月光，疑是地上霜。举头望明月，低头思故乡。”李白的《静夜思》中，押“ang”韵。诗中的“光”“霜”“乡”同为韵脚。一般在古诗中，偶数句押韵，首句可以押韵也可以不押韵。

“萧萧梧叶送寒声，江上秋风动客情。知有儿童挑促织，夜深篱落一灯明。”叶绍翁的《夜书所见》押“ing”韵，诗中的“情”和“明”是韵脚。这首诗首句并未押韵，这在古诗中是可以的。

古诗中的押韵一般押的是平声韵，就是第一声和第二声的字，当然也有例外。一首诗中，一般只能押一种韵，不能换韵，这就是

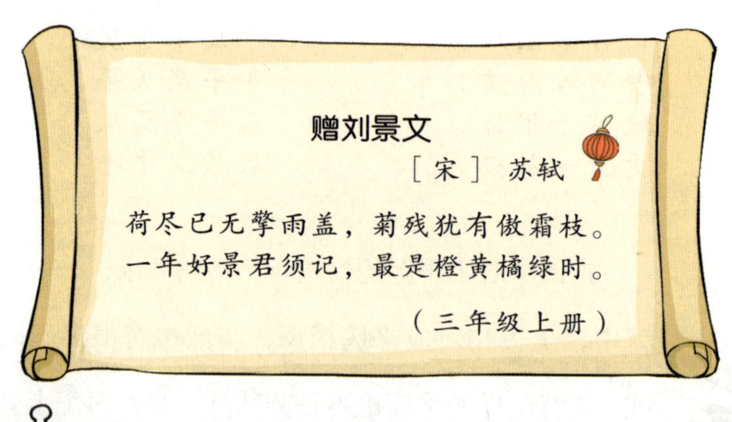

赠刘景文

［宋］苏轼

荷尽已无擎雨盖，菊残犹有傲霜枝。
一年好景君须记，最是橙黄橘绿时。

（三年级上册）

【译文】

荷花凋谢，连那擎雨的荷叶也枯萎了，只有那凋零的菊花的花枝还傲寒斗霜。

一年中最好的景致你一定要记住，那就是在秋末初冬橙黄橘绿的时节啊。

一韵到底。这样看来，写诗还真是挺不容易的。李白能够“斗酒诗百篇”，不愧为诗仙啊！

古诗中正是因为有了平仄的格式要求，再加上句末押韵，所以读起来富有节奏和韵律感。即使是咿呀学语的小宝宝，也可以学习背古诗。还有许多古诗更是录制成了儿童歌曲，唱出来美妙动听。

一、读读下面的诗句，说一说它们押的什么韵，韵脚是什么。在横线上写一写吧！

芙蓉楼送辛渐

［唐］ 王昌龄

寒雨连江夜入吴，平明送客楚山孤。
洛阳亲友如相问，一片冰心在玉壶。

二、请把李叔同作词的《送别》抄写一遍，并学会这首歌，在你小学毕业时可以唱给同学们听哦！

胡立根 主编·张鹏珍 著

大语文可以这样学 3

玩转古文课

SPM 南方传媒 | 广东经济出版社
·广州·

卷首语

“下雪啦！下雪啦！”

冬日的大雪自黛色的天空中缓缓飘落，天地间一片银装素裹。伴随着纷纷扬扬的鹅毛大雪，你有满心的话要说，千言万语化作一句：“好美啊！”

东晋的小姑娘谢道韫在大雪纷飞时说：“柳絮因风起。”这句话的意思是：雪花好像风吹柳絮满天飞舞。她的这一句话，赋予了雪花轻盈灵动之美。

你看，一千五百多年前的句子，流传至今，依然那么精准、传神、典雅。

现代人读古文，最为头大的是古文里的实词。古文里的实词一般属于多义词，其中不少涵义在今天看来是非常晦涩的。例如“假”字，现在的涵义是“虚伪的，不真实的”，或者“按照规定或经过批准暂时不用学习或工作的时间”。但在古文里，还有好多其他涵义，如：君子善假于物；敌不可假；狐假虎威；乃以吴叔为假王。你如果不

懂“假”的古文义项，读起来就会一头雾水：君子善假于物，是君子要善于制作假的物品？敌不可假，是说敌人不可能是假的？……

很显然，这样的解释，连你自己都觉得有问题。但是不这样“强行”解释，你又不知道如何去解释。

只有当你明白“假”在古文里还有“非正式的”“借”“借助”“宽容”等义项，你就会豁然开朗——哦，我知道是什么意思啦！

与实词相对的是虚词。古文里的常用虚词只有一二十个，如“之、乎、者、也、而、于、乃、以、若”，等等。读懂了实词，虚词的意思尽管多变，但一般都能“猜出来”。例如“君子善假于物”，意思是：君子善于借助外物。“假于物”是介宾结构后置，即“于物假”，是“向外物借助”的意思。

本书把小学、初中的古文里的常见的多义项实词，通过巧妙的方法串连在一起。在讲解古文的实词义项时，又顺带介绍了相关虚词的释义。以“实”为主，以“虚”为辅，“虚实”结合，相互映衬，从而助你轻松阅读、理解小古文。

目录

春
子

01

古人是有礼貌的

“我们中国人的礼貌，是发自内心的，是一种名贵的、散发着芬芳的香水儿！”

这是某电视剧中，北大教授对礼貌的一种定义。最让人印象深刻的是北大校园里人与人打招呼的时候都会互相微微鞠躬。

鞠躬是一种礼仪，互相问好也是一种礼仪：和家长问好，和同学问好，和老师问好，和身边的一切问好……

在一所小学里，有一个小男孩虽然很顽皮，但特别招人喜欢，因为他每天上学的时候，总会满面春风地和遇见的人说“早上好呀”。

“早上好”和“早上好呀”只有一字之差，听的人感觉却不一样，这就是语言美。不信，你面带微笑试着说说。

中国自古就是礼仪之邦，我们的祖先在日常生活中非常讲究礼节、礼貌。《礼记·少仪》中有“言语之美，穆穆皇皇”，这句话是说，对人说话要尊敬、和气，谈吐要文雅。

李白生性狷狂，在皇帝面前都敢“天子呼来不上船”，但他即便醉了，也不会忘记日常礼节。

我醉欲眠卿且去，明朝有意抱琴来。

（出自李白《山中与幽人对酌》）

你看，李白醉醺醺地说：“我喝醉了，想要睡觉啦，你要走就自己走吧，我就不送了；如果你还意犹未尽，明天早晨抱着你的琴再来喝。”

即使喝醉了，也记得对友人说“卿且去”，一点也没有耍酒疯哦！

你看，这就是浸入骨子里的礼貌。

三国时，孙权是这样劝吕蒙学习的：

老师带你一起学

阁下：“阁下”是一种敬称，跟今天的“您”意思相似。

“阁下”一词盛行于唐代，当时是对高级官员的尊称。因为古代高级官员的官署往往称阁，如龙图阁、天禄阁、东阁、文渊阁等，故以阁下相称。

初，权谓吕蒙曰：“卿今当涂掌事，不可不学！”

（出自《孙权劝学》，七年级下册）

“初”是当初，“权”是孙权名字的简称，文言文中，常常会用姓名中的某个字代替这个人的全名，“谓”是告诉

的意思。

“卿”在这里要重点了解，是对人表示尊敬、亲热的称呼，可以用于君对臣、长辈对晚辈、朋友及夫妻之间。

孙权是君主，吕蒙是武将，按照古代森严的等级制度，孙权完全可以直呼其名，为何他要称呼吕蒙为“卿”？

其实，在孙权的几个得力助手中，吕蒙是他亲自选拔和培养出来的，私下他们就像朋友一样，所以孙权称他为“卿”，可以翻译成“你”。

你看看，即使贵为君主，说话也是注重礼貌的。

在古代，人们对对方亲友的称呼中，一般会用上“令”字。比如：令尊、令堂是对别人父母的尊称，令兄、令妹是对别人兄妹的敬称，令郎、令爱是对别人儿女的敬称，令正是对别人妻子的敬称。

出于礼貌，凡是说到与对方有关的人和事物时，大都要使用尊敬的说法；相反，说到和自己有关的人和事物时，一律采用谦虚的说法。

比如，古人称自己为“鄙人”。这里的“鄙”，意思是鄙陋、目光短浅。跟《曹刿论战》里的“肉食者鄙”（身居高位的人目光短浅）是一个意思。“鄙”在古文里还有“边境”的意思，如“蜀之鄙有二僧”（四川的边境有两个和尚）。

古人为礼貌，除了自贬身价，连儿子、女儿、妻子都不放过。会称儿子为犬子，称女儿为小女，称妻子为贱内。

鄙：①边境（蜀之鄙有二僧《为学》）。②鄙陋、目光短浅（肉食者鄙《曹刿论战》）。③出身鄙野（先帝不以臣卑鄙《出师表》）

妻子：是妻子和儿女（率妻子邑人来此绝境《桃花源记》）。

子：①夫子、先生、老师（子墨子闻之《墨子》）。②您（愿借子杀之《墨子》）。③儿子（子又生孙《愚公移山》）。

自：①自己（并自为其名《伤仲永》）。②自、从（自是指物作诗立就《伤仲永》）。③从、由（自三峡七百里中《三峡》）。④如果（自非亭午夜分，不见曦月《三峡》）。

下面我看一个关于“贱内”这个称呼的小故事。

一天，小明的妈妈问爸爸：“古人叫自己的妻子什么？”

爸爸得意地回答：“贱内！”

妈妈不紧不慢地说：“其实贱内的意思是‘我这个卑微之人的老婆’，你不要弄错了。”

学完练一练

颜渊问仁。子曰：“克己复礼[①]为仁。一日克己复礼，天下归仁[②]焉。为仁由己，而由人乎哉？”颜渊曰：“请问其目[③]。”子曰：“非[④]礼勿视，非礼勿听，非礼勿言，非礼勿动。”颜渊曰：“回[⑤]虽不敏[⑥]，请事[⑦]斯语矣。”

（出自《论语·颜渊》）

注释：

①克己复礼：克己，克制自己。复礼，使自己的言行符合于礼的要求。②归仁：归，归顺。仁，即仁道。③目：具体的条目，具体的途径。④非：违反，不符合。⑤回：颜渊。颜回，字子渊，又名颜渊。⑥敏：聪敏，不敏指的是不聪敏、愚笨。⑦事：照着去做。

一、在如何按照礼的要求行事上，孔子具体提出了哪四个要求？

________________　________________

________________　________________

二、填空。

不要散布未经证实的小道消息，可以用非礼勿________，不要在未获得主人允许时翻看他的聊天记录，可以用非礼勿________。

三、选择正确的答案。

颜渊说自己愚笨，是因为（　）。

A. 在孔子的弟子中，颜渊的确比较愚笨

B. 颜渊是自谦

C. 颜渊没有孔子聪明

02

别样的争辩

我们现在都知道“抬杠”这个词，它原指两人用木棒抬东西，引申为无谓地争辩。

相传春秋时期的某一天，两个小孩为太阳早上离人更远还是更近而“抬杠”。

两人争得唾沫横飞，也没有一个结果。好巧不巧，孔子来了。两个小孩知道孔子是一个非常有学问的智者，于是请孔子评理。

认为太阳在早上离人更近的小孩先说——

“日初出大如车盖，及日中则如盘盂，此不为远者小而近者大乎？”

（出自《两小儿辩日》，六年级下册）

早晨太阳出来时像车盖一样大，到了中午却像盘子一样小，难道不是远的看上去小而近的看上去大吗？

“车盖”是古代车上防雨防风又防晒的篷子；“盘盂”是古代盛放食物的器皿，圆形的称为盘，方形的称为盂。

孔子听了，觉得小孩说得蛮有道理。但他没有立即下定论，而是想再听听另一个孩子怎么说。

文言文中的实词具有一词多义的特征，而且各个词义之间是有联系的。一般分为本义、引申义、比喻义等。

本义指的是这个字造出来的时候的意思，也就是字的本来意思。引申义指的是由词的本义推演、发展出来的意义。比喻义指的是用一个词的本义比喻另一个事物而产生的新的比较固定的意义。

一儿曰："日初出沧沧凉凉，及其日中如探汤，此不为近者热而远者凉乎？"

（出自《两小儿辩日》，六年级下册）

"沧沧凉凉"是寒凉的意思；"探"的本义是掏，把手伸进去取东西；"汤"是热水、开水，可不能翻译成吃饭时喝的汤。理解了这几个字的意思，另一个小孩的话就容易懂了。

他说："早晨太阳刚出来时，给人一种清凉的感觉；到了中午，却像把手伸进热水里一样，这不就是离太阳近则热而离得远则凉吗？"

孔子听了，觉得他说的话也在理，一时竟无法判断谁对谁错。

两小儿笑曰："孰为汝多知乎？"

（出自《两小儿辩日》，六年级下册）

两个小孩乐了，笑着对孔子说："谁说您的知识渊博呢？"

"孰"在这里是"谁"的意思，它俩是近义词，区别在于，"谁"专指人，"孰"可以指人，也可以指物。

"为"是通假字，通"谓"，也就是"说"的意思；"汝"是人称代词"你"；"知"也是通假字，通"智"，"智慧"的意思。

童言无忌，敢想敢说。但孔子作为万世师表，知道就是知道，不知道就是不知道，坦坦荡荡。

当然，现在我们知道了：早晨的太阳之所以看上去比中午大，是因为早晨阳光进入大气层折射角比较大，我们看到的是被放大了的太阳影像。

中午之所以比早晨热，是因为中午的阳光直射在地面，而早上的阳光斜射在地面。阳光直射时，地面和空气在相同

坦坦荡荡

形容人的心地正直，心胸开阔。语出《论语·述而》："君子坦荡荡，小人长戚戚。"

的时间里、相等的面积内接受到的辐射热要大于斜射，所以中午比早上热。

除了“两小儿辩日”，还有一场非常有名的辩论赛，叫“濠梁之辩”。这场辩论发生在庄子跟惠子之间，主题是“人知不知道鱼儿的快乐”。

话说庄子跟惠子一起在濠水的桥上游玩，庄子看着河里自由自在的鲦鱼，就说鲦鱼是快乐的。

听到庄子这么讲，惠子有问题要问——

“子非鱼，安知鱼之乐？”

（出自《庄子与惠子游于濠梁之上》，八年级下册）

“安”在这里的意思是“怎么”。惠子质问庄子：“你又不是鱼，你怎么知道鱼是快乐的？”

庄子当时大意了，随口回了一句：

“子非我，安知我不知鱼之乐？”

（出自《庄子与惠子游于濠梁之上》，八年级下册）

庄子说：“你不是我，哪里知道我不知道鱼儿的快乐？”

这句反问看上去是“以子之矛攻子之盾”，回怼得“快准狠”。实际上，庄子掉进了惠子挖的大坑。

果然，惠子甩过来一句话：“我不是你，当然不知道你；所以你不是鱼，当然不知道鱼啊！”

惠子这招很厉害。不过庄子也不是善茬，他马上反应过来，说：“我们还是回到辩题的开始吧！”

庄子曰：“请循其本。子曰‘汝安知鱼乐’云者，既已知吾知之而问我，我知之濠上也。”

（出自《庄子与惠子游于濠梁之上》，八年级下册）

庄子说：“你开始问我‘你哪里知道鱼是快乐的呢’这句话，就说明你很清楚我是知道的，所以才来问我是从哪里知道的。告诉你，我是在濠水的桥上知道的。”

这下轮到惠子瞠目结舌了。

庄子跟惠子辩了两个回合，各胜一局。至于总的来说谁胜谁负，从古至今一直没有定论。你觉得谁赢了呢？

朝①，子贡事洒扫，客至②，问曰："夫子③乎？"曰："何劳先生？"曰："问时也。"子贡见之曰："知也。"客曰："年之季其几也？"笑答："四季也。"客曰："三季。"遂讨论不止，过午未休。子闻声而出，子贡问之，夫子初不答，察然后言："三季也。"客乐而乐也，笑辞夫子。子贡问时，子曰："四季也。"子贡异色。子曰："此时非彼时，客碧服④苍颜⑤，田间蚱⑥尔，生于春而亡于秋，何见冬也？子与之论时，三日不绝也。"子贡以为然⑦。

（出自《论语》）

注释：

①朝：早晨。②至：来到。③夫子：孔夫子，孔子。④碧服：绿色的衣服。⑤苍颜：面容苍老。⑥蚱：蚱蜢。⑦以为然：认为这是对的。

一、填一填。

《子贡问时》第一句话中的"朝"，读音为______，以这个读音组两个词：____________、____________。

二、子贡跟来客为了什么事情争辩？你认为谁说的话是正确的？

03

儿时那些事儿

看到美味的水果，我们都想吃，对吗？

古代的小孩子也是这样“馋嘴”。因为没有现在大规模的种植技术以及运输工具，水果对古人来说更为难得与珍贵。

有个叫王戎的小朋友，他才七岁。有一次，他在跟同伴玩耍时，发现路边的李树结了很多李子，把树枝都压弯了。很多小伙伴都争先恐后跑过去摘李子，只有王戎一动不动。别人问他为什么，他说：

树在道旁而多子，此必苦李。

（出自《王戎不取道旁李》，四年级上册）

意思是：李子树长在道路边上，却挂满了李子，其果子一定是苦的。

之前跑过去摘李子的小伙伴吃了李子后，发现李子果然很苦，根本无法吃。

王戎是怎么料定李子是苦的呢？

很简单，道路边人来人往，如果李子不难吃，早就被大人小孩们摘走吃了，不至于留下满树果实。

一树李子让七岁的王戎聪明“侧漏”，一盘杨梅让九岁的杨氏子机智尽显。

梁国一个姓杨的人家有一个九岁的儿子——我们叫他“杨氏子”（杨家的儿子）。一位姓孔的朋友前来杨家拜访，恰巧杨父不在家，于是便把杨氏子叫了出来。

为设果，果有杨梅。孔指以示儿曰：“此是君家果。”

（出自《杨氏之子》，五年级下册）

杨氏子出来后，为来访的孔叔叔（或伯伯）端来水果，水果中有杨梅。孔叔叔指着杨梅，逗小孩说："这是你家的果子。"

儿应声答曰："未闻孔雀是夫子家禽。"

（出自《杨氏之子》，五年级下册）

杨氏子当即回答："我可没有听说孔雀是先生您家的鸟。"

他们的对话是什么意思呢？

原来呀，他们一个姓"杨"，一个姓"孔"。杨叔叔指着杨梅说："这是你们杨家的果子。"（都"姓杨"。）杨氏子非常机智，回"怼"了孔叔叔一句："我可没有听说'孔雀'是先生您家的鸟。"（都"姓孔"。）

孔叔叔开了一个没有恶意的玩笑，杨氏子特别懂礼貌，情商也很高，回“怼”的时候并没有直接说孔雀是你家的鸟，而是加上了“未闻”，也就是“没有听说过”的意思，非常委婉，并且加了敬语“夫子”，让这句话没有一丝冒犯的意味。真是古灵精怪！

一盘杨梅让九岁的杨氏子机智尽显，而一口大瓮则让七岁的司马光声名远扬。司马光跟小伙伴们在院子里玩耍，一个调皮的孩子爬到装水的大瓮上，一不小心失足跌落进去。

群儿戏于庭，一儿登瓮，足跌没水中。众皆弃去，光持石击瓮破之，水迸，儿得活。

（出自《司马光》，三年级上册）

其他的小孩子被吓得都跑掉了，只有司马光拿起石头砸开了瓮。“光”是司马光的简称，文言文中，常常会用姓名中的一个字指代那个人，以后再遇到，要会举一反三哦！

“迸”是涌出，水从缺口处涌出，掉在瓮中的小孩得救了。

司马光当时只有七岁，就能在危急时刻迅速采取“砸瓮”的办法救人，妥妥的古灵精怪。这个故事流传久远，最早的版本是《小儿击瓮图》，内容与现代流行的“司马光砸缸”大致相同，唯一不同的是：司马光砸的是“瓮”。缸跟瓮差不多，但缸的口比肚子大（或一样大），瓮则口小肚子大。

司马光长大后成了北宋著名的政治家、文学家，他非常爱惜比自己小十八岁的才子——苏东坡，曾多次提升苏东坡的官职。苏东坡写过一篇《书戴嵩画牛》：

蜀（shǔ）中有杜处士，好书画，所宝以百数。有戴嵩《牛》一轴，尤所爱，锦囊玉轴，常以自随。

一日曝书画，有一牧童见之，拊（fǔ）掌大笑，曰：“此画斗牛也。牛斗，力在角，尾搐（chù）入两股间。今乃掉尾而斗，谬（miù）矣。”处士笑而然之。古语有云：“耕当问奴（nú），织当问婢（bì）。”不可改也。

（出自《书戴嵩画牛》，六年级上册）

“拊掌”就是拍手，牧童遇到好笑的事，一边拍手，一边大笑。你遇到好笑的事情时，是不是也是这样？

牧童是干什么的？放牛、放羊的。成天和这些牲畜在一起，牧童最有发言权了。根据平日里的观察，他认为，两头牛相斗，尾巴会紧紧地夹在两腿中间，画上的牛却翘着尾巴在斗，是错的！

“处士”是一个人，因为文章开头处出现过他的姓，后来再出现就不加姓了，这个人叫杜处士。

“然”是重点，在这里是“认为正确”的意思。杜处士笑了笑，认为牧童的话是对的。

王戎善于推理，杨氏子反应机敏，司马光临危不乱，无名牧童则精于观察。这些小孩子，真是个个古灵精怪啊！

文彦博少时，与群儿击球。球忽跃入树穴，群儿谋取之，穴深，不能得。彦博以盆取水，灌入穴中。球遂浮出。

一、根据文章内容，选择正确的解释。

（1）“群儿谋取之”的“之”是什么意思？（　　）

A. 虚词，无意义　　B. 代词，指“球”

（2）“彦博以盆取水”的“以”是什么意思？（　　）

A. 用　　B. 所以

二、为什么用灌水的方式能把球从洞中取出？

04

聊聊学习这件事

中国围棋史上的第一位专业棋手，你知道是谁吗？

——是弈秋，春秋时期的鲁国人。弈秋拥有好多“第一”的头衔：历史上第一个有记载的专业围棋手，第一个有记载的从事教育的围棋名人。

作为围棋界的领导人物，当时很多年轻人都想拜他为师。弈秋收了两个学生：

其一人专心致志，惟弈秋之为听。一人虽听之，一心以为有鸿鹄将至，思援弓缴而射之。

（出自《学弈》，六年级下册）

这俩人是这样听课的：一个专心致志，只听弈秋的教导；另一个三心二意，一边听弈秋的教导，一边又惦记着头顶有天鹅要飞来，一心想着拉开弓箭把它射下来。

你说哪个学生会学得更好？

毫无疑问，肯定是专心致志的学生学得更好。这里，“致”的意思是“尽，极”，“志”的意思是“心意，志趣”。“专心致志”形容一心一意，精神高度集中地做事。也可以说成“专心一志”。

俗话说：“师父领进门，修行在个人。”在同一间教室，听同一位老师讲课，结果却不一样：有些学得好，有些学得差。其中，智力高低的影响很小，因为绝大多数人的智力水平相差不大。影响学习成绩好坏的关键因素是有没有“专心致志”，也就是“专注力”够不够。

在古文中，“致”最常用的意思是“获得，实现，达到”，如：

非淡泊无以明志，非宁静无以致远。

（出自《诫子书》，七年级上册）

这句话出自《诫子书》，它是一封家书，是诸葛亮写给儿子诸葛瞻的。诸葛亮一生为蜀汉事业日夜操劳，顾不上亲自教育儿子，于是在晚年写下这篇书信告诫他。

我们引用的那句话的意思是：如果不看淡名利，就不会获得明确的志向；如果不能全神贯注地学习，就不能实现远大的目标。“致”在这里就是“实现”的意思。再比如：

家贫，无从致书以观。

（出自《送东阳马生序》，九年级下册）

“马生”名叫马君则，是作者宋濂看中的一个太学生小老乡。太学，是明代中央政府设立的教育士人的学校，称作太学或国子监，有专门的中央财政支持。

宋濂当时是明朝的高官，也是一个颇有成就的文学家。在这篇赠序里，宋濂叙述自己早年苦学经历，比如常常向藏书多的人家求借，拿回家用笔抄录。即使是在寒冷的冬天，手指冻得不能弯曲和伸直，他还坚持抄录。而不少富家子弟同学的条件好多了。

同舍生皆被绮绣，戴朱缨宝饰之帽，腰白玉之环，左佩刀，右备容臭，烨然若神人。

“被绮绣”里的“被”，在此同“披”，意思是“穿”。古文里的“被”，还有一个意思是“影响”，如《墨池记》里的“被于来世”，就是“影响到后世”的意思。

同班同学都穿着锦绣衣服，戴着有红色帽带、饰有珍宝的帽子，腰间挂着白玉环，左边佩戴着刀，右边备有香囊，光彩鲜明，如同神人。

但宋濂通过艰苦求学还是脱颖而出。宋濂这么说，意在勉励环境优渥的太学生马君则要珍惜良好的读书环境，专心治学。

其业有不精，德有不成者，非天质之卑，则心不若余之专耳，岂他人之过哉！

“卑”的意思是“低下”，“非天质之卑”的意思是：不是天赋资质低下。古文里的“卑”还有第二个意思：身份低微。《出师表》里的“先帝不以臣卑鄙”的“卑”，就是“出身低微”的意思。

贫寒从来不是不努力读书的理由，相反，有志气的人越是贫寒越是努力。比如东晋的车胤（yìn），家里穷得连点灯

的油都供应不上。他夜晚为了看书，竟然想到了利用萤火虫：

胤恭勤不倦，博学多通。家贫不常得油，夏月则练囊盛数十萤火以照书，以夜继日焉。

（出自《囊萤夜读》，四年级下册）

在夏天的夜晚，车胤用白绢做成透光的袋子，装几十只萤火虫照着书本，夜以继日地学习。后来，车胤做过辅国将军、吏部尚书。

学习要刻苦，同时也要注意方法方式，并且态度一定要端正，就像《论语》里所说的：

敏而好学，不耻下问。知之为知之，不知为不知，是知也。默而识之，学而不厌，诲人不倦。

（出自《古人谈读书》，五年级上册）

在这里，孔子强调了三点：一是向地位比自己低的人请教并不可耻，二是不要不懂装懂，三是学习要不知道满足，教人要不知道疲倦。

孔子强调的三点是从态度方面来说的，朱熹则具体指出了读书三要点：

余尝谓读书有三到，谓心到，眼到，口到。

（出自《古人谈读书》，五年级上册）

心到，即读书时要专心；眼到，要认真看；口到，要开口诵读。比照一下，你读书时做到这“三到”了吗？

晚清重臣曾国藩饱读诗书，他指出：

盖士人读书，第一要有志，第二要有识，第三要有恒。

（出自《古人谈读书》，五年级上册）

曾国藩强调的是：第一要有志向，第二要有见识，第三要有恒心。有志气则不会甘居下游，有见识则知道学无止境，有恒心则没有干不成的事情。有志、有识、有恒，三者缺一不可。

如果你能像上面这些古人那样努力学习，相信你也能做出一番成就！

铁杵[1]成针

磨针溪，在象耳山下。世传李太白读书山中，未成，弃去[2]。过是[3]溪，逢老媪[4]方[5]磨铁杵。问之，曰："欲[6]作针。"太白感其意[7]，还卒业[8]。

（出自祝穆《方舆胜览·眉州》，四年级下册）

注释：

①铁杵：用来舂米或捣衣的铁棒。②去：离开。③是：这。④媪（ǎo）：妇女的统称。⑤方：正在。⑥欲：想要。⑦感其意：被她的意志感动。⑧还卒（zú）业：回去完成了学业。

一、读了这则文言文，你想到了哪些成语？

二、你觉得看了老太太磨针后，李白有什么心理活动？

三、试着续写上面"铁杵磨成针"的故事。

05

有意义的历史故事

孟子的母亲，世人称之为孟母。

孟子小时候，居住的地方离墓地很近，很快，他学会了祭拜之类的事，常常和小朋友玩办丧事的游戏。孟母将家搬到集市旁，很快，他又学会了吆喝做买卖。孟母又将家搬到学校旁边，从此，他学会了鞠躬行礼。

这就是“孟母三迁”的故事。为了让孩子有一个好的学习环境，孟母不断搬家，这里的“迁”就是迁移、搬家的意思。孟母可以说是历史上最早关注学区房的妈妈了。

迁移一般是有规律的，比如“大雁南飞”。如果遇到突发的状况，“迁”就引申为转移的意思了。

时北兵已迫修门外，战、守、迁皆不及施。

（出自文天祥《〈指南录〉后序》）

南宋末年，帝王贪图享乐，奸臣当道，面对蒙古军队，只能节节败退，一路逃往南方。

“北兵”特指元兵，一般翻译成“敌军”，“迁”在这里是转移的意思。当时元兵已经逼近都城北门外，交战、防守、

转移都来不及做了。

危急时刻，文天祥挺身而出，出使元营谈判。可惜的是，元军扣留了文天祥。

“两国交兵，不斩来使”，“使”即“使者”，不斩“使者”是从古至今的战争规则，任何交战方都得遵守。但是，文天祥最终却以身殉国。

“迁”由迁移的意思还引申出了变更、改变的意思。

主施赏不迁，行诛无赦。

（出自《韩非子·五蠹》）

“主”是君主，“施赏”指行赏，“行诛”在这里指刑罚，“迁”引申为改变的意思。例句是说：君主奖赏别人的时候不可改变，行刑的时候也不可赦免。

韩非子是法家的代表人物，他一直认为，重赏可以激励

见异思迁

看见别的事物就想改变原来的主意，指意志不坚定，喜爱不专一。异：不同的。迁：改变。出自《管子·小匡》：“旦昔从事于此，以教其子弟，少而习焉，其心安焉，不见异物而迁焉。”

人多多争取奖励，重罚可以让人害怕到不再犯法。这种观点，放在现在也不过时。

“迁”的另一个意思是调动官职，一般是升官，如：

孝文帝说之，超迁，一岁中至太中大夫。

（出自《史记·屈原贾生列传》）

“说”是通假字，通“悦”，满意的意思。孝文帝对他很满意，破格提拔，一年之内就升任太中大夫。这里的“超迁”是一个固定词语，是（官吏）越级提升的意思。

既然有人被越级提拔，就有人连连被贬。

古代等级制度严格，“左右”两个字是区别尊卑高下的标志之一。汉代贵右贱左，贬官被称为左迁，李白的《闻王昌龄左迁龙标遥有此寄》，就是为被降低官职的王昌龄写的。

迁，是升职，还是降职？

迁：改官。有三种情况：一是平调，二是升迁，三是降职。古代常在迁的前后加字进行区别。

“迁受”“迁除”“迁进”表示升迁。

“迁调”“迁官”“转迁”意为调职。

“迁谪”“迁削”“左迁”常指降职。

相反，升官就是“右迁”。

古代被贬官到边远地方的人，说得好听点，小命暂时留下来了。其实，很多人死在了流放的路上，所以，“迁”又有放逐、流放的意思。

及夫大逆不道，然后掩捕而迁之。

（出自柳宗元《封建论》）

“大逆不道”是指谋反等行为，如果要处罚这样的人，是要等机会的，“及”在这里就是等到的意思。

“掩捕”在文言文中是一个固定的搭配，是乘其不备而逮捕的意思。

例句的意思是：只有等到诸侯王叛乱造反，才能把他们逮捕、流放或率兵讨伐以至灭掉他们。

现代汉语中，“迁”和“徙”是一对意思相近的词语，在文言文中也有相同的意思。但它们也是有区别的。

“徙”有两种意思：迁移；调职。在调职的意义上，“迁”表示升官，“左迁”则表示降职；“徙”则表示一般的调职。

总结一下，“迁”的本义是向高处迁移，作为动词，在发展过程中引申出以上很多意思。其实，它还可以作名词使用，可以是古代一个州的名称，也可以是人的姓氏。

家诫

玉不琢[①]，不成器[②]；人不学，不知道[③]。

然玉之为物，有不变之常德[④]，虽不琢以为器，而犹不害[⑤]为玉也。人之性[⑥]，因物[⑦]则迁[⑧]，不学，则舍[⑨]君子而为小人，可不念[⑩]哉？

（出自《诲学》）

注释：

①琢：雕刻。②器：器具，有用的东西。③道：道理，也指学问。④常德：指固有的特点、本性。⑤害：妨碍，影响。⑥性：本性。⑦因物：受外界事物影响。⑧迁：改变。⑨舍：放弃。⑩念：考虑，思考，这里指“重视”。

一、下面哪一句话和文章想表达的意思不一样？（　　）

A. 没有雕琢好的玉，也有玉温润美好的品质

B. 人不学习，就不懂得道理

C. 人的性情是很难改变的

二、下列各句加点的“迁”分别是什么意思？请连一连。

毁其宗庙，迁其重器	晋升或调动
帝迁明德	徙居；搬动

三、学习心得。

06

可笑之人，可笑之事

你一定知道古代有个叫西施的大美女吧？但你知道还有一个叫“东施”的吗？

东施长得比较丑，是西施同乡的邻居。有一天，东施看见西施捂着心口、皱着眉头走路的样子很美，于是也学着捂着心口、皱着眉头走路。结果呢？

其里之富人见之，坚闭门而不出；贫人见之，挈妻子而去之走。彼知颦美，而不知颦之所以美。

村中的富人见了东施，牢牢地关上大门不出来；穷人见了东施，带着妻儿跑开躲起来。东施只知道西施皱着眉头的样子很美，却不知道她为什么会美。

因为西施本来就很美，再加上西施捂心皱眉是身体不舒服时很自然的反应。如果没病刻意去“装”，也不会有多美。

而东施不知道这些，结果本来只是长得不好，刻意去“装”后变得吓人了。长得丑不是她的错，捂心皱眉出来吓人就是她的不对了。

学习别人身上的优点，这没有错。但是学习不能浮于表面，否则就容易闹笑话。春秋末期的“东施效颦”闹了学习上的笑话，到了战国时期，“邯郸学步”还是没有吸取教训。

寿陵余子学行于邯郸，未得国能，又失其故行矣，直匍匐而归耳。

听说邯郸人走路姿势优雅，燕国寿陵的少年千里迢迢来到邯郸学走路姿势。结果，他不但没有学到，还把自己原来走路的姿势给忘记了，最后只好爬着回家。

千里迢迢爬回家，只要方向不搞错，一年不行就两年，

总是能回到家的。怕就怕把方向搞错，越爬越远……

楚国有个既卖矛又卖盾的人，他首先夸耀自己的盾，说：“我的盾很坚固，无论用什么矛都无法穿破它！”然后，他又夸耀自己的矛，说：“我的矛很锐利，无论用什么盾都挡不住它！”

看他吹嘘得那么厉害，一个路人站了出来：

或曰：“以子之矛，陷子之盾，何如？”其人弗能应也。夫不可陷之盾与无不陷之矛，不可同世而立。

（出自《自相矛盾》，五年级下册）

有的人问他："如果用你的矛去刺你的盾，会怎么样？"，那个人被问得哑口无言。"弗"的意思是不，"应"的意思是回答。

什么矛都无法穿破的盾与什么盾都能穿破的矛，不可能同时出现。这个"军火贩子"掉入了自己挖的坑里。故事的最后会怎样，作者没写，但围观者难免哄堂大笑吧！楚国人做生意的还真不少，除了卖矛与盾的"军火贩子"，还有"珠宝商人"。《买椟还珠》里就写了一个这样的故事：

楚人有卖其珠于郑者，为木兰之柜，熏以桂椒，缀以珠玉，饰以玫瑰，辑以羽翠。郑人买其椟而还其珠。

（出自《买椟还珠》）

楚国的"珠宝商人"把珠宝装在一个超级精美的盒子里，结果郑国的顾客买了之后，把珠宝还给"珠宝商人"，只拿走了盒子。估计这个顾客以为对方卖的是精美的盒子，至于珠宝，则是一个不重要的附属品。

这个郑国人看上去是不是很可笑？

但仔细想想，我们有时候也会犯“买椟还珠”的错误呢！比如，有的小朋友为了收集一套卡片而不停购买某个商品，拆开后如果没有想要的卡片，就会把商品直接扔了，继续买。

在文言故事中的可笑之人里，楚国的商人多，宋国的农民多。因为这些国家不够强盛，所以人们就喜欢用这些国家的人来编排讽刺故事。这也算是史上最早的“地域黑”吧！

比如战国时期的孟子跟韩非子，就“不约而同”地写了两个可笑的“宋人”。我们先看孟子笔下的：

宋人有闵其苗之不长而揠之者，芒芒然归，谓其人曰：“今日病矣！予助苗长矣！”其子趋而往视之，苗则槁矣。

（出自《孟子·公孙丑上》）

孟子写的就是成语“揠苗助长”典故（也叫“拔苗助长”）。说的是宋国有个农民嫌自己种的禾苗长不高，于是到地里去用手把它们一株一株地拔高，累得气喘吁吁地回家，对他家里人说：“今天可真把我累坏啦！不过，我总算让禾苗一下子就长高了！”他的儿子跑到地里一看，禾苗已全部死了。

任何事物都有自己的成长规律。不要急，你做三四月的事，到八九月自然会有结果。

还是宋国的农民，但在韩非子笔下居然遇上了好事：

宋人有耕者，田中有株，兔走触株，折颈而死。因释其耒而守株，冀复得兔。兔不可复得，而身为宋国笑。

（出自《守株待兔》，三年级下册）

“株”是树桩，“走”的意思是跑，“释”指的是放下，耒（lěi）是一种农具，“冀”是希望。一只跑得飞快的野兔撞在树桩上，折断了脖子，死了。于是，农民便放下农具日夜守在树桩旁，希望能再得到一只自己撞死的兔子。野兔是不可能再次得到了，而他自己也被宋国人所耻笑。

我们在取笑这些可笑之人、可笑之事时，别忘了提醒自己，别去做一些可笑之事。这就需要我们努力学习知识，只有这样我们才能正确地思考问题和解答问题，不会做出一些可笑之事。

郑人买履[1]

郑人有欲买履者，先自度[2]其足，而置[3]之其坐[4]。至之市[5]，而忘操[6]之。已得履，乃曰："吾忘持度[7]。"反[8]归取之。及反，市罢[9]，遂不得履。人曰："何不试之以足？"曰："宁信度，无自信也。"

（出自《韩非子·外储说左上》）

注释：

①履：鞋。②度（duó）：测量。③置：放置，搁在。④坐：通假字，同"座"，座位。⑤市：集市。⑥操：携带。⑦度：量好的尺码。⑧反：通假字，同"返"，返回。⑨罢：结束。

一、郑人为什么没有买到鞋子？（　　）

A. 鞋子太贵　　B. 鞋子质量不好

C. 忘了带钱　　D. 忘了带测量好的尺码

二、"宁信度，无自信也。"这句话是什么意思？

三、如果你是郑人，你会通过何种方式买到鞋子？

07

一起看看神话故事

我们抬头看到的是天，低头看到的是地。人站在天与地之间，难免会想：天与地是怎么来的？

现代人可以通过高倍望远镜、航天器等，对天地的起源做科学研究与探索。古人没有那么好的条件，他们基本上只能靠眼睛去看、靠大脑去想象。不过古人的想象也不是毫无根据的，他们从鸡蛋孵小鸡中得到了启示。

天地浑沌如鸡子，盘古生其中。万八千岁，天地开辟，阳清为天，阴浊为地。

（出自《艺文类聚》卷一引《三五历纪》）

在很久很久以前，天和地是连在一起的，宇宙混沌未开，漆黑一团，好像一个大鸡蛋。人类的老祖宗盘古，就孕育在这黑暗混沌的大鸡蛋中。过了一万八千年，他醒过来拎起一

把斧子用力一挥，混沌破裂开来。其中有些轻而清的东西冉冉上升，变成天；另外有些重而浊的东西，沉沉下降，变成地。

这看上去有点小鸡破壳而出的意思。你看，小鸡破壳而出，蛋黄和蛋清就不见了，只剩下蛋壳。如果把鸡蛋放大再放大，不就正好是“盘古开天地”吗？

很复杂的问题，就这么被古人用神话的方式给解决了。事实上，很多难事，古人都喜欢用神话来解决。比如填海，比如移山，比如追日。

填海可不容易，香港从 1842 年开始填海造地，至今 180 年也就填了不到 70 平方千米。

炎帝之少女，名曰女娃。女娃游于东海，溺而不返，故为精卫，常衔西山之木石，以堙于东海。

（出自《山海经·北山经》）

“少女”在这里的意思是小女儿。“故为精卫”的“故”在这里的意思是“所以，因此”。“故”在古文中是个多义字，可以指“旧的，原来的”，如“温故而知新”“两狼之并驱如故”；也可以指“特意”，如“桓侯故使人问之”“余故道为学之难以告之”；还可以表示“原因，缘故”，如“公问其故”。

炎帝的小女儿女娃，去东海游泳被溺死了，所以化为精卫鸟，经常口衔西山上的树枝和石块来填塞东海。古代的东海，指的是东边的海，大致是现在的黄海。也不知道精卫鸟填塞了好几千年，有没有造出一个岛屿。

有没有造出岛屿，在愚公看来并不重要。在愚公的心目中，再难的事情，只要一代又一代人不停地努力，总会有成功的那天。

愚公在他九十岁时，决定铲除挡在自家门前的两座大山：

太行山和王屋山。这两座山方圆几百里，高几千米，挡在愚公的家门口，太影响家人的出行了。

（愚公）聚室而谋曰：“吾与汝毕力平险，指通豫南，达于汉阴，可乎？”

（出自《愚公移山》，八年级上册）

“谋”的意思是商量，“毕”的意思是尽。这句话的意思是：

愚公召集全家人商量说：“我跟你们尽力挖平险峻的大山，使道路一直通到豫州南部，到达汉水南岸，好吗？”

这其实就是古代版的“要想富，先修路”。愚公率领三个家人开始挖太行、王屋两座大山。这么多土，运往哪里呢？

愚公安排在渤海边上。一个人挑担土，一去一回就是几个月。这件事遭到一个叫“河曲智叟”的老人的耻笑，但愚公意志非常坚定，认为自己一定能取得成功。

虽我之死，有子存焉；子又生孙，孙又生子；子又有子，子又有孙；子子孙孙无穷匮也，而山不加增，何苦而不平？

对啊，子子孙孙无穷无尽，而山又不会增加。所以，只要努力，总有一天会铲平它。

河曲智叟亡以应。

听了愚公的话，河曲智叟竟无言以对。“亡”，通“无”。

故事的结局是：山神担心愚公真的把山给挖空，就上报天帝。天帝被愚公所感动，派了两个神仙直接把两座大山背走了。

可能有读者会问：“要是山神没有上报天帝，或者天帝没有派神仙帮忙，现在愚公的后代是不是还在挖山呢？”

这个问题嘛……历史不能假设，神话更不能假设。也许，你可以“脑洞大开”，写一篇新的《愚公移山》呢！

古代像愚公一样“一根筋”的人还真不少，夸父也是一根筋，一条道走到黑。

夸父与日逐走，入日。渴，欲得饮，饮于河、渭，河、渭不足，北饮大泽。未至，道渴而死。弃其杖，化为邓林。

（出自《山海经·海外北经》）

“逐”指的是竞争，“走”的意思是跑，所以夸父是跟太阳赛跑。至于为什么要跟太阳赛跑，《山海经》里没有说。“入日”指的是太阳落下的地方。夸父追赶到太阳落下的地方，口渴了，就到黄河、渭河喝水。黄河、渭河的水不够，又去北方的大泽湖喝水。人还没到，就在半路上渴死了。夸父死后，手中的手杖化作桃林。“邓林”即桃林。

手杖化为桃树林，这个画面，想想都觉得好美。

前面的这些“开天辟地”“精卫填海”“愚公移山”“夸父逐日”都是从古代流传至今的神话传说，是古人给我们留下的丰富的物质财富与精神食粮！

鲧[1]窃息壤[2]

洪水滔天，鲧窃帝之息壤以堙[3]洪水，不待帝命。息壤者，言土自长息无限，故可以塞洪水也。帝怒，命祝融[4]杀鲧于羽郊。鲧复生禹，帝乃命禹卒[5]布土[6]以定九州。

（出自《山海经》，选入时有改动）

注释：

①鲧（gǔn）：天神，据说是天帝之孙。②息壤：一种可以生长不息的泥土。③堙（yīn）：填塞。④祝融：火神。⑤卒：终止。⑥布土：规划土地。

一、填一填。

本文出自____________，这是一则神话故事，文中除了鲧，还出现了__________、__________、__________等神话人物。

二、鲧和禹分别用什么方法治水？请用文中原句回答。

鲧：____________________ 禹：____________________

08

英雄那些事

“英雄”是指才能超群或者勇武出众的人。古人有“千人为俊，万人为英”的说法，也就是说：千里挑一的是俊杰，万里挑一的才是英雄。

我们都喜欢英雄，也希望自己长大了能成为英雄。那么要如何才能成长为英雄呢？

——闻鸡起舞是一个不错的方法。

（祖逖）与刘琨俱为司州主簿，情好绸缪，共被同寝。中夜闻荒鸡鸣，祖蹴琨觉，曰：“此非恶声也！”因起舞庭中。

（出自房玄龄等《晋书·祖逖传》）

祖逖跟刘琨都是司州主簿，司州是地名，主簿是一种不太重要的官职——文书。两人关系很好，经常睡在一起。一天半夜，祖逖被鸡叫声惊醒，便把刘琨踢醒，说：“这并非不吉利的声音，这鸡叫是在提醒我们早点儿起床。”两人起床，

拔出剑来对舞。

功夫不负有心人，经过长期的刻苦学习和训练，祖逖和刘琨成了文武双全的人才。他们在西晋平乱中建功立业，大放异彩。祖逖被封为镇西将军，刘琨做了征北中郎将。

英雄不是天生的，有的英雄甚至一度是“坏小子”，比如周处。周处年轻时，曾仗着一身好功夫，在义兴打打杀杀，称王称霸。义兴的河中残害渔民的蛟龙，山上捕食樵夫的白额虎，加上周处，被称为“义兴三害”。这“三害”中，又以周处最为厉害。

有个非常聪明的人，用激将法劝周处去杀死猛虎和蛟龙，实际上他是希望三个祸害相互拼杀，拼死了谁都是好事，当然最好是拼死周处这个最大的祸害。周处当即跑上山，把白额虎杀了，然后又下到河里跟蛟龙搏斗。他们纠缠在一起，在水里时浮时沉，被河水冲走了几十里，周处也没有放弃。过了三天三夜，还是没有周处的消息。当地百姓认为周处这次必死无疑，可高兴了，见面时都要互相庆贺。

谁知道，周处——

竟杀蛟而出，闻里人相庆，始知为人情所患，有自改意。乃入吴寻二陆。平原不在，正见清河，具以情告，并云欲自修改而年已蹉跎，终无所成。清河曰："古人贵朝闻夕死，况君前途尚可。且人患志之不立，何忧令名不彰邪？"处遂改励，终为忠臣。

周处居然杀死蛟龙后全身而退，这就尴尬了。当他知道自己舍命杀虎斩龙，乡人不但不感激他，反而希望他死掉，他开始有所醒悟。原来，之前大家看到自己毕恭毕敬，并不是真正尊重自己，而是害怕自己。周处决定洗心革面重新做人，于是便到吴郡去找陆机和陆云两位有修养的名人。

当时陆机不在，只见到了陆云，他就把全部情况告诉了陆云，并说："我想要改正错误，可是岁月已经荒废了，恐怕终生也不会有什么成就。"陆云说："古人珍视道义，认为'哪怕是早晨明白了道理，晚上就死去也甘心'，况且你的前途还是有希望的。再说人就怕立不下志向，只要能立志，又何必担忧好名声不能传扬呢？"周处听后就改过自新，终于成为一名忠臣。

改过自新后的周处，等于为民除了"三害"，当然是一个大英雄啦！后来，他还当了将军，在讨伐异族叛乱时战死

马革裹尸

革，皮革。指在战场上牺牲后，用马皮把尸体包裹起来。形容英勇作战，战死疆场。出自宋代辛弃疾《满江红》："马革裹尸当自誓，蛾眉伐忤休重说。"

沙场，马革裹尸。

欺负弱者算不上英雄行为，敢于跟强悍的坏家伙硬碰硬才算英雄之举。战国时期的唐雎就是一个这样的英雄。

当时还没有称帝的秦王嬴政，想画一个饼把安陵国骗到手。安陵君识破了秦王的诡计，没有答应。被拒绝的秦王非常不高兴，他已经灭了好几个大国，要灭安陵国几乎不用费吹灰之力。

安陵君赶紧派唐雎出使秦国。秦王见了唐雎，威胁说：

天子之怒，伏尸百万，流血千里。

（出自《唐雎不辱使命》，九年级下册）

意思是：天子发怒（的时候），会倒下数百万人的尸体，鲜血流淌数千里。

唐雎针锋相对，问秦王有没有听过百姓发怒，还给秦王举了三个例子：专诸刺杀吴王僚的时候，彗星的尾巴扫过月亮；聂政刺杀韩傀的时候，一道白光直冲上太阳；要离刺杀庆忌的时候，苍鹰扑在宫殿上。现在专诸、聂政、要离连同我，将成为四个人了。

“若士必怒，伏尸二人，流血五步，天下缟素，今日是也。”挺剑而起。

“假若有胆识有能力的人被逼得一定要发怒，那么有两个人的尸体会倒下，五步之内淌满鲜血，天下百姓将要穿丧服，就在今天这个时候。”说完，拔出宝剑就要进攻。

秦王被吓坏了，赶紧道歉，不再打安陵国的主意。

横扫六国的秦王嬴政可谓一代豪杰，却被唐雎单枪匹马所制服。唐雎一人一剑，胜过千军万马，他绝对算是一个大英雄。

卧薪尝胆

吴既赦[①]越，越王勾践反[②]国，乃苦身焦思，置胆于坐[③]，坐卧即仰胆，饮食亦尝胆也。曰：“女[④]忘会稽之耻邪？”身自耕作，夫人自织；食不加肉，衣不重[⑤]采[⑥]；折节[⑦]下贤人，厚遇宾客；振[⑧]贫吊[⑨]死，与百姓同其劳。

（出自《史记·越王勾践世家》）

注释：

①赦(shè)：赦免，免除或减轻处罚。②反：同“返”，返回。③坐：同“座”，座位。④女(rǔ)：通“汝”，你。⑤重（chóng）：多，多种。⑥采：颜色鲜艳的衣服。⑦折节：降低身份。⑧振：救济。⑨吊：悼慰。

一、下列句子划分停顿有误的一项是（　）

A. 吴 / 既赦越，越王 / 勾践反国，乃 / 苦身焦思

B. 置胆 / 于坐，坐卧 / 即仰胆，饮食 / 亦尝胆也

C. 身自 / 耕作，夫人 / 自织；食 / 不加肉，衣 / 不重采

D. 折节 / 下贤人，厚遇 / 宾客；振贫 / 吊死，与百姓 / 同其劳

二、下列句中对加点词解释有误的一项是（　）

A. 吴既赦（赦免）越，越王勾践反国

B. 乃苦（受苦）身焦思，置胆于坐

C. 折节下贤人，厚遇（对待，接待）宾客

D. 振（赈济，救济）贫吊死，与百姓同其劳

09

听孔夫子讲课

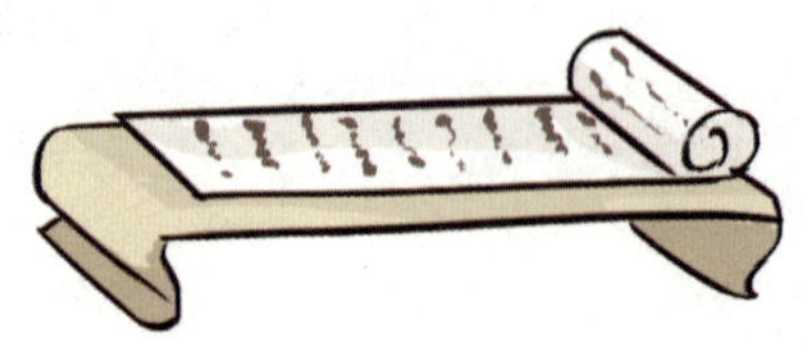

孔子，中国古时候最伟大的一位老师。

他学问很大，懂得很多道理，古时候的学校都要挂上他的画像，让读书人向他学习。

孔子名丘，字仲尼。古人的姓名中，兄弟排行前四个顺序通常为伯（孟）仲叔季。伯（孟）是老大，仲是老二，叔是老三，季是最小的。“仲尼”排行第几，你知道了吗？

排行老大也有不用“伯”字而用“孟”字的：孔子的大儿子孔鲤，字伯鱼；而曹操在家排老大，字孟德。

据说，孔子有3000个学生，其中72个很优秀的被称为“七十二贤人”。孔子上课，喜欢和学生聊天，聊出了许多道理，这些学生就赶紧将这些言行都记在小本本上，后来居然编成了《论语》这本书。

孔子一生大起大落，在推销自己的救世秘籍不成之后，觉着年纪到了，就把那颗出仕（做官）的心藏了起来，专注于上上课，写写书什么的。

这不，某天，有个学生忽然问了一个问题：

子贡曰：“有美玉于斯，韫椟而藏诸？求善贾而沽诸？”

（出自《论语·子罕》）

子贡，孔子的得意门生，口才好，情商高，是所有学生

我们把历史上一些伟大的思想家称为“子”，如孔子、孟子、庄子、墨子。“子”是古代对有学问的人的尊称，一般用来称呼老师或品德高尚、学识渊博的人。孔子按现在的说法，可能是孔教授、孔博士之类的称呼，是一种有学问的象征。

中的“首富”。

有一天，他问孔子：“老师呀，这里有一块美玉，是把它收藏在盒子里呢？还是找一个识货的商人卖掉呢？”

“韫”是藏，“椟”是木柜、木匣，比如“买椟还珠”里的“椟”。

“贾”有两种读音，在这里读gǔ，是做买卖的意思。“善贾”是一个固定词语，指好价钱。一样东西，有人给出合适的价格，就可以出售了，所以“沽”是卖的意思，成语“善贾而沽”便是出自这里。

其实，子贡说话一语双关，借着“卖不卖美玉”这件事，在试探老师对做官的看法。

子曰：“沽之哉，沽之哉！我待贾者也。”

（出自《论语·子罕》）

孔子说："卖掉吧，卖掉吧！我正等着识货的人呢！"

孔子的言外之意是希望得到贤明君主的赏识，好有一番作为。

关于学习

孔子作为老师界的"前浪"，说到他，必然首先想到学习。

子曰："学而时习之，不亦说乎？"

（出自《论语》十二章，七年级上册）

在以后的学习中，凡是看到"子曰"，指的都是"孔子说"。

"时习之"，时常温习和练习它。温习就是复习，复习后再做练习，这个习惯一旦养成，学习效率噌噌往上涨啊！

如果想在学习上"更上一层楼"，孔老夫子又给出了一个办法。

子曰："学而不思则罔，思而不学则殆。"

（出自《论语》十二章，七年级上册）

"罔"是迷惑，"殆"是精神疲倦。学习不动脑筋，是自欺欺人；光空想不学习，那就是懒。所以说，读书和思考，

缺一不可。每天你都要问问自己：“今天我思考了吗？”

以上两种办法说的都是学习要靠自己，那靠别人行不行呢？

子曰：“三人行，必有我师焉；择其善者而从之，其不善者而改之。”

（出自《论语》十二章，七年级上册）

古代汉语里，“三”和“九”往往不是具体的数字，这里的“三”是虚指，可以是三个人，也可以是五个人。不管多少人，他们身上一定有值得学习的东西。比如，不管是成绩好的学生还是成绩不好的学生，他们都有自己的长处，值得别人去学习。

所以，孔子告诉我们：选择别人的优点去学习，至于他们的缺点，如果恰好我们也有，就去改正它。也就是说，学会反思很重要。

关于修养

孔子对学生的教育是全方位的，认为人应该注重提高自己的道德水准。

子曰："见贤思齐焉，见不贤而内自省也。"

（出自《论语·里仁》）

"贤"是有贤德、有才华的人；"思"是思考，心里想；"齐"是看齐；"内"是方位名词，作状语，在心里；"省"在这里的读音是 xǐng，反省的意思。

例句的意思是：看见有德行或有才干的人就要想着向他学习；看见没有德行的人，心里就要反省是否有和他一样的不足之处。成语"见贤思齐"就出自这里。

说到反省，不得不提下面这几句。

吾日三省吾身："为人谋而不忠乎？与朋友交而不信乎？传不习乎？"

（出自《论语·学而》）

你看啊，通过前面的学习，我们知道“三”是多次的意思，那么“三省”就是多次反省。

例句的意思是，我每天多次反省自己：“替别人办事是不是尽心竭力了呢？与朋友交往是不是诚实守信了呢？对老师传授的功课，是不是用心复习了呢？”

从今天开始，你也试着问问自己这三句话，看看会不会有所收获。

关于孝道

人们常说“百善孝为先”，那么孝又是什么呢？

子夏问孝。子曰："色难。有事，弟子服其劳；有酒食，先生馔，曾是以为孝乎？"

（出自《论语·为政》）

"色难"，有两种解释。一是侍奉父母，能和颜悦色最为困难；二是子女能顺承父母的脸色最为难得。这里，选择第一种解释。

"弟子"指晚辈、儿女；"先生"指父母。这两个词的意思发展到现在，发生了很大的变化。

子夏问什么是孝道。孔子说："侍奉父母经常保持和颜悦色最难。遇到事情，由儿女去做；有好吃好喝的，让父母享受，难道这样就是孝吗？"

大家知道，心情不好的时候，脸色也不会好，所以，孔子提醒我们：自己情绪不好的时候，最好不要去见父母。以轻松和悦的神情出现在父母面前，这样才能让他们安心愉悦。

听了上面孔子对"孝"的理解，你打算怎么孝顺父母？

我们是不是也可以学习一下古人孝顺父母的方法呢？

《论语》精选

子曰："人无远虑[①]，必有近忧[②]。"

子贡问曰："有一言而可以终身行[③]之者乎？"子曰："其恕[④]乎！己所不欲[⑤]，勿施于人。"

子曰："过[⑥]而不改，是谓[⑦]过矣。"

子曰："道[⑧]不同，不相为谋[⑨]。"

（出自《论语·卫灵公》）

注释：

①虑：考虑。②忧：忧患。③行：奉行。④恕：推己及人。⑤欲：愿意。⑥过：过错。⑦谓：叫。⑧道：主张。⑨谋：商议。

一、将以下几句古文翻译成现代文。

人无远虑，必有近忧：______________________________。

己所不欲，勿施于人：______________________________。

过而不改，是谓过矣：______________________________。

道不同，不相为谋：______________________________。

二、选择正确答案填在括号里。

"过而不改，是谓过矣"告诉了我们一个什么道理？（　　）

A. 过去的事情就让它过去算了

B. 承诺过的事情不要轻易更改，否则就是犯错了

C. 亡羊补牢不算糟糕，听之任之才是最糟糕的

10

聆听诸子的声音

春秋战国，是中国文化史上最为辉煌的时期。

这个时期，忽然冒出很多思想红人，他们除了吃饭、睡觉，没事就斗嘴吵架。吵着吵着，就吵出了各种新思想。

一开始，真的有一百多家有名有姓的学派，彼此相互争鸣，出现了盛况空前的学术局面。经过历史长河的冲刷，只有孔子、孟子、老子、庄子、墨子、韩非子等思想家的思想流传至今，为大众所熟知，我们称这些人为“诸子”。

道家·无为而治

诸子百家中，首推老子。

老子姓李名耳，字伯阳，又称老聃。至于为什么叫李耳，有这么一个小故事。

传说老子出生后，他爸妈看到吓了一跳，发现这个孩子的耳朵太大

了。夫妻俩一商量，就给他取了这个名字。

老子是道家学派创始人。道家是干什么的呢？

简单说，他们的理念就是：凡事不要瞎弄，要顺着规律去做。

天下皆知美之为美，斯恶已；皆知善之为善，斯不善已。

（出自《道德经》）

这里的“善”和“恶”是一对反义词。如果世间的人都知道什么是美，就等于知道了什么是丑；知道什么是善，也就等于知道了什么是恶。

举个例子，在古代，白额头的牛、高鼻子的猪、丑陋的女子都被认为是不吉祥的、没用的。正因为这样，丑女是不会被扔进河里祭献给河神的。而美女却因为漂亮，会被作为祭品扔进河里祭献给河神，丢了性命。

所以，老子的意思就是：你知道了什么是有用的，自然就知道了什么是没用的。有用不一定都是好处，没用不一定都是坏处。

庄子是道家的另一位重量级人物，特点是喜欢自由自在。有多喜欢呢？

有一天，庄子在濮水边上钓鱼，正好楚威王派来两位大臣，请他去做楚国的宰相。

庄子握着钓竿，反问那两位大臣："我听说贵国有只神龟，已经死了三千年了，楚王一直将它供奉在庙堂上。你想那只神龟，是愿意死了被供奉起来，还是宁愿活着在地上到处爬？"

两位大臣都说："宁愿活着在地上爬。"

庄子说："是啊！你们请回吧！我也宁愿在地上自由自在地走。"

读完它，你是不是会心地一笑？这篇古文就是《庄子钓于濮水》，可以找来读读。

庄子的另一个特点是脑袋里充满了奇思妙想，尤其擅长比喻、拟人、夸张，如果你想写好作文，应该多读读他的文章。

鹏之背，不知其几千里也；怒而飞，其翼若垂天之云。

（出自《北冥有鱼》，八年级下册）

他笔下的这只鸟是什么样的？仅鹏鸟的脊背，都不知道有几千里长。

几千里，这个长度不大容易想象，举个例子，北京到广州也就两千多公里，也就是四千多里。这只鹏鸟的脊背，大概就有这么长。

这只鹏鸟，动起来又是什么样的呢？当它振动翅膀奋起直飞的时候，翅膀就好像挂在天边的云彩。

这个想象力真是太令人惊讶了。

儒家 · 仁爱

孔子是儒家学派的创始人，他的核心思想是“仁”，也就是要有爱：爱自己，爱家人，什么都要爱。

作为孔子的铁杆“粉丝”，经过多年的修习，孟子继承并升华了孔子“仁”的思想，并得出了自己的观点：性善论。

孟子觉得，人刚出生的时候，没有经历过风吹雨打，没有体会过现实的残酷，本性都是善良的。

人性之善也，犹水之就下也；人无有不善，水无有不下。

（出自《孟子·告子章句上》）

“善”是善良。孟子说，人的本性是善良的，就像水会向低处流一样；人没有本性不善良的，就像水没有不向低处流的一样。

因为儒家思想建立在孔子与孟子的思想之上，所以儒家学说也被称为“孔孟之道”。

墨家·兼爱非攻

中国历史上唯一一个农民出身的哲学家，你知道是谁吗？

他就是乱世中的和平使者——墨子。这个风度翩翩的读书人，不是在给人传道解惑，就是在传道解惑的路上。

“兼爱非攻”，是墨家的信仰，翻译成大白话，其实就是“爱与和平”。

“兼爱”就是要爱所有人，倡导人与人之间互爱互助，而不是互相拆台与算计。“非攻”就是反对一切非正义的战争，对于防御战，墨子是支持的，他自己就带人参加过好几次守城战争。

但墨家的“兼爱”，并非好坏不分。比如：

善人赏而暴人罚，则国必治。

（出自《墨子·尚同下》）

“善人”即好人，“暴人”即坏人，好人得到奖赏，坏人得到惩罚，国家必然会太平。

法家·凡事要有规矩

法家认为，不分亲疏贵贱，一律要按照法律条令办事。这种思想已经有了“法治社会”的雏形。

在法家中最具代表性的人物是韩非子。韩非子是法家思想之集大成者，他将辩证法、朴素唯物主义与法融为一体，为后世留下了大量言论及著作。其学说一直是中国封建社会时期统治阶级治国的思想基础。

国无常强，无常弱。奉法者强则国强，奉法者弱则国弱。

（出自《韩非子·有度》）

“奉”在这里是执行的意思。国家不会永远富强，也不会长久贫弱。执行法度的人强硬，国家就会富强；执行法度的人软弱，国家就会贫弱。

跟儒家认为人性是善的相反，法家认为人性是恶的，光靠说教没用，得靠严酷的刑罚来约束。因此，法家也以残酷的刑法而闻名。

子墨子曰："万事莫贵于义①。今②谓人曰：'予子冠③履④，而断子之手足，子为⑤之乎？'必不为。何故？则冠履不若手足之贵⑥也。又曰：'予子天下，而杀子之身，子为之乎？'必不为。何故？则天下不若身之贵也。争一言⑦以相杀，是贵⑧义于⑨其身也。故⑩曰：万事莫贵于义也。"（出自《墨子·贵义》）

注释：

①义：正义。②今：若，如果。③冠：帽子。④履：鞋子。⑤为：愿意⑥贵：可贵。⑦一言：一句话。⑧贵：以……为贵。⑨于：比。⑩故：所以。

一、选择正确的答案。

《墨子·贵义》告诉了我们一个什么道理？（　　）

A. 人是最宝贵的

B. 为了天下，适当的杀戮是难免的

C. 世界上最宝贵的是正义

二、本节所介绍的几个"家"，你最认可哪个？说说理由。

大自然的魅力

说到《绝句》，杜甫的这一首可谓妇孺皆知：

迟日江山丽，春风花草香。
泥融飞燕子，沙暖睡鸳鸯。

还有这首：

两个黄鹂鸣翠柳，一行白鹭上青天。
窗含西岭千秋雪，门泊东吴万里船。

“绝句”是诗的一个种类，每首诗只有四句。每句五个字的叫五言绝句，每句七个字的叫七言绝句。上面的这两首诗，第一首是五言绝句，第二首是七言绝句。

可是，绝句为什么会被称为绝句呢，是因为写得很绝吗？

其实，这个“绝”并不是我们现在所说的“绝”，它原本的意思是“断”，相当于我们现在所说的分段。比如：

至于夏水襄陵，沿溯阻绝。

（出自《三峡》，八年级上册）

“至于”是等到；“夏水”是夏天的江水；“襄”的本义是解衣耕地，在这里作动词用，冲上、漫上；“陵”是山陵。

夏天是洪水多发的季节，一旦水冲上江边的山陵，就会酿成灾害。

“沿”是顺流而下，即下行；“溯”是逆流而上，即上行。“绝”在这里是指断，“阻绝”就是阻断，上行和下行船只的航道都被阻断，不能通航。

夏天的三峡发大水，阻断航道，船只不能通过。但是，春天和冬天，那里水清、山峻、树繁、草盛，趣味无穷。去三峡旅游，选对季节很重要哦！

旅游，可以缓解压力，使人放松。但是，小长假出游的“堵堵堵”，让人心有余悸。这个时候，如果有个“桃花源”，便能安顿“世界那么大，我想去看看”的心。

自云先世避秦时乱，率妻子邑人来此绝境，不复出焉，遂与外人间隔。

（出自《桃花源记》，八年级下册）

“云”是说的意思，而“自云”就是自己说的意思。文言文中表示说的字有很多，比如陈、述、言、语、曰、谓等。“先世”指的是祖先。

“妻子”在文言文中的意思要特别留意，一不小心就会掉进它的陷阱里。“妻”是老婆，“子”是孩子，“妻子”在上句中的意思是老婆和孩子。到今天，这个词义的范围缩小了，专门指老婆。

现代汉语中，像“妻子”这样古今异义的词很多，如：“行李”古义为外交使节，今指外出的人携带的随身物品；“牺牲”古义为供祭祀用的牲畜，今指为了正义而舍弃自己的生命；“感激”古义为愤激，今指感谢……

“绝境”则是与外界隔绝的地方，与现在的“没有出路的境地”不一样，“绝”在这里就是隔绝、断绝的意思。从那以后，桃花源中的人们不再出去，就此同外面的人断了来往。

“绝”还有极、非常的意思，如“秦女绝美，王可自取”，意思是：秦国的公主长得非常美丽，大王自己可以娶她。

老师带你学成语

世外桃源

原指与现实社会隔绝、生活安乐的理想境界。后来指环境幽静，生活安逸的地方，借指一种空想的脱离现实斗争的美好世界。出自陶渊明《桃花源记》。

“绝”作超越、越过讲时，还可以引申为高超、绝技，如“佗之绝技，凡此类也”，意思是，华佗的绝技，都像这一类。华佗是谁？神医呀！

再来看看“绝”的第五种意思。

泉水激石，泠泠作响；好鸟相鸣，嘤嘤成韵。蝉则千转不穷，猿则百叫无绝。

（出自《与朱元思书》，八年级上册）

“泠（líng）泠”，拟声词，形容水声清脆；“嘤嘤”，鸟鸣声；“转”在这里是通假字，通“啭”，指蝉鸣；“千”和“百”都表示多，“穷”和“绝”都表示停止。泉水飞溅，鸟儿和鸣，大自然真的太“治愈”了。

所以呀，少年们，放下手中的电子产品，出去走走。去岳阳楼，感受淫雨霏霏，春和景明；去醉翁亭，那里“野芳发而幽香，佳木秀而繁阴”。

湖心亭看雪（节选）

大雪三日，湖中人鸟声俱绝。是日更定矣，余挐[①]一小舟，拥毳[②]衣炉火，独往湖心亭看雪。雾凇[③]沆砀[④]，天与云与山与水，上下一白。湖上影子，惟长堤一痕，湖心亭一点，与余舟一芥[⑤]，舟中人两三粒而已。

（出自《陶庵梦忆》，九年级上册）

注释：

①挐（ná）：撑（船）。②毳（cuì）：鸟兽的细毛。③雾凇（sōng）：冰花。④沆（hàng）砀（dàng）：白汽弥漫的样子。⑤芥：小草，比喻轻微纤细的事物。

一、练一练。

“长堤一痕”“湖心亭一点”“舟一芥”“人两三粒”，你能把加点的字换一换吗?

长堤一______，湖心亭一______，舟一______，人两三________。

二、选一选。

一（　　）扁舟　　一（　　）香茶

一（　　）炊烟　　一（　　）明月

A. 杯　　B. 叶　　C. 轮　　D. 缕

三、有人说：要么读书，要么旅行，身体和灵魂总要有一个在路上。你觉得是从书上看到的重要，还是亲身去远行重要呢？

12

日出而作，日入而息

古代的学生要做家庭作业吗？

——要做。早在两千多年前的先秦时期，《礼记》一书中就有关于作业的记载。

时教必有正业，退息必有居学。

（出自《礼记·学记·大学之教也》）

这句话的大意是：老师正常教学的时候，学生要完成课堂作业；老师讲课完成之后，学生则要完成家庭作业。

“居学”，就是家庭作业在古代的说法之一，长知识了吧？

那你知道“作”字最原始的意思吗？它的本义是人起身，后来引申为起来、开始劳作。

《击壤歌》中的“日出而作，日入而息”，意思是太阳升起就起来劳动，太阳下山就休息。在那个没有电子产品的时代，人们的作息真规律啊！

汉字很奇特，“作”还有振作的意思。

夫战，勇气也。一鼓作气，再而衰，三而竭。彼竭我盈，故克之。

（出自《曹刿论战》，九年级下册）

“夫”在这里是语气词，读作fú，放在句首，可以不翻译。如“夫环而攻之”（出自《得道多助，失道寡助》，八

一鼓作气

原意是作战擂响第一声战鼓时，士气最为高涨。比喻趁劲头大的时候鼓起干劲，一口气把工作做完。

年级上册），意思就是包围起来攻打它。

“勇气”在这里是士气的意思，“一”是第一次，“作”是振作。在战场上，第一次击鼓能够振作士兵们的士气，成语“一鼓作气”就是出自这里。

“也”是语气词，放在句末，表示判断或肯定，也可以不翻译。所以，例句开头的意思是：作战，靠的是士气。

提笔写字的时候，是不是“在”和“再”傻傻分不清楚呢？

古代汉语中，“再”的本义是“第二次”，由此引申为“两次”，比如三年再会，就是“三年之内会面两次”，而不是“三年之后再会”。

“三”是第三次，“衰”是衰退，“竭”是耗尽。对手反复击鼓，士气完全丧失的时候，我军的士气正旺，即“我盈”，所以就能战胜他们。

“三”和“九”在古文中代表多数的意思。阅读古文或古诗时，经常可以碰到含有“三”或“九”的语句，如：“一而再，再而三。”“飞流直下三千尺，疑是银河落九天。”那么，“三”和“九”为什么能代表多数呢？老子说：“一生二，二生三，三生万物。”这里的“三”就是指天、地、人，它的含义非常广。三又“生万物”，所以，“三”泛指多数、多次。在一到九中，九是最大的数，所以也代表“多”。

“作”的本义是起来，起身。人们常常在劳作的过程中产生无穷的创造力。

作亭者谁？山之僧智仙也。名之者谁？太守自谓也。

（出自《醉翁亭记》，九年级上册）

“作”在这里是兴建，建造的意思；“亭”是醉翁亭。建造这座亭子的是谁？是山上的和尚智仙。

“名”，本义是名字，这里名词活用为动词，翻译为“取名字”。给这个亭子取名字的是谁？是太守用自己的别号（醉翁）来命名的。

你知道，欧阳修为什么称自己是醉翁吗？

据说他被贬官到安徽滁州，内心苦闷，于是常常和朋友们到琅琊山的这个亭子里喝酒，一喝就醉倒。这些人里，就数他年纪最大，所以他称自己为“醉翁”。我们都知道，“翁”是老头的意思，可是他那个时候明明是不惑之年，大概只有四十岁。

其实，醉人的不仅仅是酒，琅琊山的美景也醉人：野花开了，有一股清幽的香味；树木繁茂，形成的绿荫就像大自然搭建了数不清的凉棚。

再来看“作”的第四个意思。

属予作文以记之。

（出自《岳阳楼记》，九年级上册）

“属”在上边的例句中是一个通假字，通“嘱”，意为叮嘱。这句话的意思是：叮嘱我写篇文章记下这件事。于是，伟大的《岳阳楼记》诞生了。

看到“作文”这两个字，是不是百感交集：范仲淹居然也有写作文的一天？不要高兴得太早，这里的“作”是写，“作文”就是写文章。范仲淹写的这篇文章有多出名？四个字：中考必考。

在网络与现实生活中，我们经常看到或听到有人说某某很“作”（zuō），意思是“刻意搞事，无事生非”，是一个贬义词。这个义项暂时还没有被收入《现代汉语词典》，属于没有被官方认定的民间俗话。

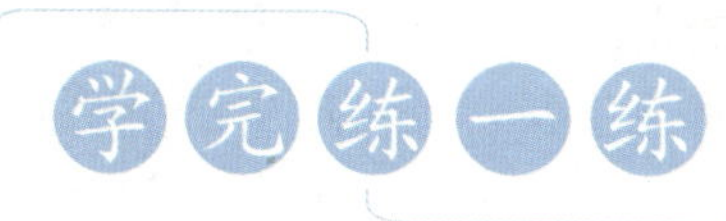

水仙花

早春时，窗下置水仙一盆。父命二子，各作短文记之。

兄之文曰：“水仙为多年生之草。叶细长，有并行脉。茎生于叶丛之间。花为伞形，其色白，别有杯形之副冠，色黄。其地下茎为块状。”

弟之文曰：“今有仙子，姿态楚楚。带袅，裙长，凌波尢语。名曰水仙，真无愧也！”

父见之曰：“兄所作，科学家之文；弟所作，文学家之文也。”

（出自《民国老课本》）

一、为每个“之”字选择正确的解释。

（1）各作短文记之。（　）

（2）水仙为多年生之草。（　）

（3）父见之曰。（　）

A. 代指二子的短文　B. 代指水仙　C. 的

二、在《水仙花》中，为什么父亲认为哥哥写的是科学家的文章，弟弟写的是文学家的文章？

13

天涯若比邻

古时候，由于交通不便，通信极不发达，亲人朋友之间往往一别多年都难以相见，所以古人特别看重离别。

离别之际，人们往往设酒饯别，折柳相送，有时还要吟诗话别。因此离愁别绪就成为古代文人吟咏的一个常见主题，送别诗便应运而生。

王勃最著名的诗《送杜少府之任蜀州》，是送别诗的经典，得到了很多人的喜爱。其中“海内存知己，天涯若比邻”可谓妇孺皆知。

古代传说，头上是天，脚下是地；天是半圆形的，罩在四方形的大地上，大地的四周是海，所以古人称国境为“海内”。“知己”，彼此相互了解而情谊深切的人，用现在的话来说，就是兄弟、闺密。“天涯”，指极远的地方。“比”

古人分别时为什么喜欢折柳相送呢？首先，杨柳的“柳”谐音“留”，深切表达了亲友分离时的依依惜别之情；其次，杨柳折枝，扦（qiān）插可活，又有祝亲友随遇而安的美好愿望。

要重点了解一下，在这里是靠近、挨着的意思。

面对即将到四川去做官的杜少府，此时一别不知何时才能相见，王勃只能这样对他说：“只要我们心意相通，即使相隔很远，也像挨着的邻居一样。”

其实，“比”的本义是并列、挨着，如：

五音比而成韶夏。

（出自刘勰（qiān）《文心雕龙·情采》）

古代“五音”指的是宫、商、角、徵（zhǐ）、羽，对应简谱中的1、2、3、5、6。如果你想形容一个人唱歌跑调，可以说他“五音不全”。“韶夏”泛指优雅的古乐。整句的意思就是：五音排列组合在一起就成为动听的音乐。会弹琴的人，对此一定深有体会。

你听过《晏子使楚》的故事吗？晏子智斗楚国君臣的几

个小故事，大快人心。

春秋时期，齐国大夫晏婴，即晏子，奉命出使楚国。楚王见他矮小，就特别看不起他，当着他的面讥讽齐国无人。

这个时候，晏子当然要维护自己和国家的尊严，就说了以下这番话。

齐之临淄三百闾，张袂成阴，挥汗成雨，比肩继踵而在，何为无人？

（出自刘向《晏子使楚》）

“闾”读作（lǘ），古代二十五家为一闾，这里指人聚居处。“三百闾”，人很多的意思。“袂”（mèi）是袖子，古人的衣袖特别大，大得像一把扇子。“踵”是脚后跟。“何为”是为什么。

晏子的意思是：齐国国都临淄住满了人。人们一起张开袖子，举起来，就能遮天；大伙儿甩一把汗，就是一阵雨；街上的行人，肩膀擦着肩膀，脚尖碰着脚跟，大王怎么说齐国没有人呢？

晏子说话很委婉，他用形象的比喻把楚王说得无言以对。所以说，“人不可貌相，海水不可斗量”，以貌取人，有时候会很尴尬的哦！

“以貌取人”不可取，那么，如果你听到有人说老百姓的房子被烧了一片是小事，心里会怎么想？

家人失火，屋比延烧，不足忧也。

（出自《史记·汲黯列传》）

“家人”，在这句话里如果翻译成家庭成员，就说不通了，要翻译成“平民百姓”。“比”是接连。“延”是蔓延。

这句话是汲黯对汉武帝说的：“平民百姓不慎弄着了火，因为房屋相连而蔓延燃烧起来，不值得陛下忧虑。”

老师带你学成语

比肩继踵（bǐ jiān jì zhǒng）

肩挨着肩，脚跟着脚，形容人很多，很拥挤。也可以说成比肩接踵。出自《晏子使楚》：“齐之临淄三百闾，张袂成阴，挥汗成雨，比肩继踵而在，何为无人？”

听了这句话，你是不是要说：“汲黯说话怎么这么没有人性啊？老百姓的房子都烧起来了，他居然说是小事。”

汲黯是谁？汉武帝时期，刚直正义、敢讲真话的人。他为人和做官都不拘小节，讲求实效。

他说这句话是有原因的：河南郡的贫民有一万多家遭受洪水灾害，老百姓没有饭吃，甚至发生了人吃人的事情。

“亲近”是“比”不常见的义项，如果好朋友成天形影不离，时间久了，可能会拉帮结派，由此引申出“勾结”的意思，如：

君子周而不比，小人比而不周。

（出自《论语·为政》）

“君子”，原本是国君之子的意思，后来特指有学问、有修养、品德高尚的人。“小人”，与“君子”相对，指人格卑鄙的人。

“周”是团结多数人，“比”是勾结，“比周”常常连用。例句的意思是：德行高尚的人以正道广泛交友但不互相勾结，品格卑下的人互相勾结却不顾道义。

“比”还有“等到”的意思，如《三国志·蜀书》里的“比到当阳，众十余万”。“比”最常见的义项是比较，如屈原的《涉江》“与天地兮比寿，与日月兮齐光”，在翻译这句话时，要在句子的前面加个主语“我”。句中的“兮”是发语词，没实际意义，常见的发语词有也、然、乎、夫、哉、焉等。

“比”常见的词语有“比喻”，在现代汉语中，它是一种修辞手法，在古代诗歌中也是常用的一种表现方法，如：

讽君子小人则引香草恶鸟为比。

（出自白居易《与元九书》）

看到“讽”，我们就会想到讽刺，例句中则是指“用含蓄的话说明”。古文中的“香草”“美人”，比喻的是追求高尚节操的人；“恶鸟”比喻的则是邪恶小人。

例句的意思是：如果你想用含蓄的话说说君子与小人，不妨用香草和恶鸟去比喻。

学完练一练

采菱（节选）

小村旁，有菱塘。广约十亩，塘水澄清。夏秋之间，菱初熟，浮于水上，或青或红。村中女子，邀邻伴，划小舟，同往采菱。

（出自《民国老课本》）

一、找一找：从文中找出句子回答。

（1）菱角什么时候成熟?

（2）初熟的菱角是什么颜色的?

二、选一选。

“或青或红”中的“或”是指（　　）。

A. 或者　　　B. 有的

三、连一连。

使小国事大国，大国比小国	及，等到
比吾乡邻之死则已后矣	比起
比三年日蚀	接近，亲近

14

高山流水遇知音

爸爸妈妈经常跟我们说“要结交对自己有益的朋友”。那么究竟什么叫“益友”呢？

——比我成绩好？比我家境好？或者比我长得好？

不对不对，上面说的都不对。早在几千年前，大圣人孔夫子就告诉了我们什么叫“益友”。

孔子曰：“益者三友，损者三友。友直，友谅，友多闻，益矣。”

（出自《论语·季氏》）

这里的“友”指的是朋，“直”指的是正直，“谅”指的是诚信，“多闻”指的是知识广博。孔子认为，与正直的人交朋友，与诚信的人交朋友，与知识广博的人交朋友，是有益的。也就是说，这三类人是益友。

说完益友，孔子也顺便指出了“损友”（有害的朋友）的三个特点。

友便辟，友善柔，友便佞，损矣。

“便（biàn）辟”是善于走邪道，“善柔”是指表面奉承而背后诽谤，“便佞”（pián nìng）”是指用花言巧语逢迎人。与这三种人交朋友，是有害的，要远离他们。

在文言文里，“友”还有一个意思：友爱、亲近。例如：

窈窕淑女，琴瑟友之。

（出自《关雎》，八年级下册）

“友之”指的是亲近她。这一句的意思是：对于贤良美好的女子，则弹琴鼓瑟来亲近她。

“琴”与“瑟”是两种弦乐器。看来古人很有才，也很浪漫呢！

恋人之间讲究“琴瑟友之”的浪漫，朋友之间讲究相互诚信。曾子在“三省吾身”时，就强调过这点。

曾子曰：“吾日三省吾身：为人谋而不忠乎？与朋友交而不信乎？传不习乎？”

（出自《论语》十二章，七年级上册）

这里的“三”指的是多次。曾子说：“我每天多次反省自己：替别人做事有没有尽心竭力？和朋友交往有没有诚信？传给别人的知识有没有亲身实践过？”

所以说，我们既要结交讲诚信的朋友，自己也要做一个讲诚信的人。这样，你才能结交到好朋友。

“朋”，在古代是一个货币单位，以贝壳为货币，通常是五个贝壳为一串，两串为一“朋”。你看，一“朋”里的两串钱长得差不多，像不像两个“师出同门”的人？

就这样，“朋”也被引申为同一老师的弟子（同门曰朋）。同一个老师教出来的，一般来说品性相差不大，所以“朋”慢慢又有了“志同道合”的意思，如“朋党”“朋辈”。

孔子曾经说过：

有朋自远方来，不亦乐乎？

（出自《论语》十二章，七年级上册）

把它翻译成大白话，意思就是："有同门弟子从远方来，不也是一件快乐的事情吗？"也有的这样翻译："有志同道合的朋友从远方来，不也是一件快乐的事情吗？"这两种翻译都可以。

普通的朋友很容易找到，知音最为难寻。因为，知音是那种心灵相通的朋友。这类朋友，有的人一辈子只能遇到一个，有的人甚至一辈子也没有遇到过。

古往今来，说到知音，人们经常会说"高山流水遇知音"。"高山流水"讲的是俞伯牙和钟子期的故事。"知音"二字也是由他们而来的。

俞伯牙是春秋时期一名杰出的琴师。但比较遗憾的是，当时没有人能听懂他琴声里所包含的意思。

有一次，在俞伯牙弹琴时，感到琴弦上有异样的颤抖。

这是琴师的心灵感应，说明附近有人在听琴。

俞伯牙寻了一圈，只找到一个砍柴的樵夫。

俞伯牙不信樵夫能听懂自己的琴声，就问：“我弹的是什么曲子？”

樵夫名叫钟子期，他云淡风轻地回答：“是孔子赞叹弟子颜回的曲谱。”

俞伯牙大吃一惊，还是不信，又问他认不认识自己的琴。钟子期告诉俞伯牙，那是一把瑶琴，是伏羲用梧桐木制作的，被后人称为七弦琴。弹奏出的乐曲，能让咆哮的老虎、啼叫的猿猴听了马上安静。

俞伯牙心中暗暗佩服，弹了一曲《高山》，钟子期赞叹道：“多么巍峨的高山啊！”俞伯牙又弹了一曲《流水》，钟子期称赞道：“多么浩荡的江水啊！”

俞伯牙又佩服又激动，对钟子期说：“这个世界上只有你才懂得我的心声，你真是我的知音啊！”

两人越谈越投机，便结拜为生死之交，并约定来年的中

高山流水

《高山》和《流水》是中国古代的两首名曲。比喻知己或知音，也比喻乐曲高妙。出自《列子·汤问》。

秋再到这里相会。

第二年中秋，俞伯牙来到了约定地点。他等啊，等啊，怎么也不见钟子期赴约。一位老人告诉他：钟子期和俞伯牙分别后，白天照顾父母，夜晚努力学习，不幸染病去世。临终前他留下遗言，把坟墓修在江边，到八月十五相会时，好听俞伯牙弹琴。

听了老人的话，俞伯牙悲痛万分。他来到钟子期的坟前，弹起了《高山》和《流水》。弹罢，他挑断琴弦，把心爱的瑶琴在青石上摔了个粉碎。他悲伤地说：“我唯一的知音已不在人世了，这琴还弹给谁听呢？”

你看，知音多么难得与珍贵啊！如果你遇到了知音，一定要好好珍惜。

顾质[1]独饯范文正公[2]

初，范文正公贬[3]饶州，朝廷方治[4]朋党，士大夫[5]莫敢往别，王待制[6]质独扶病饯于国门，大臣责之曰："君，长者，何自陷朋党[7]？"王曰："范公天下贤者，顾质何敢望之；若得为范公党人，公之赐质厚矣！"闻者为之缩颈[8]。

（出自《渑（shéng）水燕谈录》）

注释：

①顾：文言文连词，反而，却。质：人名，指待制王质。②范文正公：指范仲淹，范仲淹谥号"文正"。③贬：降职。④治：惩办，纠治。⑤士大夫：泛指朝廷官员，有时也泛指读书人。⑥待制：宋代官职名称。⑦朋党：为争权夺利、排除异己而结合起来的集团。⑧缩颈：缩脖子，指吃惊害怕。

一、"王待制质独扶病饯于国门"中的"独"，表现了王质怎样的品格？

二、范仲淹的《岳阳楼记》中，哪一句话让你印象最深刻，为什么？

15

君子善假于物

大家都知道《狐假虎威》吧?

在这个故事里,狡猾的狐狸借着老虎的威风吓走百兽。“狐假虎威”的“假”,并不是说狐狸是“假的”,而是指狐狸在“借”老虎的微风。“假”这个字,本义是借、贷。

元末明初文学家宋濂,幼时家穷,没钱买书,只好到处借书回来抄写。他每次都是赶紧抄了送还人家,从来不敢超过约定期限。那些有书的人家,也因此而愿意借书给他。

以是人多以书假余,余因得遍观群书。

(出自《送东阳马生序》,九年级下册)

以上的“假”,就是“借”的意思。这句话的意思是:因此人们大多肯将书借给我,我因而能够看各种各样的书。

“假”可以作凭借、借助讲,如:

君子生非异也，善假于物也。

（出自《荀子·劝学》）

读这句话得先弄懂“生”的意思，在这里它是通假字，通“性”，本性，天性。他想说，君子的本性与一般人没有什么不同。

“善”的意思是善于，“假于物”其实是“向外物借助”的意思。原来君子与众不同的特点是善于借助外物。

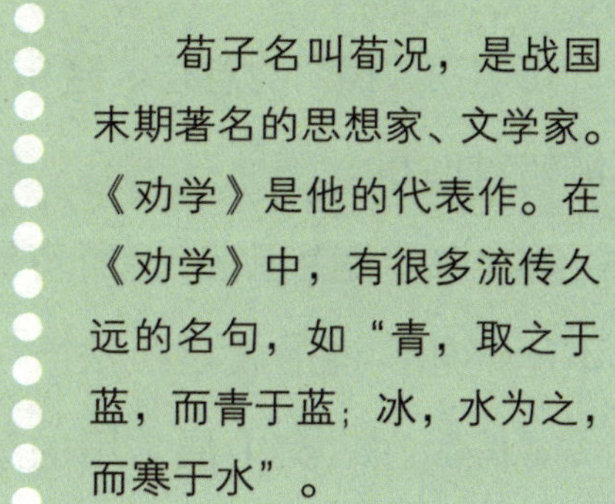

你看，顺着风喊，声音并没有加大，可是听的人却能听得更清楚；借助车马的人，

并不是脚走得快，却可以到达千里之外……风啊，船啊，都是外物。

“假”的第二个意思是宽容，如：

敌不可假，时不可失。

（出自《史记·春申君列传》）

知道了“假”的意思，这句话就好理解了：不可宽容敌人，不能错过时机。

再比如“大臣犯法，无所宽假”，即使是朝中的大臣犯了法，也不能饶恕，说的就是执法严明，不偏不倚。

“假”在古文中最常用的意思是如果、假如。例如：

公季成谓魏文侯曰：“田子方虽贤人，然而非有土之君也，

君常与之齐礼，假有贤于子方者；君又何以加之？”

（出自《新序·杂事四》）

“公季成”是魏文侯的弟弟季成，“公”是对人的敬称。“土”在这里是封地的意思，“齐”是平等的意思。

季成对哥哥魏文侯说：“田子方虽然是一位贤人，但并不是拥有封地的君王，国君您却常常以对待君王的礼节去对待他。假如有一位比他还贤明的人出现，您又该如何对待呢？”

“假”的第四种意思是非正式的、代理的。比如“乃以吴叔为假王”（出自司马迁《史记·陈涉世家》），这里的吴叔是吴广，“假王”是暂时代理的王。无论什么工作，总要有个带头人，吴广扮演的就是这个角色。

假的反义词是真。如：

庾太尉风仪伟长，不轻举止，时人皆以为假。

（出自《世说新语·雅量》）

庾太尉，即庾亮，他姿容俊

美，是当时出了名的美男子。他善于言谈议论，喜好老庄之学，为人严肃庄重，一举一动都能自守礼法，特别自律。

“风仪”就是风度、仪容，“伟长”就是奇伟超群。他如此自律，以至于别人认为他是装出来，不是真实的。

“假”字作“不是真的”意义讲是后来才有的。在先秦，表示“不是真的”的意思时，一般只用“伪”，不用“假”。

乃悟前狼假寐，盖以诱敌。

（出自《狼》，七年级上册）

屠夫才明白之前狼假装睡觉，是来诱惑敌人的。这里的“假”，就是假装的意思。

“假”的另一种读音是“jià”，意思是假期、休假，这个大家都懂的。

你一定喜欢假期吧，我也喜欢。

狐假虎威

虎求百兽而食之，得狐。狐曰：“子①无敢②食我也！天帝使③我长④百兽，今子食我，是逆⑤天帝命也！子以我为⑥不信⑦，我为子先行，子随我后，观百兽之见我而敢不走乎？”虎以为然，故遂⑧与之行。兽见之，皆走⑨。虎不知兽畏己而走也，以为⑩畏狐也。

（出自《战国策·楚策一》）

注释：

①子：你。②无敢：不敢。③使：派遣，命令。④长：这里作动词用，“做……的首领”，掌管。⑤逆：违抗。⑥以……为……：认为……是……。⑦不信：不真实，不可靠。⑧遂：于是，就。⑨走：逃跑。⑩以为：认为。

一、解释加点字词的意思。

（1）子无敢食我也（　　）

（2）天帝使我长百兽（　　）

（3）子以我为不信（　　）

（4）兽见之皆走（　　）

二、“天帝使我长百兽”的意思是什么？

三、选择正确答案。

“兽见之皆走”的原因是（　　）。

A．兽畏狐也

B．兽畏天帝也

C．兽畏虎也

16

生在古代该怎么“看”

狼是一种凶狠狡诈的食肉动物，总是成群结队出动。它们不仅围捕动物，还会攻击人。

有一个屠夫傍晚回家，就遇到了两只紧紧尾随的狼。屠夫把担子里仅剩的骨头扔给狼，希望狼吃了之后不要继续跟着自己。可是两只狼并不满足，它们一前一后拦住屠夫的去路。看样子，狼想吃的是屠夫。

屠大窘，恐前后受其敌。顾野有麦场，场主积薪其中，苫蔽成丘。

（出自《狼》，七年级上册）

“顾”字本义是回头看，成语“瞻前顾后”中的“顾”就是这个意思。例句中的“顾”意思稍有不同，是“往旁边看”。巧了，他看见田野里有一个打麦场，柴草覆盖成小山似的。

当“顾”引申为“看”的意思时，“四顾”就是向四周看，“左顾右盼”就是向左右两边看。“君臣相顾，泣下沾襟”，意思是君王和大臣你看着我，我看着你，泪水沾满了衣襟。

文中“窘”的本义是生活或处境穷困，没有办法。但例句中指的是“危急”：屠夫的处境特别危急，担心被两只狼前后夹击。

处于险境的屠夫灵机一动，走过去背靠柴草堆，放下担

子，手握屠刀。

狼不敢前，眈眈相向。

（出自《狼》，七年级上册）

狼不敢进攻，只是凶狠地注视着屠夫。看到“眈眈”，是不是想到“虎视眈眈”？让人不寒而栗。被两只狼这么盯着，屠夫真是心惊胆战。

如果这个屠夫有一把弓箭，区区两只狼应该不在话下。古时候厉害的将军，就算面对老虎，也能用弓箭射杀。北宋有个叫陈尧咨的状元，除了文章写得好，还擅长射箭。

陈康肃公尧咨善射，当世无双，公亦以此自矜。尝射于家圃，有卖油翁释担而立，睨之，久而不去。

（出自《卖油翁》，七年级下册）

陈尧咨之所以叫“陈康肃”，是因为他死后被朝廷赐谥号“康肃”。陈康肃擅长射箭，他要称第二，没有人敢称第一，他也就凭着这种本领而自夸。

这不，有一天，他在院子里射箭，有个卖油的老头放下担子，站在篱笆外看。可他不好好看，偏偏要“睨”（nì），

就是斜着眼睛看，一副很不在意的样子。

一个射箭举世无双的人，居然被一个卖油的老头斜着眼睛看，你说气不气？于是陈康肃对卖油翁发起才艺比拼的挑战，最终被卖油翁注油的功夫所折服。

天下之大，无奇不有。卖油翁之所以“睨”，是因为他有实力；而狼的“眈眈”，是猛兽的本性。

在古文里，表示“看”的字还有观、望、看……

无奇不有

什么稀奇的事物都有。出自清代吴趼人《二十年目睹之怪现状》第九回：“上海地方，无奇不有，倘能在那里多盘桓些日子，新闻还多着呢。”

启窗而观，雕栏相望焉。

（出自《核舟记》，八年级下册）

“启”是打开，“观”的本义为仔细看。打开窗仔细看，可以看见雕花的栏杆左右相对。这里的“相望”，引申为左右相对的意思。

“观”在成语“走马观花”中引申为看。骑着马儿看花，只能粗略地看看。“走马观花”其实是“走马看花”，这个成语和孟郊有关。

四十六岁那年，孟郊终于考中进士。他非常兴奋，穿上新衣，骑着骏马，在当时的京城长安尽情游玩。玩到高兴时，写了一首《登科后》，最出名的就是这句：

春风得意马蹄疾，一日看尽长安花。

孟郊用的是“看”。如果用“观”（细细看），一天是“观”不尽长安花的。如果用“望”，那么就不用一天，半天就足够了。因为一“望”就能望“二三里”，这个有诗为证。元朝徐再思的《无题》五言绝句：

一望二三里，烟村四五家。亭台六七座，八九十枝花。

这里的“望”，跟今天的“望”是一个意思，表示向远处看。古时候没有雾霾，天气晴好时能看到几里之外呢！

荀巨伯探友

荀巨伯[1]远[2]看友人疾，值[3]胡[4]贼攻郡。友人语[5]巨伯曰：“吾今死矣，子可去[6]！”巨伯曰：“远来相视，子令[7]吾[8]去，败义以求生[9]，岂荀巨伯所行邪[10]？”贼既至，谓巨伯曰：“大军至，一郡[11]尽空，汝何男子，而敢独止？”巨伯曰：“友人有疾，不忍委之，宁以吾身代友人命。”贼相谓曰：“我辈无义之人[12]，而入有义之国！”遂班军而还，一郡并获全[13]。

（出自刘义庆《世说新语·德行》）

注释：

①荀（xún）巨伯：东汉颍州人，汉桓帝的义士。②远：从远方来。③值：恰逢，赶上。④胡：中国古代泛指居住在北部和西北部的少数民族，秦汉时一般指匈奴。⑤语：动词，对……说，告诉。⑥子可去：您可以离开这里。子，第二人称代词“您”的尊称；去，离开。⑦令：让。⑧吾：第一人称，我。⑨败义以求生：败坏道义而求取生存。⑩邪：句末语气词，表疑问，相当于吗、呢。⑪郡：古代的行政区划，这里指城。⑫无义之人：不懂道义的人。⑬获全：得到保全。

一、读一读。

向上看叫仰视，向下看叫俯视。

仔细地看叫端详，拜访叫探望。

回过头看叫回眸，注意地看叫注视。

二、给加点的字选择正确的解释。

（1）远看友人疾。（　　）　A. 看到　B. 探望

（2）值胡贼攻郡。（　　）　A. 恰好遇到　B. 结果

（3）友人语巨伯。（　　）　A. 语言　B. 对……说

（4）不忍委之。（　　）　A. 丢弃　B. 委屈

17

古人是怎么“谢”的

现代社会，“谢谢”是使用频繁的文明用语之一。无论是在学习、生活，还是工作中，一句“谢谢”，往往可以显示出良好的教养。

这里的“谢”是对别人的帮助或赠予表示感激，如：

哙拜谢，起，立而饮之。

（出自《史记·项羽本纪》）

《鸿门宴》这个故事，发生在项羽和刘邦身上。这场宴会是项羽组织的，主要任务是除掉刘邦。

古代人名在文言文中一般会有省略写法，需要联系上下文分析。“哙”是樊哙，他是刘邦身边最勇猛的战将，专门护送刘邦赴宴。

“谢”是感谢的意思。项羽赐酒，樊哙拜谢后，起身，站着把酒喝了。

其实呀，“谢”的本义是道歉，与现在的意思完全不一样。

入而徐趋，至而自谢。

（出自《战国策·赵策四》）

“入”在这里是进入殿内；“徐”是慢慢地；“趋”是小步快走，表示恭敬。古代礼法规定，臣子见君王一定要快步往前走，否则便是失礼。

这句话的主人公是触龙，触龙因为年龄大，脚还有病，不能快走，可他是去见太后的，只好用小步快走的姿势了。

“谢”是道歉，“自谢”是主动请罪。触龙因为走路不符合古代的礼法，到了太后面前，主动请罪是最真诚的做法。“谢罪”中的“谢”，也是道歉的意思。

现代汉语中，有个词语叫“谢绝”，意思是婉言拒绝或推辞。

参乘：指陪乘，或者陪乘的人。古代乘车，尊者在左，御者在中，一人在右陪坐，称“参乘”或“车右”。例句中，樊哙便是以刘邦的参乘身份同赴鸿门宴的。

太后使使告代王，欲徙王赵，代王谢，愿守代边。

（出自《史记·吕太后本纪》）

第一个“使”是派遣，第二个“使”是使者，“使使”即派遣使者。“欲徙王赵”是要把代王迁到赵国去做王。“代”是国名，“边”是边疆。

太后派遣使者告诉代王，要把他迁到赵国去做国王。代王推辞不去，说愿意守在代地这个地方。

这里的“谢”指的是用言辞委婉地推辞、拒绝。现在，我们常常会在重要的场馆等地方，看到“谢绝参观”的字样。再如：

子退而休之，谢医却药。

（出自苏轼《盖公堂记》）

“子”可翻译成你，“休”是休息。整句话是说：你回

敬谢不敏

恭敬地表示能力不够，不能接受。谢：推辞。不敏：不聪明，没有才能。出自《左传·楚襄王三十一年》："使士文伯谢不敏焉。"

到家里好好休息，谢绝医生和药物。

有时候，"谢"还有辞别的意思。

广不谢大将军而起行。

（出自《史记·李将军列传》）

你看，这里又遇到人名了。"广"指的是李广，"谢"是辞别，李广不向大将军告辞就起程了。李广之所以这样"没礼貌"，是因为他的顶头上司大将军卫青命令打先锋的李广改为东路进击。而东路地形非常复杂，又没有向导。果然，李广率部迷路了，没在规定时间赶到作战地点。李广不愿被军法处罚而受辱，含恨自杀。

在古代，“谢”还有“劝告”这层意思。

多谢后世人，戒之慎勿忘。

（出自《玉台新咏·古诗为焦仲卿妻作》）

意思是：多多劝告后世的人，把这件事作为教训，千万不要忘记。这件事是什么事呢？

其实是汉乐府诗《孔雀东南飞》里的一个悲剧，这个故事的大意是：刻薄的婆婆刁难儿媳，并强迫儿子休掉贤惠的儿媳；儿媳因此而自杀，儿子因为深爱妻子，也自杀了。这真是一个教训。

此外，“谢”还可以翻译成“时间过去”，如“荏苒冬春谢，寒暑忽流易”，冬去春来，时间真的是走得太快了。

由“时间过去”又引申出“衰亡、掉落”的意思，杜牧的《留赠》中说“蔷薇花谢即归来”，作者在这里是想告诉朋友，等到蔷薇花掉落，我就回来了。

进艇

南京①久客②耕南亩③，北望④伤神⑤坐北窗。昼引老妻乘小艇，晴看稚子浴清江⑥。

俱飞蛱蝶元⑦相逐，并蒂⑧芙蓉⑨本自双。茗饮⑩蔗浆⑪携所有，瓷罂⑫无谢⑬玉为缸。”

注释：

①南京：指当时的成都。②客：杜甫到成都是避难和谋生兼而有之，也非情愿，所以自称为“客”。③南亩：田野，引申为田园生活。④北望：相对于成都而言，长安在其北。⑤伤神：伤心。⑥清江：水色清澄的江。⑦元：犹“原”，本来。⑧并蒂（dì）：指两朵花并排地长在同一个茎上。⑨芙蓉：荷花的别名，也指刚开放的荷花。⑩茗（míng）饮：指冲泡好的茶汤，也是茶的别称。⑪蔗浆：甘蔗榨成的浆汁。⑫瓷罂（yīng）：盛酒浆等用的陶瓷容器。⑬谢：逊于、不如。

一、试试连一连加点字的意思。

乃令张良留谢	认错；道歉
因宾客至蔺相如门谢罪	推辞；拒绝
及花之既谢，亦可告无罪于主人矣	感谢；道谢
阿母谢媒人：女子先有誓，老姥岂敢言	凋谢；死

二、当别人对你说“谢谢”时，你应该怎么回答？

胡立根 主编

李丹丹 著

大语文可以这样学 4

高效阅读课

SPM 南方传媒 | 广东经济出版社

·广州·

卷首语

同学们，当你对这个世界还懵懂的时候，就在爸爸妈妈的陪伴下开始阅读。

安徒生、格林兄弟的童话故事，为你插上了想象的翅膀，你跟着童话人物一起踏上奇妙的成长旅程，学会了善良、勇敢、坚强，还有独立。

慢慢地，你开始读简短的寓言故事，《狼和小羊》的故事，让你明白了“坏人要想做坏事情，总是可以找到借口的”；而《农夫和蛇》的故事，让你懂得了“有些人生性凶残，救了他反而会害了自己”……

再大一些的时候，你读的故事越来越长，人物越来越多，情节也越来越丰富。你就像一条自由自在的小船，快乐地在书海里遨游着。

可是，同学们，你不光要读的量多，还要学会在阅读时认真地思考，这样才会让你的阅读更高效。

其实很多文章里都藏着“奥秘”。当你读完一篇文章，可以和

内心深处的自己对话，问问自己，我为什么喜欢这篇文章？这篇文章有哪些地方值得我学习的？

也许是文章新颖的题目吸引了你的视线，让你对文章产生兴趣，于是你津津有味地读了下去。读完你发现，原来一个好的题目不光可以激发读者的阅读兴趣，还可以成为文章的线索，贯穿全文。

文章里诸如此类的“奥秘”还有很多。当你一边阅读一边思考，你就会发现，文章的开头、中间段落、结尾，都是作者的精心安排。而文章所选的修辞、抒发情感的方式、详略的安排等，是作者的“匠心独运”。

同学们，本书将用轻松的语调把文字世界里的种种“奥秘”向你娓娓道来，希望你读完这本书能够有所收获，并借由这本书学会高效阅读，更爱阅读！

目
录

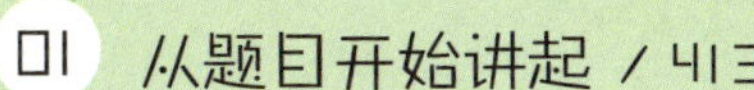

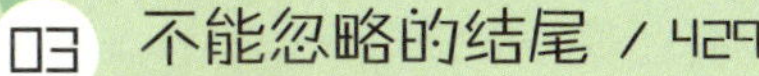

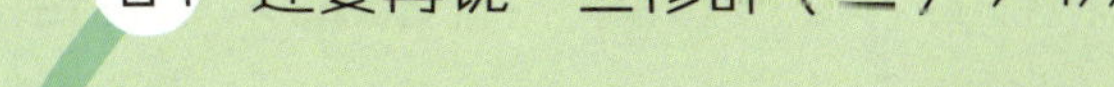

01

从题目开始讲起

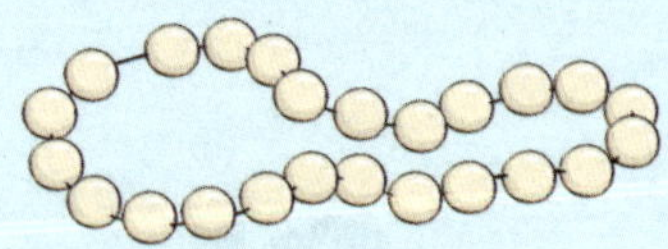

同样一篇文章，有的同学快速阅读一遍就能理解这篇文章的中心思想、表现方法、艺术特色，有的同学看了半天却还是一知半解。这是为什么？

因为阅读方法不同。从阅读到理解的第一站叫“审题”，即审视文章的题目，通过题目初步触摸到文章的内容。

题目，是题的“目”，也就是题的眼睛。我们都知道，眼睛是心灵的窗户。看一个人的精气神，首先要看他的眼睛。同样，阅读一篇文章，也要先读懂其“题目”。

俗语说得好：“题好一半文。”题目起好了，文章也就算成功了一半。因此，作者在起题目时一定会再三斟酌、反复锤炼，将文章的线索或观点高度凝练之后放在题目里。如此重要的题目，我们当然要好好审视啦！

有的题目，能勾起人的好奇心，让人想继续读下去。

像《小红帽》，当你看到这个题目时，是不是对故事情节很好奇？可能还会猜想，难道这是一个有关红色帽子的童话故事？

你带着好奇走进童话故事，发现“小红帽”原来是个可爱的小姑娘。因为她特别喜欢戴一顶红天鹅绒的帽子，所以大家都叫她小红帽。

有的题目，像珍珠项链中的细线一样，把段落穿起来，连

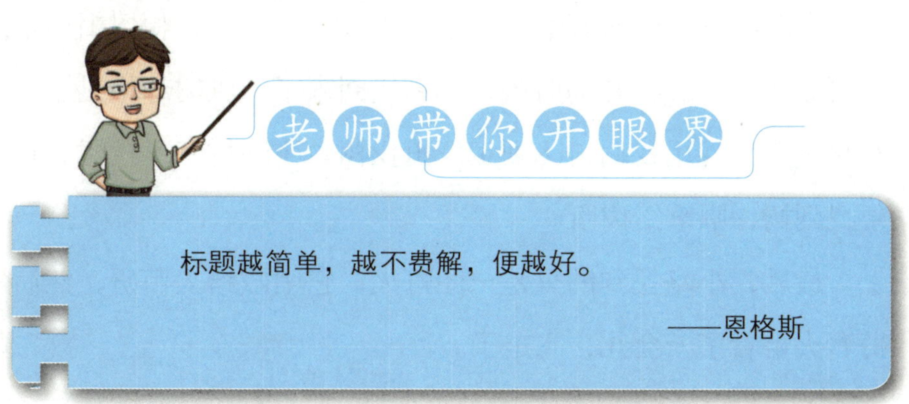

标题越简单，越不费解，便越好。

——恩格斯

成一篇文章。这样的题目也是文章的线索。

日本作家新美南吉的《去年的树》是一个感人的童话故事。题目中的“树”，既是故事中的一个角色，又是贯穿整个故事的线索。

小鸟和树是一对好朋友，小鸟飞去南方过冬，和树相约来年再见面。春暖花开的时候，小鸟飞回来了，可树却不见了。小鸟飞到山谷里找树，飞到工厂里找树，飞到村子里找树。它要找到树，唱歌给树听。

最后，小鸟找到的只是一团灯火，它唱歌给火苗听，然后盯着火苗看了一会儿，飞走了。

童话中所有的情节都因“树”而发生，都与“树”有关。“树”也是故事发展的线索。

有的题目，你一读就知道文章主要讲的是什么。

如《三打白骨精》，这个题目就是对故事内容的浓缩。

三打白骨精

唐僧师徒四人取经路上，经过白虎岭。白虎岭住着白骨精，白骨精为了吃唐僧，先后幻化成村姑、老妇、老公公。

孙悟空识破了白骨精的真面目，打死了村姑、老妇，可白骨精还是化作一股妖风逃走了。唐僧不明真相，责怪孙悟空滥杀无辜。

第三次白骨精装扮成老公公，又被孙悟空识破。悟空请来一众神仙，在空中作证，打死了白骨精。

《三打白骨精》这个故事，描写了孙悟空三次打白骨精的过程，既写出了白骨精的阴险狡诈，也反映了孙悟空的聪明机智。

这样的题目，可以帮助读者更好地了解故事内容。

而有的题目，你一读就能感受到作者想要抒发的情感。

如季羡林的《月是故乡明》。看到这个题目，我们会很自然地想到杜甫《月夜忆舍弟》里的“露从今夜白，月是故乡明”。

在中国人心里，月亮是非常重要的意象。游子们漂泊在外，看到月亮就会想起远方的家乡。作家季羡林也不例外，他把“月是故乡明”拿来做题目，让读者一下子感受到他对家乡的思念。

这样的题目，可以帮助读者体会文章的思想感情。

还有的题目，使用了比喻的修辞手法，形象生动地表现出事物的特点。

如《花钟》，就是把花儿比作钟表。一天之内，不同的花儿开放的时间不同，看开放的花儿就能大致判断出是几点钟。多么形象又巧妙的比喻，原来花儿不仅可以给人们带来美好的感受，还能帮助人们感知时间。

而吴冠中先生的《父爱之舟》是把父爱比作小渔船，父亲在小渔船上摇橹、做饭、缝补棉被，都是为了省吃俭用供“我”上学。这样一比喻，抽象的父爱就变得形象化了，使读者既能感受到父亲对“我”的深沉的爱，也能感受到“我”对父亲的感恩之情。

三打白骨精（节选）

白骨精不甘心就这样让唐僧走了，又变成了一个白发老公公，假装来找他的妻子和女儿。悟空把金箍棒藏在身边，走上前迎着妖精，笑道：“你瞒得了别人，瞒不过我！我认得你这个妖精。”悟空抽出金箍棒，怕师傅念咒语，没有立刻动手，暗中叫来众神，吩咐道：“这妖精三番两次来蒙骗我师父，这一次定要打死他。你们在半空中作证。”众神都在云端看着。悟空抡起金箍棒，一棒打死了妖精。妖精化成一堆白骨，脊梁上有一行字，写着“白骨夫人”。

1. 短文的题目有什么好处？

____

2. 在短文画横线的句子中，“笑”表现了悟空的__________。在第三次与白骨精的较量中，悟空采取的办法与前两次不同：______________________________________，从中可以看出悟空的__________________________________。

3.《三打白骨精》选自______写的名著_____________，请写出这部名著中体现孙悟空具有反抗精神的故事名字：_____________________。

参考答案

1. 概括了故事大意，帮助读者快速了解故事的大致内容。
2. 自信　悟空请来众神并让众神作证　机智
3. 吴承恩　《西游记》　大闹天宫

02

不能忽略的开头

上一节我们讲的是文章的题目，这一节我们主要说一说文章的开头。阅读文章时，读懂文章的开头，有助于读者与作者快速建立沟通渠道。

打个比方，周末下午你想约朋友下楼玩会儿，于是你敲开他家的门，对他说："你有空吗？一起下楼玩会儿呗！"

很多文章的开头，就和你跟朋友说话的方式一样——"打开天窗说亮话"。

有一年冬天，一个王后生了个女孩儿，她有着像雪一样洁白的肌肤，脸蛋透着红润的光泽，头发乌黑发亮，大家都叫她白雪公主。

这是《白雪公主》的开头，直接介绍人们把女孩叫"白雪

公主”的原因。

这种开头方式，简洁又直接，叫“开门见山式”开头，是使用最多的一种开头方式。

如果换种表达方式约朋友下楼玩，你还可以这么说：“外面阳光明媚，花果飘香，我们一起下楼玩会儿吧！”

在你的描述中，充满了对阳光、花朵的憧憬，于是朋友爽快地接受你的邀约。

以环境描写作开头，能较好地渲染气氛，把读者带入作者营造的情境里，这叫“烘托气氛式”开头。

《卖火柴的小女孩》的开头，就让人觉得寒冷、压抑。

天冷极了，下着雪，又快黑了。这是一年的最后一夜——大年夜。在这又冷又黑的晚上，一个乖巧的小女孩，赤着脚在街上走着。

（选自三年级上册《卖火柴的小女孩》）

大年夜是家人团圆的时候，小女孩却光着脚在街上走着，你会不由自主地同情这个女孩，为她的命运感到担忧：接下来是不是要写发生在她身上的不幸的故事？

如果再换种表达方式约朋友下楼玩，你还可以这样——

“你知道吗，我刚才往楼下看，看到好多小朋友围在喷泉池边，对着池里指指点点，也不知道他们发现了什么。”朋友一听，急了：“那还不赶紧下去弄个清楚？”他拉着你的胳膊就往楼下走。

这种开头会勾起读者的好奇心，迫不及待地想知道作者在下文中到底写了什么，这叫“制造悬念式”开头。

读到这儿，你是不是对文章开头有了很多新的认识？

有的开头，单刀直入，爽快麻利；有的开头，描写环境，营造氛围；还有的开头，设置悬念，引发好奇。

作者会根据需要，选择合适的开头方式。而我们阅读时也要能破解出开头的密码，知道开头在文章中所发挥的作用。

开头的作用：

1. 开篇点题。
2. 提示文章中心。
3. 交代故事发生的背景、地点、时间、原因等。
4. 交代事件发生的环境。
5. 为下文埋下伏笔或作铺垫。
6. 设置悬念吸引读者。
7. 奠定感情基调。

剪枝的学问

王大伯是远近闻名的种桃能手，他家树上结的桃子总是那么大，那么甜。

去年冬季的一天，我满怀好奇地走进桃园。只见王大伯和几位叔叔正忙着剪枝。“咔嚓、咔嚓”，随着剪刀挥舞，一根根枝条被剪了下来。我着急地问：“王大伯，您怎么啦？干吗要把这些好好的枝条剪掉呢？”

看我一脸疑惑的样子，王大伯拿起一根剪下的枝条，笑了笑，对我说：“你别看这根枝条长得粗壮，其实它只吸收营养，不结果实。这种枝条不剪掉，到了春天就会疯长起来，把许多养分夺走。”接着，王大伯抚摸着那些留下的枝条，充满信心地说：“来年就靠它们结桃子啰！”我将信将疑：剪去这些枝条，来年真的能长出更多更大的桃子吗?

春天到了，桃花开了，王大伯的桃园红云片片。浓郁的花香引来了无数的蜜蜂，它们欢天喜地地在花间飞舞。我和小伙伴们在桃园里奔跑着，嬉戏着。看着满树的桃花，我盼望着这朵朵桃花能早日变成又大又甜的桃子。

暑假里，我又一次走进王大伯的桃园。啊，只见一棵棵桃树上挂满了桃子。桃子成熟了，一个个光鲜红润，仿佛胖娃娃的脸蛋。我又惊又喜，不禁想起王大伯去年剪枝时说的那番话，还真有道理呢！

1. 结合上文，这篇文章的开头属于（　　）。

A. 开门见山式　B. 烘托气氛式　C. 制造悬念式

2. 短文中“我”的心理发生了哪些变化？

3. 剪枝的学问是什么？它给你的生活和学习带来了什么样的启示？

参考答案

1.C

2.满怀好奇、一脸疑惑、将信将疑、又惊又喜

3.及时剪掉只吸收营养、不结果实的枝条，把养分留给结果实的枝条。在生活中，我们要分清对我们成长有利的事情，排除干扰，更好地学习。

03

不能忽略的结尾

俗话说：编筐编篓，贵在收口。

我们在阅读优秀文章时，不仅要仔细揣摩题目、开头与中间的行文方法，还要重点关注其结尾。心理学上有个词叫“峰终定律”，是指人们对体验的记忆由两个因素决定：高峰时与结束时的感觉。对一篇文章的评价也是这样，一方面受阅读过程中的“高潮”所影响，另一方面取决于对结尾的感受。

我们常见的一种结尾方式是：总结全文，揭示主旨。民间故事《田螺姑娘》的结尾就是这样的。

姑娘走后，谢瑞就用那只田螺壳装米，他惊奇地发现，田螺壳内的米总是用之不尽，每当粮食快吃完的时候，就自动填满了。人们听说了这个故事后，都说：“善良、勤劳的人都会有好报的。”

这个结尾告诉大家，“善良、勤劳的人都会有好报的”，揭示了故事的中心思想，弘扬了善良、勤劳的民族精神。

另一种常见的结尾方式是：首尾呼应，浑然一体。民间故事《猎人海力布》的结尾就是一个例子。

人们世世代代纪念海力布。据说现在还能找到那块叫“海力布”的石头呢。

（选自五年级上册《猎人海力布》）

这个结尾与题目遥相呼应，使整个故事有头有尾，结构完整，也表达了人们对海力布的怀念之情。

“升华主旨，拔高立意”也是常见的一种结尾方式。其“套路”是：在故事说完后，在结尾处用一句或几句话总结、升华，让人觉得余味悠长。例如散文《香山红叶》，作者以游香山赏红叶为线索，写了一篇清新隽永的游记。到了结尾，笔锋一转，借叶喻人，歌颂了劳动人民翻身的喜悦和越来越美好的生活。

也有人觉得没看见一片好红叶，未免美中不足。我却摘到一片更可贵的红叶，藏到我心里去。这不是一般的红叶，这是一片曾在人生中经过风吹雨打的红叶，越到老秋，越红得可爱。不用说，我指的是那位老向导。

这样的结尾，让文章的立意与格局一下子就提升了一个档次。

第四种常见的结尾方式，叫“强化情感，引发共鸣”。“感人心者，莫先乎情”，情感真挚的文章最打动人心。有些文章会在结尾强化作者的情感，以引发读者的共鸣，例如《记念刘和珍君》的结尾：

苟活者在淡红的血色中，会依稀看见微茫的希望；真的猛士，将更奋然而前行。

呜呼，我说不出话，但以此记念刘和珍君！

文章介绍了刘和珍的事迹，揭露与痛斥了反动派的残暴，倒数第二段其实也是一个很不错的结尾。但鲁迅先生意犹未尽，加了一句话（“呜呼，我说不出话，但以此记念刘和珍君！”），将心中的沉痛哀婉通过笔端传导给读者，引发读者的共鸣。这十多个字，看似漫不经心，实则雷霆万钧！

第五种常见的结尾方式叫“意犹未尽，余味悠长”。

在托尔斯泰的《穷人》中，养育了五个孩子的桑娜，因为邻居西蒙死了而收养了西蒙的两个孩子。桑娜家一贫如洗，她担心当渔夫的丈夫不同意，于是在丈夫打鱼归来时先告诉丈夫“咱们的邻居西蒙死了”；接着又告诉丈夫，西蒙的两个孩子非常可怜。丈夫听了，当即就要求桑娜去把孩子抱过来。

但桑娜坐着一动不动。

“你怎么啦？不愿意吗？你怎么啦，桑娜？”

“你瞧，他们在这里啦。”桑娜拉开了帐子。

（选自六年级上册《穷人》）

文章戛然而止，给人留下了无穷余味：丈夫会怎么说？孩子们将怎样面对桑娜的丈夫？

好想知道答案。但仔细想想，答案好像也不重要，重要的是“他们在这里啦”。

以上是常见的五种结尾方式。如果你用心阅读文章的结尾，肯定能找出其他的结尾方式。快把你喜欢的结尾方式，应用到写作中吧！

三月桃花水

是什么声音，像一串小铃铛，轻轻地走过村边？是什么光芒，像一匹明洁的丝绸，映照着蓝天？

啊，河流醒来了！三月的桃花水，舞动着绮丽的朝霞，向前流啊。有一千朵桃花，点点洒在河面，有一万个小酒窝，在水中回旋。

三月的桃花水，是春天的竖琴。

那忽大忽小的水声，应和着拖拉机的鸣响；那纤细的低语，是在和刚刚从雪被里伸出头来的麦苗谈心；那碰着岸边石块的叮当声，像是大路上车轮滚过的铃声……

三月的桃花水，是春天的明镜。

它看见燕子飞过天空，翅膀上裹着白云；它看见垂柳披上了长发，如雾如烟；它看见一群姑娘来到河边，水底立刻浮起一朵朵红莲，她们碰起了水，像抖落一片片花瓣……

啊，地上草如茵，两岸柳如眉，三月桃花水，叫人多沉醉。

（选自四年级下册《三月桃花水》，作者：刘湛秋）

1. 作者把三月桃花水想象成__________、__________，还想象成__________和__________。

2. 短文结尾采用了什么样的结尾方式？

____

____

参考答案

1. 小铃铛、丝绸、竖琴、明镜

2. 总结全文，揭示主旨。

04

衔接或转折的中间段

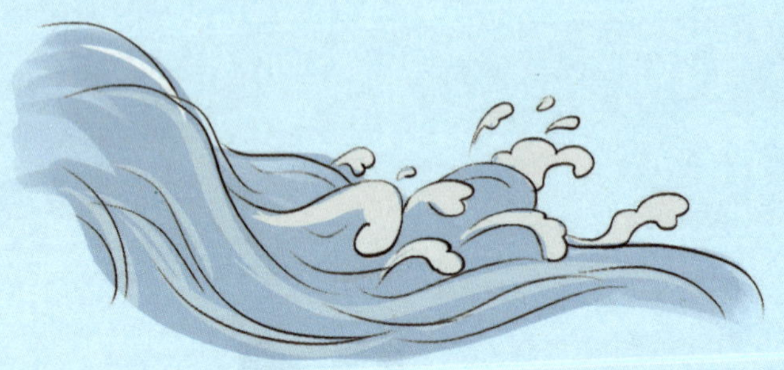

在神话故事《女娲补天》里，作者在描述完天崩地裂、世界陷入混乱恐怖之后，紧接着来了一句——

女娲看到这情景，难过极了，决心把天和地修补起来，让人类重新过上幸福的生活。

（选自四年级上册《女娲补天》）

过渡，就是运用恰当的词语、句子或段落，把上下文关联起来，在文中起到承上启下的作用。如果缺少它们，上下文之间就像隔了一条河，意思也连不起来。

你能根据这句话，猜一猜前面和后面的故事情节吗？

前半句写“女娲看到这情景，难过极了”，因此前文讲的自然就是女娲看到的情景。

原来，水神共工和火神祝融打了一架，他们可不是像同学们那样“小打小闹”。他们一开打就把撑着天的不周山给撞断了，天破了个大窟窿，地也裂开了一道道深沟，洪水泛滥，野兽横行，民不聊生。

那这句话的后面又写了什么呢？根据句子里的提示，我们可以猜到，后面写的是女娲补天的情景。

女娲找来五色石，炼成黏稠的石浆，把天上的大窟窿修补好，又杀了一只大乌龟，斩下它的四条腿，撑住天空。接着，她杀死了残害人们的野兽，把芦苇烧成灰，堵住了喷涌洪水的

地缝。

这样说来，故事中的这句话就像一座桥梁，把前文和后文连接起来，使整个故事变得更加连贯。这样的语句叫过渡句，在文中起过渡作用。

有些中间段，不仅使上下文的联系更紧密，还能使故事情节变得一波三折，故事更加生动，人物形象也更加丰满。

在希腊神话《普罗米修斯盗火》中，普罗米修斯不忍看人类过着没有火的生活，从太阳车上拿了一颗火星，带到了人间。从此，人类过上了有火的生活。

按照常理，接下来可以写一写人类感谢普罗米修斯的画面。可是故事情节急转直下，下面写的是宙斯气急败坏，狠狠地惩罚了普罗米修斯。

得知普罗米修斯从天上取走火种的消息，众神的领袖宙斯气急败坏，决定给普罗米修斯以最严厉的惩罚，吩咐火神立即执行。

（选自四年级上册《普罗米修斯》）

这个中间段，使原本平淡的故事情节有了起伏，普罗米修斯的命运牵扯着读者的心，也让读者充分感受到普罗米修斯一心为民造福、甘愿忍受痛苦的可贵品质。

狗熊

你见过狗熊吗？它长得可好玩了。你看它，膀大腰圆，身上长满了黑色的毛，又密又长。狗熊走起路来毛和肉一起颤动，胖得实在滑稽。它的脑袋像一个大绒球，不过上面却长着尖尖的耳朵、小小的鼻子和一对水晶球似的小眼睛。更有趣的是，它那条毛茸茸的小尾巴，在它身上摆来摆去，与它肥胖的身体实在不相称。

听爷爷说，狗熊原来也有一条非常漂亮的大尾巴。因为它听了狐狸“尾巴能钓鱼”的鬼话，冬天到河边用尾巴去钓鱼，

被冻在河里，猛一起身，尾巴挣断了。从此，它只剩下一条小尾巴了。多笨的狗熊呀！

狗熊还又馋又懒。有一次，爸爸带我到动物园去玩。我_______进园，_________拿着买好的面包向养狗熊的地方跑去。我特别喜欢看狗熊敬礼，不过，让它敬礼可不是那么容易的，___________你给它吃的，它_____会给你敬一个。为了逗它，我先喊："大狗熊敬个礼！"喊了几遍它也不肯给我敬礼，还摆出一副高傲的姿态。可是当我拿出面包时，它的眼睛立刻紧紧地盯上了面包，看上去都快要流口水了。这时我挥舞着面包叫它给我敬礼，它才慢慢地举起前爪往头前一摆，就算敬过礼了，逗得大家直笑。等它吃完面包以后，我再叫它敬礼，它又不理我了。

你说，它哪里笨呀！

1. 把下面两组关联词填入文中的横线上。

只有……才……　　　　　　一……就……

2. 短文从哪几个方面写狗熊“长得可好玩了”？

____

____

3. “狗熊还又馋又懒”这句话在文中起了什么作用？

____

____

参考答案

1. 一……就……　只有……才……

2. 短文从狗熊的脸、腰、毛、体态、脑袋、耳朵、鼻子、眼睛、尾巴等方面来写。

3. “狗熊还又馋又懒”一句在文中起到了承上启下的作用。

05

比喻，让句子光彩夺目

蘑菇是

寂寞的小亭子。

只有雨天

青蛙才来躲雨。

晴天青蛙走了，

亭子里冷冷清清。

——林良《蘑菇》

这是一首很别致的小诗，把“蘑菇”比作“小亭子”，真的非常生动形象！

因为有了恰当的比喻，句子一下就变得“光彩夺目”。

比喻，一般由本体、喻体、比喻词组成。本体，是被比喻的事物。喻体，是比作的事物。比喻词是表明本体和喻体之间关系的词语，好像、似的、仿佛、如同、宛如等，都是比喻词。

比喻的形式，通常分为明喻、暗喻和借喻。

明喻，顾名思义，就是很明显的比喻，一般都有“仿佛”“像”“如同”之类的比喻提示语。

我忽然觉得自己仿佛就是一朵荷花，穿着雪白的衣裳，站在阳光里。

（选自三年级下册《荷花》）

句中的“仿佛”是比喻词，作者把自己比作一朵白荷，可见荷花池的景象多么美，“我”看得多么陶醉。

秋天，枣树上挂满了红枣，风儿一吹，轻轻摆动，如同无数颗飘香的玛瑙，晃来晃去，看着就让人眼馋。

句中的“如同”是比喻词，作者把红枣比作飘香的玛瑙，

带有比喻词的句子并不一定都是比喻句，我们在学习时要特别注意识别几种假比喻句。有的句子只是表示比较，如：他长得像他哥哥。有的句子表示推测、揣度，如：他刚才好像出去了。有的句子表示列举，如：这次考试很多同学进步很大，像张宇、李坤等。还有的句子表示想象，如：闭上眼睛，我就好像看见了满树的桃子。

让我们仿佛看到了成熟的红枣，闻到了随风飘荡的甜香。

暗喻是一种“乔装”了的比喻。

为什么说暗喻是“乔装”后的比喻呢？因为它的比喻词发生了变化。

暗喻中本体、喻体都会出现，但比喻词却变成“是”“变为”“成了”等。乍一看，你可能会被蒙蔽；但把句子读上两三遍，你就能发现其中的蹊跷。

就算它乔装打扮了一番，句子里依然有不是同一类事物的本体、喻体，还有另外一种比喻词，自然就可以断定它是比喻句了。

开头那首小诗《蘑菇》里的“蘑菇是寂寞的小亭子”，就是一个使用了暗喻的语句。句中的“蘑菇”是本体，“小亭子”是喻体，“是”是比喻词。

还有一种比喻，叫借喻。这种比喻形式迷惑性很强，因为本体、喻体都不在句子里出现。

在一定的情境中，本体、喻体非常像，于是就以比喻的事物代指被比喻的事物。

如“忽如一夜春风来，千树万树梨花开”“乱石穿空，惊涛拍岸，卷起千堆雪”。前一句中的“梨花”喻的是雪，后一句中的“千堆雪”喻的是浪花。

美丽的鄱阳湖

位于江西省的鄱阳湖，是我国最大的淡水湖。它像一颗巨大的绿宝石点缀在祖国母亲金色的腰带——长江上。它令人向往，令人赞美。

鄱阳湖令人陶醉的是它的美丽多姿。风平浪静的时候，鄱阳湖就像一面大镜子，湖边的青山倒映在湖中，不正是仙女在梳洗打扮吗？微风吹过湖面的时候，碧波荡漾，在金色阳光的照射下，波光粼粼，叫人心旷神怡。当湖面狂风大作的时候，几百里的湖面白浪滔滔，汹涌澎湃，风声水声响成一片，就像那千军万马在冲锋陷阵……鄱阳湖无论什么时候，都会使人产生遐想，兴奋不已。

鄱阳湖不仅美丽多姿，还有丰盛的水产。这里的水产名目繁多，有味道鲜美的青鱼、鳊鱼，有披盔戴甲的龙虾、螃蟹，还有闻名全国的红眼银鱼……每年秋冬湖水下退的时候，鄱阳湖到处是一片繁忙的景象。一艘艘机帆船“嘟，嘟，嘟……”穿梭往来，一网网鱼虾装满了舱，大大小小的鱼儿在舱内乱跳乱撞……这是一幅多么美妙的“鱼乐图”啊！

啊，鄱阳湖，人们喜爱你的美丽多姿，人们赞美你的物产丰富！

1. 根据文章内容判断，对的打“√”，错的打“×”。

（1）“风平浪静的时候，鄱阳湖就像一面大镜子。”这句话运用了比喻的修辞手法，表现出鄱阳湖没有风时的景色。

（　　）

（2）“湖边的青山倒映在湖中，不正是仙女在梳洗打扮吗？”这句话运用了比喻和反问的修辞手法来写鄱阳湖的静。

（　　）

2. 文章结尾具有什么作用？表达了作者什么样的情感？

参考答案

（1）√　×

（2）总结全文，升华主旨。表达了作者对鄱阳湖的喜爱与赞美。

06

拟人，激起情感上的共鸣

很多小朋友喜欢童话故事，是因为童话王国的花花草草、小动物，甚至风、云等，都和人一样，特别好玩儿。

像安徒生笔下的丑小鸭、小美人鱼，《格林童话里》的青蛙王子……这些童话形象都和人一样，有人的情感，能像人一样思考、讲话、活动。

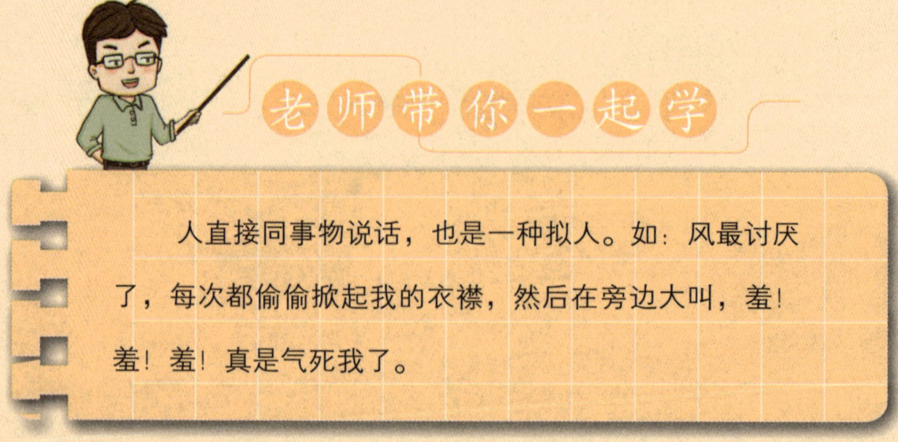

这样把物当成人来写，赋予它人的能力，使它有人的思想和情感，就是拟人。拟人和比喻一样，是最常见的一种修辞手法。巧妙地运用拟人手法，描写的事物就会生动、活泼。

有生命的事物，可以拟人；无生命的事物，也可以拟人。

春姑娘、风伯伯、雪娃娃等，这些无生命的事物，拟人化后，一样会开怀大笑、愁容满面，也会经不住诱惑，然后在挫折中慢慢成长。

在读这样的故事时，我们会有读自己的成长故事的感觉，更容易理解主人公的举动，也更容易产生情感上的共鸣。

“小白兔，小白兔！你在哪里？”雪孩子冲进屋里，冒着呛人的烟、烫人的火，找哇找哇，终于找到了小白兔。他连

忙把小白兔抱起来，跑到屋外。

（选自二年级上册《雪孩子》）

那些抽象的概念，同样可以拟人。

朱自清先生在《匆匆》中就使用了拟人的手法来写时光。

太阳他有脚啊，轻轻悄悄地挪移了；我也茫茫然跟着旋转。于是——洗手的时候，日子从水盆里过去；吃饭的时候，日子从饭碗里过去；默默时，便从凝然的双眼前过去；我觉察他去得匆匆了，伸出手遮挽时，他又从遮挽着的手边过去；天黑时，我躺在床上，他便伶伶俐俐地从我身上跨过，从我脚边飞走了……

（选自六年级下册《匆匆》）

作者把时间拟人化，通过生活中的多个场景、事件刻画出时间匆匆不可挽留。读者读到这样的文字，能感同身受地体会作者内心的焦急。

有些同学分不清什么是比喻，什么是拟人。例如——

小鸟站在枝头歌唱。

小鸟像歌唱家一样，站在枝头歌唱。

这两句话长得很像，但使用的修辞手法不一样。第一句中的“小鸟”和人一样在歌唱，所以是拟人句。第二句是把“小鸟”比作“歌唱家”，所以是比喻句。

比喻、拟人都是非常重要的修辞手法。它们能使文章更加生动，留给人的印象也更深刻。

寻找理想的小田鼠

杰克和吉米是两只小田鼠，它们都有着自己伟大的理想和（报 抱）负。

“我要走遍全世界，去欣赏最美丽的风景，过一种惬意的生活。”杰克说。“我只想拥有一个很大的农场，在那儿种满庄稼。”吉米说道。可是怎样才能实现这些理想呢？这可难住了两只小田鼠。“要不，我们去找智慧老人吧，我想他一定有办法帮助我们。”杰克（题 提）议道。

于是，它们翻山越岭，走了很多路，终于找到了传说中的智慧老人。它们向智慧老人说明了来（义 意），老人并没有说什么，只是分别给了它们一粒种子，并说：“你们谁能找到保存这粒种子的最好方法，谁就能找到实现理想的途径。”说完就消失了。

几年以后，智慧老人找到两只小田鼠，问它们种子的情况。杰克摸出了随身携带的一个衬着丝绒的锦盒，递给智慧老人：“我把种子放在锦盒里，每天拿出来看好几次，不让它受到任何损害。”智慧老人摇着头，向吉米走去。

只见吉米摸了摸头上的汗水，指着庄稼地，兴奋地对智慧老人说："我把种子种到了地里，每天浇水、施肥，这样，每年都可以得到很多同样的种子。"

智慧老人捋着长长的胡（须 需）高兴地说："好孩子，你已经找到了实现理想的途径！"杰克不解地问："可是，我把种子保存得最好，为什么我却没找到呢？"智慧老人笑了："孩子，理想就像这粒种子，你整天守着它，而不去行动，总有一天它会变坏的。"

1. 在前面短文中括号里正确的字上打“√”。

2. 杰克和吉米的理想各是什么？找出相应的句子，并在句子下面画“____”。

3. 本文描写杰克和吉米用了哪种写作手法？

参考答案

1. 抱　提　意　须

2. 杰克的理想是：我要走遍全世界……过一种惬意的生活。
   吉米的理想是：我只想拥有一个……种满庄稼。

3. 拟人

07

夸张，白发有一万米吗

小明参加完运动会回家，一进门就猛喝水。他妈妈说：“你怎么那么渴啊？”小明回答：“妈妈，我跑完步，喉咙都冒烟了！”

妈妈会心一笑。

小明用夸张的手法，告诉妈妈自己不是一般地渴。

夸张也是一种比较常见的修辞，通过放大或缩小事物的特点，能够突出事物的本质，或加强作者的某种感情，起到强调语气、烘托气氛的作用。

夸张通常可分三种形式，扩大式夸张、缩小式夸张和超前夸张。

扩大式夸张是故意把客观事物说得大、多、高、强、深。唐朝诗人李白，他的很多诗句就运用了这种夸张手法。

白发三千丈，缘愁似个长。

——李白《秋浦歌十七首》

飞流直下三千尺，疑是银河落九天。

——李白《望庐山瀑布》

桃花潭水深千尺，不及汪伦送我情。

——李白《赠汪伦》

白发有三千丈长？庐山瀑布有三千尺高？潭水有千尺深？

——当然没有（尽管唐代的一尺只有二十多厘米）。但这样夸张一下，能将作者的感情宣泄得更淋漓尽致。同时，“三千丈”更能让读者感受到作者心中的绵延忧愁，“三千尺”更能让读者领略到庐山瀑布的雄奇壮丽，“千尺”更能让读者体会到李白与汪伦之间的深情厚谊。

在《皇帝的新装》里，为了突出皇帝喜欢穿新衣服，作者运用了夸张手法：

他每天每个钟头要换一套新衣服。人们提到他，总是说："皇上在更衣室里。"

皇帝总是在更衣室，不是在更衣室换新衣服，就是在去更衣室的路上。这就是一种扩大式夸张，夸大皇帝爱穿新衣服的特点，来体现皇帝的不务正业。

在读到夸张句时，我们还要注意，别把吹牛的话当成夸张。

老鼠们聚在一起，一只老鼠说："我家里养了一只宠物猫。"另外一只老鼠不甘示弱，神气地说："我拿老鼠药当糖吃。"这是吹牛。

小明回老家，来到爷爷的庄稼地里，看见金黄的麦穗，把麦苗的腰都压弯了。小明说："我闻到了白面馒头的味道。"

爷爷听了，直夸小明会说话。这是夸张。

故意往“大”里夸算夸张，刻意往小、少、低、弱、浅里夸，也属于夸张。我们可以称之为缩小式夸张。举个例子——

她现在只有十英寸高，这样的大小正好能进小门；想到可以进那个漂亮的花园了，她的脸变得容光焕发。不过且慢，她先得等几分钟，看看自己是不是还在缩小，对此她有些不安。

你知道她是谁吗？对，她就是爱丽丝。爱丽丝掉进了兔子洞，掉啊，掉啊，摔在了一堆树枝和落叶上面。然后，她又跟着白兔来到一个长长的、矮矮的门厅里。她打开门，发现了一个漂亮的花园，可惜她进不去。然后她发现了一个小瓶子，把小瓶子里的东西喝完，她的身体就开始变小。

读到这儿，你不得不惊叹于作者奇特的想象力，也对即将发生在爱丽丝身上的故事产生了好奇，这就是缩小式夸张的好处。

还有一种比较有意思的夸张方式，叫超前夸张，即在时间上把后出现的事物提前一步。例如小明的作文里有这么一句话：

看到试卷上分数的那一刻，我的屁股已经开始隐隐作痛了。我知道，回家免不了挨一顿揍。

看到分数，屁股就痛了，“我”这是把回家后发生的事提前了，让我们感受到“我”拿到试卷后，内心的紧张、害怕。

我们前面说了这么多夸张句，这里我们还要特别强调的是，夸张句不是随意添加，而是要联系前后文，思考句子的表达效果，是要强调事物特点，还是要表达情感，抑或是引起读者的想象。

生活的镜头

生活是丰富多彩的，就像一个个小镜头。我热爱生活，也热爱那一个个小镜头，它们使我受到教育。然而，我最喜爱图书馆里那一个个小镜头。

清晨，图书馆的大门敞开了，各种各样的人便争先恐后地涌进了图书馆。紧接着都各自盯上了自己的目标，小心翼翼地取下书，极温柔地抚摸着，就像抚摸着孩子光滑的脸蛋。

不一会儿，图书馆里恢复了宁静，连针掉在地上的声音都听得到。人们完全沉醉在书的海洋里。

一个戴眼镜的小伙子，一边看着，一边伏案疾书，有时还停下来皱紧眉头想想什么，不时地扶扶那滑落在鼻梁上的眼镜；一位留披肩发的姑娘，顾不得去整理那散乱的长发，只是用大眼睛在书上贪婪地扫着，不时地甩一下那束垂到额前的头发；一位头发花白的老人，鼻梁上架着老花镜，眯着眼睛，把书拿得远远的，显得很费力，但仍旧舍不得把书放下；几个孩子趴在桌子上，用手指着，一个字一个字念着，很吃力，却很专注……

我悄悄地离开图书馆。但这生活中的小镜头却怎么也忘不了。它好像在告诉我什么，到底是什么呢……

1. 文中第三段“不一会儿，图书馆里恢复了宁静，连针掉在地上的声音都听得到”这句话采用了哪种修辞手法?

2. 你知道哪些采用了夸张修辞手法的诗句，试着写写看。

参考答案

1. 夸张

2. 三万里河东入海，五千仞岳上摩天。

五岭逶迤腾细浪，乌蒙磅礴走泥丸。

08

还要再说一些修辞（一）

比喻、拟人、夸张依次和大家见了面，排比、反问、设问不高兴了。它们很不服气：我们也都是“有头有脸”的修辞手法，怎么连露个脸的机会都没有？其实是它们太着急了，这就邀请它们隆重登场。

我们先说一说“排比”。

排比至少有“三节”，因为必须是三个或三个以上相同或相似的短语（句子）排列在一起，才能叫“排比”或“排比句”。

排比句里的小分句相同或相似，读起来朗朗上口，可以增强气势，也更容易表达作者的情感。

你玩过肥皂泡对不对？如果要你写肥皂泡，你会怎么写？

先别往下看，用笔写出你心目中的“肥皂泡”。

____

____

然后，我们再看冰心奶奶在《肥皂泡》里是如何描写的：

那一个个轻清脆丽的小球，像一串美丽的梦，是我们自己小心地轻轻吹起的，吹了起来，又轻轻地飞起，是那么圆满，那么自由，那么透明，那么美丽。

（选自三年级下册《肥皂泡》）

对比一下，是不是冰心奶奶笔下的肥皂泡更加轻盈、圆满、透明和美丽？你注意到其中的排比修辞手法了吗？

现在，你再试着用排比修辞手法，写春天的园子。

写完后，看看萧红在《呼兰河传》里是如何描写的：

花开了，就像睡醒了似的。鸟飞了，就像在天上逛似的。虫子叫了，就像在说话似的。

（选自五年级下册《祖父的园子》）

你看，萧红用排比的方式写出园子里的自由自在，想睡就睡，想说话就说话，想怎样就怎样。她对花、鸟、虫的描写，都包含了“我”对自由的向往。

接下来我们聊一聊反问与设问两兄弟。

反问有点霸道，是用问句来表达观点，答案就隐藏在问句之中，并不需要对方回答。举个例子：

《呼兰河传》

萧红的长篇小说，作者以自己的童年生活为线索，把孤独的童年故事串联起来，形象地反映出呼兰这座小城当年的社会风貌、人情百态。

结，是解不完的；人生中的问题也是解不完的，不然，岂不太平淡无味了么？

（选自六年级上册《丁香结》）

以上是宗璞的《丁香结》的结尾，意思是：结，是解不完的；人生中的问题也是解不完的，不然，就太平淡无味了。

用反问的形式说出自己乐观豁达的人生态度，语气强烈，也会给读者带来一些启示。

设问有点可爱，总是先提出一个问题，随即说出答案，也就是“自问自答”。

朋友，春天在哪里？当你春游的时候，记住“只拣儿童多处行”，是永远不会找不到春天的！

以上是冰心在《只拣儿童多处行》中的结尾。她先问春天在哪里，然后回答，说在儿童多的地方就能找到春天，让我们感受到儿童如春天一般充满生机和活力。

反问会让你感受到作者肯定或否定的态度，语气较为强烈；而设问不表示肯定或否定，只是提出问题，然后给出答案。

那这俩兄弟，谁的段位更高？

其实，不管是哪一种修辞手法，都可以使文章更加形象、生动，更容易让人感受到作者要表达的情感，也能给读者留下深刻的印象。

难道不是吗？

——你看，我在结尾处就用上这两兄弟了！

荷花（节选）

走近荷花池，首先映入眼帘的是一望无际的荷叶，像绿色的海洋。有的荷叶才只冒出一点儿嫩尖，可爱极了；有的已经长成手掌般大了，高高挺立，微风吹来，随风摇曳；有的已经长成“大玉盘”了，生机勃勃。一片片荷叶挨挨挤挤，好像是一群兄弟姐妹，心连着心，亲密无间。这时，吹来一阵风，“绿的海洋”霎时间波涛起伏，荷叶一片连着一片翻腾着，美丽极了。风停了，这片海洋又平静下来。叶面上的水珠儿滴溜溜地滚动着，像一颗颗晶莹剔透的珍珠。真是“一阵风来碧浪翻，珍珠零落难收拾”。

再细看。荷花千姿百态，十分美丽。有的才只有一个青里泛白的花苞，好像娇羞欲语的少女；有的只开了一半，一些花瓣儿散下去，另一些簇拥在花蕊旁，有如一位衣衫未整的美人；有的全开了，像一个个身着洁白衣裳的姑娘在翩翩起舞。还有些花瓣儿都掉光了的，露出碧绿碧绿的莲蓬，莲蓬上面的小孔，似乎一张张小嘴巴，正放开喉咙大喊着：“我成熟了,快来摘啊！”荷花散发出清新淡雅的芬芳，引来花蝶飞舞，令人赏心悦目。而那调皮的蜻蜓,扇动着翅膀,从这朵花飞到那朵花上，与荷花快乐地嬉戏着。我陶醉了，觉得眼前的荷花是一位位风姿绰约的仙子在翩翩起舞。

1. 从文中找出一个排比句，在下面画“____”

2. 将文中画“～～～”的句子改为反问句。

参考答案

1. 有的荷叶才只冒出一点儿嫩尖……生机勃勃。

2. 叶面上的水珠，滴溜溜地滚动着，难道不像一颗颗晶莹剔透的珍珠吗？

09

还要再说一些修辞（二）

前面我们讲了排比、反问与设问。这里我们还需要说一说对比和反复。

你或许听说过这句话：没有对比就没有伤害。

如果没有听说过，你肯定经历过。你妈妈是不是喜欢拿“别人家的孩子”来教育你？本来你自我感觉良好，结果被你妈妈用“别人家的孩子”一番对比，你一下子就感觉心虚了。这，就是对比的作用。

对比就是把两个事物或人放在一起加以比较，或者将事物或人的前后变化放在一起比较，用来突出作者想要表达的意思。如：

（1）花生的好处很多，有一样最可贵：它的果实埋在地里，不像桃子、石榴、苹果那样，把鲜红嫩绿的果实高高地挂在枝

头上，使人一见就生爱慕之心。

（选自五年级上册《落花生》）

（2）有的人活着，他已经死了；有的人死了，他还活着。

（选自六年级上册《有的人——纪念鲁迅有感》）

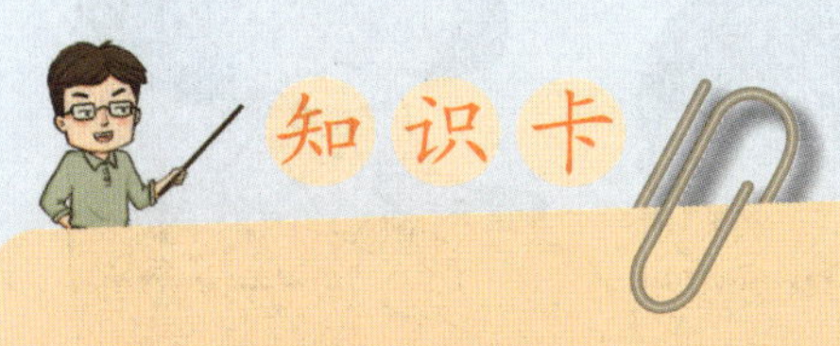

《有的人》

这是臧克家在纪念鲁迅先生逝世十三周年时写的一首诗。整首诗使用了对比手法，赞扬鲁迅及无数像鲁迅一样无私奉献的人。

看到了吗？没有对比就没有伤害，但是，在伤害的同时，也有突出。例子里的第一段，通过对比，有力突出了花生默默无闻、不慕虚荣的特点。第二段是拿反动派与鲁迅及像鲁迅一样的人进行对比，无情鞭挞了反动派，有力突出了鲁迅及像鲁迅一样的人。

“对比”这家伙，总是喜欢拿个尺子，这里量量，那里比比。而“反复”这家伙更有趣，他有点“啰唆”。

阅读时，你感觉刚刚看过这句话，它就又出现在你的眼皮底下；刚分开没一会儿，又一次看见了它，好像哪儿都有它。这种多次出现在你视线里的语句，就是反复。

其实你很小的时候，就认识反复了。只不过那时你还不知道那就是反复。很多儿歌中都有反复，反复使儿歌结构整齐，便于朗读，也可以突出儿歌的主题。

我的好妈妈，
下班回到家，
工作了一天，
多么辛苦啊，
妈妈妈妈快坐下，
妈妈妈妈快坐下，
请喝一杯茶，
让我亲亲你吧，
我的好妈妈。

听过这首儿歌吧？唱过这首儿歌吧？它的传唱程度可不亚于《世上只有妈妈好》。儿歌中的“妈妈”，写出了

孩子对妈妈的依恋，每句都能感受到孩子渴盼妈妈早点回家的心情。反复吟唱儿歌的过程中，也就在小朋友的心里种下了感恩父母、尊敬长辈的种子。

不仅儿歌中有反复，童话故事里也会使用反复手法。

《猴子种果树》的故事你还记得吗？

那个心急的小猴子先种了梨树，听说杏树结果早，就拔掉了梨树，改种杏树。又听说桃子结果早，就拔掉了杏树，改种桃树。然后听说樱桃结果早，就拔掉了桃树，改种樱桃树。可是“樱桃好吃树难栽”，它连着种了好几年，樱桃树都没成活。

小猴子拔掉已种的果树，改种另一种果树，在整个童话故事里就是一种反复结构，而小猴子没有耐心的特点也在反复中形象地表现出来了。

阅读中，经常见到的修辞手法可都和你们介绍了，以后再碰见它们，你可不能再装作不认识它们哦！如果你能联系文章内容，说出它们的妙处，就说明你的理解能力有进步。

桂林山水

人们都说："桂林山水甲天下。"我们乘着木船荡漾在漓江上，来观赏桂林的山水。

我看见过波澜壮阔的大海，观赏过水平如镜的西湖，却从没看见过漓江这样的水。漓江的水真静啊，静得让你感觉不到它在流动；漓江的水真清啊，清得可以看见江底的沙石；漓江的水真绿啊，绿得仿佛那是一块无瑕的翡翠。船桨激起微波，扩散出一道道水纹，才让你感觉到，船在前进，岸在后移。

我攀登过峰峦雄伟的泰山，游览过红叶似火的香山，却从

没看见过桂林这一带的山。桂林的山真奇啊，一座座拔地而起，各不相连，像老人，像巨象，像骆驼，奇峰罗列，形态万千；桂林的山真秀啊，像翠绿的屏障，像新生的竹笋，色彩明丽，倒映水中；桂林的山真险啊，危峰兀立，怪石嶙峋，好像一不小心就会栽倒下来。

这样的山围绕着这样的水，这样的水倒映着这样的山，再加上空中云雾迷蒙，山间绿树红花，江上竹筏小舟，让你感到像是走进了连绵不断的画卷，真是“舟行碧波上，人在画中游”。

——陈淼

1. 作者把漓江的水与________、________进行对比，表现出漓江的水________、________、________的特点。

2. 文中画横线的句子使用了________、________ 的修辞手法，表现了桂林的山________、________、________的特点。

参考答案

1. 波澜壮阔的大海　水平如镜的西湖　静　清　绿

2. 排比　比喻　奇　秀　险

10

外貌、心理与动作

你能猜出他们是谁吗?

（1）身穿金甲亮堂堂，头戴金冠光映映。手举金箍棒一根，足踏云鞋皆相称。一双怪眼似明星，两耳过肩查又硬。

（2）身长八尺，面如冠玉，头戴纶巾，身披鹤氅，飘飘然有神仙之概。

（选自五年级下册《语文园地》）

同学们应该猜到了。第一句写的是齐天大圣孙悟空，第二句写的是上知天文下识地理的诸葛亮。

这两句话都是抓住人物的外貌特点进行描写的。身穿金甲、头戴金冠、足踏云鞋、火眼金睛，这些是孙悟空的外貌特征。而身长八尺、面如冠玉，还有纶巾和鹤氅，一读就知道是诸葛亮。

精彩的外貌描写，可以使人们对所塑造的人物形象印象更加深刻。

外貌描写就是把这个人的大致样子写出来，长相、身材、打扮、仪态等都属于外貌。外貌描写以“形”传“神”，通过外貌来反映人物的内心世界。

常见的人物描写方法，除了外貌描写，还有动作描写、语言描写、心理描写。

动作描写是对人的行为、动作、举止进行描写，以此来表现人物的性格特征。

其间有一个十一二岁的少年，项带银圈，手捏一柄钢叉，向一匹猹尽力的刺去。

（选自六年级上册《少年闰土》）

这句话里“捏”“刺”写出了少年闰土动作轻巧、身手敏捷的特点。

语言描写，就是人物所说的话，可以是他与别人的对话，也可以是他的内心独白。不管是哪种形式，都是人物内心世界的一种折射，可以体现人物的思想。

“我回去时，须吃他耻笑，不是好汉，难以转去。”

（选自五年级下册《景阳冈》）

武松读了榜文，知道景阳冈上真的有虎，酒店主人并没有欺骗他。从武松的话里，我们可以看出武松自尊心极强，爱面子。

心理描写，是稍微“高级”一些的描写方法，是对人物思想活动的描写，直接深入人物的内心，能反映出人物的本质特征。

如六年级下册的《骑鹅旅行记（节选）》里有对尼尔斯的心理描写：

“如果这只大雄鹅飞走，可是一个很大的损失，”他想，“父母从教堂回来时，发现雄鹅不见了，他们会伤心的。”

从这里的心理描写可以看出，尼尔斯虽然淘气，但他很爱自己的父母。

为了使人物形象更加丰满、立体，作者还会进行一些侧面描写。

每一面墙刷完，他搜索一遍，居然连一个芝麻大小的粉点也没发现。他真觉得这身黑色的衣服有种神圣不可侵犯的威严。

（选自五年级下册《刷子李》）

这里的“他”指的是刷子李的徒弟曹小三，他不相信刷子李刷墙一滴粉浆都不掉在身上。可他目光搜索刷子李全身，都没发现粉点。对曹小三这个旁观者的描写，恰恰说明了刷子李的刷墙技艺名不虚传。

此外，在描写人物时还可以通过环境描写来衬托人物的特点。对自然环境的描写，或是对社会环境的描写，都可以进一步塑造人物形象，使人物形象有血有肉，性格更加鲜明。

妞儿

妞儿，我第一次是在油盐店里看见她的。那天她两只手端了两个碗，拿了一大枚，又买酱，又买醋，又买葱，伙计还逗着说："妞儿，唱一段才许你走！"妞儿眼里含着泪，手摇晃着，醋都要洒了，我有种说不出的气恼，一下蹿到妞儿身旁，叉着腰问他们：

"凭什么？"

就这样，我认识了妞儿。

妞儿只有一条辫子，又黄又短，像妈在土地庙给我买的小狗的尾巴。第二次看见妞儿，是我在井窝子旁边看人打水。她过来了，一声不响地站在我身边，我们俩相对着笑了笑，不知道说什么好。等一会儿，我就忍不住去摸她那条小黄辫子了，她又向我笑了笑，指着后面，低低的声音说："你就住在那条胡同里？"

"嗯。"我说。

"第几个门？"

我伸出手指头来算了算："一，二，三，四，第四个门。到我们家来玩儿。"

她摇摇头说："你们胡同里有疯子，妈不叫我去。"

"怕什么，她又不吃人。"

她仍然是笑着摇摇头。

妞儿一笑，眼底下鼻子两边的肉就会有两个小窝，很好看，可是宋妈竟跟油盐店的掌柜说："这孩子长得俊倒是俊，就是有点薄，眼睛太透亮了，老像水汪着，你看，眼底下有两个泪坑儿。"

我心里可是有说不出的喜欢她，喜欢她那么温和，不像我一急宋妈就骂我的："又跳？又跳？小暴雷。"那天她跟我在井窝子边站了一会儿，就小声地说："我要回去了，我爹等着我吊嗓子。赶明儿见！"

（作者：林海音）

1. 用“____”画出描写妞儿外貌的句子。

2. 根据妞儿的语言和行为，猜一猜妞儿是干什么的，写出理由。

3. 选择你身边的一个伙伴，仿照文中的写法，写一写他（她）的外貌。

参考答案

1.妞儿只有一条辫子，又黄又短，像奶奶在土地庙给我买的小狗的尾巴。妞儿一笑，眼底下鼻子两边的肉就会有两个小窝。

2.唱戏的。理由是，本段最后一句话："我要回去了，我爹等着我吊嗓子。赶明儿见！"

3.略

11

“动”“静”的不同组合方式

你喜欢“动”还是喜欢“静”？如果你活泼好动，爸爸妈妈是不是会说：“你怎么像只猴子，一刻都不能安静。”如果你偏文静内向，爸爸妈妈是不是又会说：“你不要一坐就是半天，也要动一动呀！”可能爸爸妈妈想要一个“动静平衡”的孩子吧！

其实，作家在描写景物时，也会注意到“动”“静”的平衡，既有对景物的动态描写，也有对景物的静态描写。

有的文章采用动静结合的方式，把描写对象的不同面呈现给读者，充分体现描写对象的独特魅力。

巴金先生在《鸟的天堂》里分别描写了傍晚静态的大榕树和早晨大榕树上群鸟活动的动态景象，来表现自己对自然和生命的热爱与赞美。

《威尼斯的小艇》也是如此，通过描写威尼斯的动态美和静态美，突出小艇这个交通工具给威尼斯人们的生活带来的情趣，也充分表现了这座水上城市的无穷魅力。

除了把动态、静态结合起来描写，还可以通过描写动态来衬托静态，突显描写对象的静谧。

像《牧场之国》，作者描写了动物们活动时的悠然自得，人们挤奶、运奶时的平和从容，而这些都是为了体现荷兰的宁静之美。

荷兰牧场里的牛犊、老牛吃草时都很专注，因为这里没有争吵，没有吆喝，也没有哄抢。文中虽没有出现“安静”一词，但我们还是能从字里行间感受到荷兰牧场的安静、祥和。

很多诗句也都会这样描写景物。诗句“人闲桂花落，夜静春山空”就是以动衬静的写法，以“花落”的动态来表现春山幽静的月夜景色。

还有的作者把静态的景物当成动态的来描写，把原本静止不动的景物写活了，写灵动了。

还记得叶圣陶的《荷花》吗？

文中有这样一句话：“白荷花在这些大圆盘之间冒出来。”一个“冒”字，写出了白荷花不是长出来的，也不是露出来的，而是充满生命力地“冒”出来的，这就把静态的荷花写“动”了，也写“活”了。

王安石在《书湖阴先生壁》里也把静态的景物当成动态的来写。诗句“两山排闼送青来”中，一个“送”字，把静止的青山写成如人一样推门而进。

不管是“动”“静”结合，还是以“动”衬“静”，或化“静”为“动”，都是为了更好地表现景物的特点，值得我们好好品味。

草原八月末（节选）

朋友们总说，草原上最好的季节是七八月。一望无际的碧草如毡如毯，上面盛开着数不清的五彩缤纷的花朵，如繁星在天，如落英在水，风过时草浪轻翻，花光闪烁，那景色是何等迷人。但是不巧，我总是错过，今年上草原时，又是八月之末了。

从围场县出发，翻过山，穿过茫茫林海，过一界河，刚才在山下沟谷中所感受的峰回路转和在林海里感觉到的绿浪滔天，一下都被甩到另一个世界上，天地顿然开阔得好像连自己的五脏六腑也不复存在。

车子在缓缓地滑行，除了车轮与草的摩擦声，便什么也听不到了。我们像闯入了一个外星世界，这里只有颜色没有声音。草一丝不动，因此你也无法联想到风的运动。停车下地，放眼尽量地望，细细地寻，不见一个人，于是那牛羊群也不像是人世之物了。我努力想用眼睛找出一点声音。牛羊在缓缓地移动，它不时抬起头看我们几眼，或甩一下尾，像是无声电影里的物，玻璃缸里的鱼，或阳光下的影。仿佛连空气也没有了，周围的世界竟是这样空明。

这偌大的草原又难得的干净。干净得连杂色都没有。这草本是一色的翠绿，说黄就一色的黄，像是冥冥中有谁在统一发号施令。树是成片的林子，却整齐得像一块刚切割过的蛋糕，摆成或方或长的几何图形。一色桦木，雪白的树干，上面覆着黛绿的树冠。远望一片林子就如黄呢毯上的几块积木，偶有几株单生的树，插在那里，像白袜绿裙的少女，亭亭玉立。蓝天之下干净得就剩下了黄绿、雪白、黛绿这三种层次。

（作者：梁衡）

1. 在第二、三、四自然段，作者笔下的草原最主要的特点是____________、____________、____________。

2. 画横线的句子是__________（动态　静态）描写，表现了草原的____________。

3. 作者由看到缓慢移动的牛羊，想到了“无声电影里的物，玻璃缸里的鱼，阳光下的影”。请你试着由眼前事物联想到别的事物，仿照画波浪线的语句写上几句话。

突然吹来一阵风，引得河边的柳枝，慢慢摇摆，________________________。

参考答案

1. 开阔　安静　干净

2. 静态　安静

3. 像是周一早上的国旗，秋日里的蒲公英，或公园里老人卖的氢气球。

12

抒发情感的不同方式

考了一百分，你欣喜若狂；和伙伴闹别扭了，你沮丧又失落；找不到刚买的钢笔，你像热锅上的蚂蚁一样着急……我们每天都会产生很多情感，而表达的方式各不相同，有的人喜欢听会儿音乐，有的人喜欢到公园逛逛，而有的作家们则选择通过文字来抒发情感。

阅读时，我们要有体会作者情感的意识。

有的作家直接把情感写出来，你一读就能强烈地感受到他的情感，这种抒情方式属于直接抒情，叫直抒胸臆。

朱自清先生在《匆匆》中就使用了这种方式，表达自己对流逝的时光的惋惜和遗憾。

我留着些什么痕迹呢？我何曾留着像游丝样的痕迹呢？我

赤裸裸来到这世界，转眼间也将赤裸裸地回去吧？但不能平的，为什么偏要白白走这一遭啊？

（选自六年级下册《匆匆》）

这里连续使用了四个问句，表达自己对光阴逝去的不甘。连续的发问，不禁让读者陷入沉思：时间无情的流逝，以至人生命的终结，是我们无法左右的。更加生动形象地表现出了作者对时光匆匆流逝的无奈与惋惜之情。

也有作者选择委婉、含蓄的抒情方式，如通过描写景物来

老师带你一起学

连续问句，在表达上的好处是畅快、直接，能紧紧吸引读者的目光，具有撼动人心的力量。

抒发感情，这属于间接抒情，叫借景抒情。

借助具体的景物来表达情感，原本抽象的情感就会变得具体，也更加生动形象，更容易引起读者的共鸣。

我们生活在一定的环境中，心情不同，对景物的感受也就不同。作者把情感融在这些景物之中，自然而然就能让读者感受到作者内心的情感。

当然，作者选择的景物，一定与所表达的情感有相通之处。不然，表达的情感就会牵强、虚假，无法打动读者。

心情好的时候，感觉全世界都在对你微笑。阳光是明媚的，风儿是友好的，路边的花儿看上去是那么地明艳动人。

而心情不好时，树枝上小鸟的叫声那么刺耳；花儿也低垂着脑袋，一副无精打采的样子；就连路边的流浪狗都看你不顺眼，隔着老远就冲你大叫。

直接抒情，情感强烈，如疾风骤雨，让人不得不面对；间接抒情，柔和舒缓，像朦胧的月亮。不管采用哪种抒情方式，或同时使用两种抒情方式，只要能将感情表达出来，都值得我们学习。

雨的组曲

阵阵凉风拂过窗栏，轻轻拍动着风铃儿，丁零零地奏出美妙的旋律。池畔的柳树迎风摇曳，款款地摆动着水蛇般的腰身，千丝万缕的柳条羞羞答答地往四边躲。微风吹动着白色的窗帘，窗帘波动得如风帆一样。

一丝细雨柔柔地飘落在窗前，我伸出手去接它们，却被它们轻巧地避开了。一种快感涌上心头，我加了件御寒的衣服，推开门，步入了另一个世界。

细雨如线，纵横交织成薄纱，笼罩着天空。凉风喜悦地吹送着，吹散了薄纱。

小雨随风飘送，落在地上、屋顶上，洗涤了厚积的灰尘，也冲净了心中的积郁。

走过那湿漉漉的木板桥，河中的流水荡起了鳞样的涟漪，缓缓拍着岸边的石头。雨点如断线珍珠般落下，使得路旁的树枝绿油油的，缀在小草上，好像小草在淌泪。

雨终于止了，整个世界显得清新可爱。林园中几株芭蕉树，那坚挺的树身和柔嫩的枝叶儿，此刻还留着光滑珍珠样的雨水，在煦日的照射下，雨水如钻石般闪闪发光。风雨时瑟缩在窝里的小鸟，现在活跃地用它婉转的歌喉唱出了悠扬的曲调。

我爱雨，也爱雨过天晴，尤其爱在雨中的小径上孤独地踯躅（zhí zhú)。一种悠然遐想的情趣，布满我的心头。

雨，大自然里的精灵……

1. 这篇文章采用了哪种抒情方式?

2. 读了这篇文章，你体会到了作者什么样的情感?

参考答案

1. 间接抒情

2. 体会到了作者对雨的喜爱和对生活的热爱之情。

13

不可或缺的环境描写

你写秋天的游记时，会怎么写环境？是“秋高气爽，丹桂飘香”吗？

如果是春天的游记呢？会不会是“春风送暖，百花盛开，小树对我招手，小鸟为我唱歌”？

如果答案是“差不多”，那就真的要改一改了。这纯粹是为了写景而写景，却不知“一切景语皆情语”（王国维）。也就是说，环境描写的目的是服务文章的主题并侧面推进对于人物的刻画。

同样写春天，“春天，它就好像一个天真活泼的小姑娘，拿着一只彩色的神笔，到处欢快地画着。画出了一幅幅幸福美好的生活画面，画出了人生的美好梦想和前景。画出了你的追求和理想——”是不是感受到了作者的自由与欢快？

如果心情不好，作者的描写肯定就会变成另外的文字。比如杜甫在《春望》里的描写：

国破山河在，城春草木深。

感时花溅泪，恨别鸟惊心。

因为“国破”，在杜甫眼里，春天的环境与景色都是那么让人绝望。

环境描写分为两大类，一类是社会环境描写，就是对当下时代背景、社会形态等描写。另外一类是自然环境描写，是对植物、天气、时节、季节等描写。

环境描写可以交代故事发生的背景、帮助刻画人物形象、推动故事情节发展，还可以帮助我们更好地理解文章的思想感情。

短篇小说《变色龙》的开头就是一段社会环境的描写：

四下里一片沉静。广场上一个人也没有。商店和饭馆的门无精打采地敞着，面对着上帝创造的这个世界，就跟许多饥饿的嘴巴一样；门口连一个乞丐也没有。

小说开头对社会环境的描写虽然不多，但我们还是能够感受到当时冷清、凄凉、冷漠、势利的社会氛围，这也正是军警宪兵当道的沙皇统治时期的真实写照。

《变色龙》

契诃夫的短篇小说。小说中塑造了见风使舵的巡警奥楚蔑洛夫，通过人物如同变色龙似的不断变化的态度的细节描写，有力地嘲讽了沙皇专制制度下封建卫道士卑躬屈膝的嘴脸。

自然环境描写的作用也很大，可以渲染气氛，可以使人物形象更丰满，也可以推动情节的发展。

列夫·托尔斯泰的短篇小说《穷人》的开头是一段自然环境描写：

屋外寒风呼啸，汹涌澎湃的海浪拍击着海岸，溅起一阵阵浪花。海上正起着风暴，外面又黑又冷，这间渔家的小屋里却温暖而舒适。

（选自六年级上册《穷人》）

这段自然环境描写写出了天气的恶劣，但主人公桑娜的家里却是温暖而舒适的。这里既暗指女主人桑娜的勤劳能干，又含蓄地表达了文章主题，赞美桑娜和丈夫的心地善良。

鲁迅先生的《故乡》开头也是一段自然环境描写：

时候既然是深冬；渐近故乡时，天气又阴晦了，冷风吹进船舱中，呜呜的响，从篷隙向外一望，苍黄的天底下，远近横着几个萧索的荒村，没有一些活气。我的心禁不住悲凉起来了。

深冬阴晦的天气，冷风，萧索的荒村，没有一些活气，这些环境描写交代了故事发生的时间、地点，也渲染了一种悲凉的气氛。作者离开家乡多年，再次回到故乡，已物是人非。

相比之下，对于与少年闰土相识、相处时的自然环境描写显得美好多了：

深蓝的天空中挂着一轮金黄的圆月，下面是海边的沙地，都种着一望无际的碧绿的西瓜。

（选自六年级上册《少年闰土》）

“深蓝的天空”“金黄的圆月”“碧绿的西瓜”，让我们感受到了海边夜晚的美丽与静谧。

当我们细细品味这些环境描写时，就会发现，它们对表达文章的主旨思想和塑造文章中的人物形象，都起着至关重要的作用。

水浒传（节选）

……林冲自来天王堂，取了包裹，带了尖刀，拿了条花枪，与差拨一同辞了管营，两个取路投草料场来。正是严冬天气，彤云密布，朔风渐起，却早纷纷扬扬卷下一天大雪来。那雪早下得密了。怎见得好雪？有《临江仙》词为证：

作阵成团空里下，这回忒杀堪怜。剡溪冻住子猷船。玉龙鳞甲舞，江海尽平填。宇宙楼台都压倒，长空飘絮飞绵。三千世界玉相连。冰交河北岸，冻了十余年。

大雪下的正紧，林冲和差拨两个在路上又没买酒吃处。早来到草料场外看时，一周遭有些黄土墙，两扇大门。推开看里面时，七八间草房做着仓廒，四下里都是马草堆，中间两座草厅。到那厅里，只见那老军在里面向火。

1. 文中画线的句子是什么描写？作用是什么？（　　）

A. 气候描写　表现天气严寒

B. 环境描写　渲染出事发前的紧张气氛

C. 气候描写　表现大雪之美

D. 环境描写　表现主人公的凄凉

2. 最后一段里，“只见那老军在里面向火”，“向火”的意思是：

A. 面朝着火　　　　B. 用嘴吹火

C. 点火　　　　　　D. 烤火

参考答案

1. B

2. D

14

引用，文章也能搬救兵

你知道吗？网上好多“马云说”，其实都是假的，马云根本没说过，但总有人要借他的口来“说”。

除了“马云说”，“鲁迅说”也是造假重灾区。他们明明没有说过，却偏有人要赖在他们身上。

这种做法肯定不对。但你知道他们为什么要这么做吗？

答案是：名人说的话更有说服力。

两军交战，一方快要战败了。怎么办？如果快要败了的一方搬来了强有力的救兵，可能就会成功扭转局面。从某种程度上说，文章里也有“搬救兵”的现象，那就是引用。适当的引用，可以让文章更有说服力，也更耐人寻味。

我们经常在文章里看见一些名言。这些名言出现在文章里，就相当于作者邀请了一些有份量的人来支持自己的观点。如此，文章才更让人信服。

（1）莎士比亚说：“书籍是全世界的营养品。”

（2）鲁迅说：“哪里有天才，我是把别人喝咖啡的功夫都用在了工作上。”

（3）岳飞说：“莫等闲，白了少年头，空悲切！”

这三句名言，第一句是告诉大家阅读的重要性，第二句是让大家明白成功和勤奋是分不开的，而第三句话是劝我们要珍惜时间。

有时候作者啰啰唆唆地说了半天，大家也不得要领，始终达不到想要的表达效果。而名言却可以一下子就把要说的说清楚、说明白，简洁又精练。

除了名言，还可以引用诗句，让文章变得更有韵味，并引发读者想象。

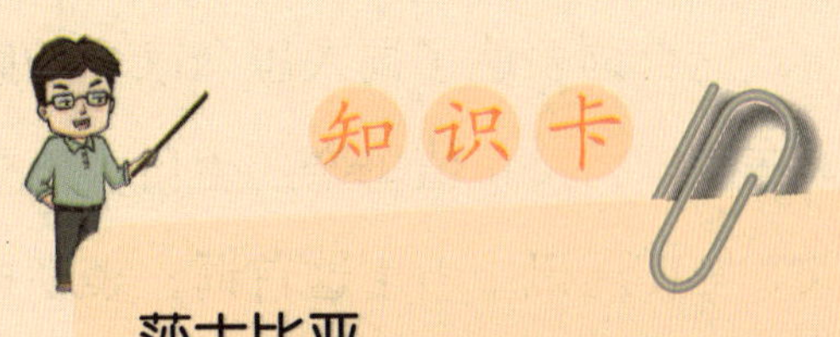

莎士比亚

英国文艺复兴时期剧作家、诗人，代表作品有《哈姆雷特》《罗密欧与朱丽叶》《李尔王》等。

冰心《寄小读者·通讯十六》中就引用了左辅的《浪淘沙·曹溪驿折桃花一枝数日零落裹花片投之涪江歌此送之》：

水软橹声柔，草绿芳洲，碧桃几树隐红楼。者是春山魂一片，招入孤舟。

乡梦不曾休，惹甚闲愁？忠州过了又涪州。掷与巴江流到海，切莫回头！

这首词表达了词人思念家乡的感情。冰心在写这篇通讯时人在美国，又正值母亲的生日，格外思念家乡，思念远方的亲人。她在通讯中引用这首词，表现自己对家乡、亲人的思念之情，也给这篇通讯增添了几分典雅韵味。

引用数字也是一种常见的引用方式。精确的数据自带说服力，能直观、有力地表明作者的观点。例如：

十五年啊，绿化了八条沟，造了七条防风林带，三千七百亩林网，这是多么了不起的奇迹。

（选自六年级上册《青山不老》）

这句话是对一个山野老农的描写。在自然条件极其恶劣的情况下，他义无反顾地用十五年的时间在晋西北沙漠奇迹般地创造了一块绿洲。而句子里的“十五年”“八条沟”“七条防风林带”“三千七百亩林网”，具体地说明了老人所做的一切，直观地表现了老人所创造的“奇迹”有多了不起。

最好的阅读，是学以致用。学习别人是如何引用的，你也可以在习作过程中引用成语、诗句、谚语、俗语，给习作锦上添花。

这样，一边阅读一边写作，就好比人的两条腿，一步一步带着你向前。只阅读不写作或只写作不阅读，都是一条腿走路，走不快，更走不远。

争论的故事

今天，盛老师给我们讲了一个故事：

“从前，大山脚下有座小村庄。小村庄里住着以打猎为生的兄弟俩。

“一天早上，一群大雁从他们的头上飞过。兄弟俩很想射下一只大雁来充饥。哥哥说：‘我要是能把大雁射下来就煮着吃。’弟弟说：‘再好的东西，一煮还有什么味道呢？依我看，只有用火烤才好吃。’哥哥不以为然，大声争辩道：‘你这话不对，大雁就该煮了吃。烤了吃，烟熏火燎的，能有什么好味道？’弟弟很不服气：‘鸭子不是可以烤了吃吗？皮香肉嫩，味道多美呀！为什么大雁就不行呢？’

“兄弟俩争论不休，谁也说服不了谁。这时有个老人经过这里，兄弟俩就找他评理。老人觉得他俩说的都有一定的道理，就建议说：‘你们把大雁剖开，煮一半，烤一半，不就两全其美了吗？’

“兄弟俩都很满意，谁也不再说什么。可是，他们抬头一看，一群大雁早已飞得无影无踪了。”

故事讲完了，盛老师笑着问大家：“你们听了这个故事，有什么感想呢？”

“这兄弟俩真笨，白白让大雁飞跑了。”

“不是他们笨，而是他们没有抓住时机。”

“兄弟俩这样争论下去，时间白白浪费了。”

“不管做什么，关键是要先做起来。”

……

盛老师聚精会神地听着，不时地向同学们投去赞许的目光。

1. 成语“两全其美”是什么意思?

2. 请用“无影无踪”造句。

3.《争论的故事》里，如果你是文中的老人，在劝告争论不休的兄弟俩时，你会引用名言（ ）

A. 人生成功的秘诀是当好机会来临时，立刻抓住它。

——狄斯累利

B. 合理安排时间，就等于节约时间。

——培根

C. 伟大的思想能变成巨大的财富。

——塞内加

D. 人的活动如果没有理想的鼓舞，就会变得空虚而渺小。

——车尔尼雪夫斯基

参考答案

1. 做一件事顾全两方面，使两方面都很好。

2. 站在高高的领奖台上，他所有的委屈都消失得无影无踪。

3. A

15

不能不知的说明方法

阅读中，我们还会与说明文相遇。为了把抽象、复杂的事物讲清楚、说明白，作者会使用一些说明方法，如列数字、打比方、举例子、作比较等。

列数字就是在语句中使用数字来说明事物的特点。具体的数字，可以让读者更直观地感受事物的特点。

一名同学参观兵马俑后，在作文里这样写：

你知道秦始皇兵马俑吗？当我看到秦始皇兵马俑的时候，震惊了！我真没想到俑坑那么大，那么宽，里面有那么多的兵马俑。

读完这段描写，你知道秦始皇兵马俑的俑坑到底有多大吗？

——还是不知道。

那使用列数字的说明方法，表达效果会不会好一点呢？

在三个俑坑中，一号坑最大，东西长230米，南北宽62米，总面积有14260平方米。坑里的兵马俑也最多，共有6000个左右。

这两句话中使用了很多数据：“230米”“62米”“14260平方米”“6000个左右”。这些数据准确地介绍了一号坑的长、宽、总面积及兵马俑的数量，让我们感受到一号坑的规模宏大。

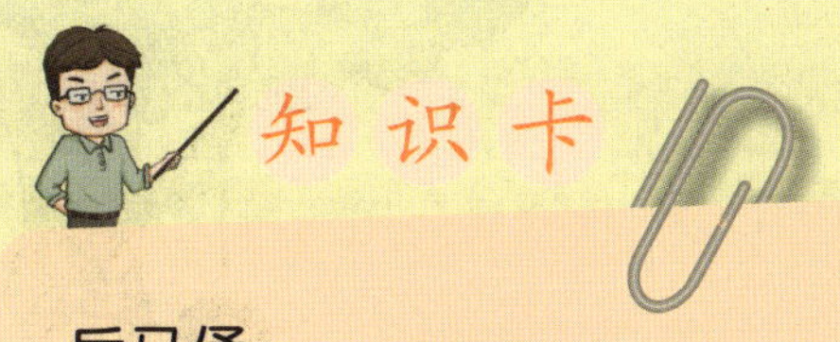

兵马俑

也就是秦始皇兵马俑，是第一批全国重点文物保护单位、第一批中国世界遗产，位于陕西省西安市临潼区秦始皇陵以东1.5千米处的兵马俑坑内。

用数据能客观、严谨地作说明，打比方则能生动、形象地作说明。打比方是要用生活中我们所熟悉、常见的事物，去比喻那些陌生、复杂的事物。打比方的好处是使文中介绍的事物形象、生动，我们可以凭借生活经验迅速了解它们。

松鼠不躲藏在地底下，经常在高处活动，像飞鸟一样住在树顶上，满树林里跑，从这棵树跳到那棵树。

（选自五年级上册《松鼠》）

这句话把“松鼠”比作“飞鸟”，生动形象地向我们介绍了松鼠的活动特点，让我们了解到松鼠有和鸟儿一样，爱在树上活动的特点。

为了说明一个事物，我们经常需要举例子，也就是列举一些具体的事例介绍事物。作者通常会选用具有代表性的例子，这样更有说服力。例如鲁迅先生的《“友邦惊诧”论》里：

好个“友邦人士”！日本帝国主义的兵队强占了辽吉，炮轰机关，他们不惊诧；阻断铁路，追炸客车，捕禁官吏，枪毙人民，他们不惊诧。中国国民党治下的连年内战，空前水灾，卖儿救穷，砍头示众，秘密杀戮，电刑逼供，他们也不惊诧。在学生的请愿中有一点纷扰，他们就惊诧了！

好个国民党政府的“友邦人士”！是些什么东西！

举了一连串“不诧异”例子，表明所谓的“友邦人士”是什么样的人。

有时候，一段话中不止使用了一种说明方法。在判断语句中使用说明方法时，考虑要细致、全面。像上面介绍的那段话中就同时使用了举例子、作比较两种说明方法。

作者连续写了几个“不诧异”，然后引出一点纷扰“就诧异”，两相对比，将“诧异”的“友邦人士”的面目刻画得入木三分！

作比较是将两种相同或不同的事物放在一起做比较，将描写对象的特点突显出来。

例如，“约一百三十万个地球的体积，才能抵得上一个太阳”。这句话使用了列数字、作比较两种说明方法，“一百三十万个地球”才抵得上“一个太阳”，这样的比较，轻轻松松地把太阳大的特点表现了出来。

除了这些说明方法，还有下定义、分类别等。

阅读中我们既要准确地判断语段使用的说明方法，还要理解说明方法的表达效果，这样才能更深入地理解文章的内容，提高我们的阅读理解能力。

动物的奇特语言

①动物有没有“语言”呢？常言道：“人有人言，兽有兽语。”动物的“语言”，一般指同一种动物之间为了种群的生存和发展而传递信息的动作、气味和声音。

②动物的动作是一种常见的“语言”。例如，鹿科动物遇到危险时，就会把尾巴撅起，露出反面的白色，像摇动着白色的“信号”，在绿色丛林地带显得非常显眼，可以告诉自己的同类：跟我来，快逃跑。工蜂发现蜜源后，会通过圆形舞或“8”字摆尾舞把蜜源的距离和方向告诉自己的同伴。

③气味是一种特殊的“语言”。例如，人们在小狗身上抹上母猪的尿液，母猪会凭着这种气味信号把小狗当作自己的孩子进行哺乳。雄羚羊求偶时，也要靠嗅觉来识别雌羚羊。

④动物的声音更是一种重要的“语言”。据研究，猪有23种声音信号，狐狸有36种声音信号，而阿拉伯狒狒发出的声音信号竟然不少于40种。

1. 这篇短文是按（　　）的顺序来叙述的。

A. 先总述再分述　B. 先分述再总述　C. 时间　D. 空间

2. 短文第②段主要运用了______的说明方法，好处是________

____。

短文第④段主要运用了______的说明方法，好处是__________

____。

参考答案

1.A

2. 举例子 通过举鹿科动物撅尾巴发出信号、工蜂用圆形舞或“8”字摆尾舞传递蜜源信息的例子，来说明动物的动作是一种常见的“语言”，便于读者理解，使文章更有说服力

列数字 通过引入具体数字，说明动物声音信号种类多，真实而具体地体现了动物的声音是一种重要的“语言”，使文章更具说服力

16

事例里藏着的几个秘密

当你跟同学、朋友讨论问题产生分歧时，你是不是会把自己的一套理论讲给对方听呢?

在你跟对方讲道理，说服对方同意你的观点时，要怎么讲道理，别人更容易接受呢?

通过一些真实、生动的事例来讲道理，别人既愿意听，又能产生一些思考，“左耳进，右耳出”的情况也会减少一些。

讲道理的文章，就叫说理文。我们目前接触到的说理文，比较简单，大部分都是通过选取典型的事例讲清楚一个道理。

选择事例来讲道理，这种方式叫摆事实。说理文里选择的事例都是具有代表性的事例，而且会选择两到三个事例来说明文章中心。

摆事实就是用事例来论证观点的方法，也叫举例论证。要求所举事例确凿、充分，有代表性。

那三个事例会不会重复？作者肯定不会把同样的情形拿来说三遍，而会从不同时代、不同国家、不同领域选择事例。只有这样，文章中心观点才能站得住。

也有的作者会选择相反的事例来论证中心观点。

说理文《谈礼貌》中就选用了民间故事《牛皋问路》，通过牛皋不礼貌地问路，对比岳飞礼貌地问路、老者热心解答，来说明礼貌的重要性。

牛皋遇到一个老者，向他问路，说：“呔，老头儿！爷问你，小校场往哪去？”你觉得老者会给他指路吗？当然不会，老者生气地骂他是个“冒失鬼”。

没一会儿，岳飞来了，也遇见这个老者，也向老者问路。岳飞先从马上下来，到老者面前行了个礼，才开口问：“请问老丈，方才可曾见一个骑黑马的人？他往哪条路上去了？”老者耐心地给岳飞指了路。

还有的事例之间存在着层层递进的关系。

在说理文《谈礼貌》中，作者写完了牛皋和岳飞问路的事例后，大家知道了“礼到人心暖”。作者紧接着又写了“公交车上小朋友踩脏女青年的长裙，及时道歉，避免纠纷”和“周总理理发时咳嗽了一声，脸上被划了一道口子，理发师傅很是不安，周总理却反过来安慰朱师傅”的事例。

这两个事例层层递进，体现了礼貌在社会生活中的重要性。

你看，弄清了事例之间的关系，也就弄懂了事例在讲道理的过程中所发挥的重要作用，那就是有助于读者更加深入地理解作者的观点。

学与问

①人们常把有知识说成“有学问”，这是很有道理的。知识是学来的，也是问来的。“问”常常是打开知识殿堂的金钥匙，是通向成功之门的铺路石。

②波兰伟大的天文学家哥白尼，小时候就非常喜欢问。他对世界充满了好奇，经常缠着爸爸妈妈问这问那：太阳为什么总是从东方升起，从西边落下？晴朗的夜空中有那么多星星，为什么到了白天却无影无踪了？小鸡为什么要从鸡蛋里出来，而不从母鸡的肚子里出来？……哥白尼对科学奥秘的不懈探求，正是从这些稀奇古怪的“为什么”开始的。

③我们面对的是一个五彩缤纷的世界。这个世界日新月异，瞬息万变。作为新一代的小学生，我们更应当像哥白尼那样，遇事多问几个“为什么”，学会从平常的事物中发现问题。有了问题，可随时随地地请教别人。你可以请教父母和老师，也可以请教同学和朋友。只要他们确实能给你启发，给你帮助，不管他们年长年幼，地位高低，都可以成为你的老师，你都应该向他们请教。古人说的“能者为师”就是这个道理。

④在求知的过程中，我们还要善于把勤学好问和观察思考结合起来。北宋有个大科学家叫沈括。他小时候读白居易的诗《大林寺桃花》：“人间四月芳菲尽，山寺桃花始盛开。”他想：为什么同是桃花，开花的时间却相差这么远呢？他去问妈妈，妈妈说：“兴许是花开花落，有早有迟吧！”妈妈的回答没能解开沈括的疑团，他仍然把这个问题放在心上。有一次，他随大人到深山里的寺庙去，发现那里的温度要比山下低得多，才明白了其中的道理。

⑤学问学问，既要学又要问。学与问是相辅相成的，只有在学中问，在问中学，才能求得真知。我们从小养成勤学好问的习惯，就好比插上了两只强健有力的翅膀。到那时，知识的天空将任你翱翔，宇宙的奥妙将任你探求，你将真正成为学习的主人。

1. 本文围绕着“学与问”，提出的核心观点是：____。

2. 本文论述时使用的最主要的方法是（　　）。

A. 引用　B. 比喻　C. 举例　D. 对比

3. 文章第④自然段的中心句是____________________________________。它在全文中起到了________的作用。

4. 阅读《学与问》，你获得的启示是：____。

参考答案

1. 知识是学来的，也是问来的。
2. C
3. 在求知的过程中，我们还要善于把勤学好问和观察思考结合起来 承上启下
4. 我们要善于发现问题，深入观察思考，锲而不舍地追根溯源，不断探索

17

常见的几种记叙顺序

讲述一次做菜的经历，有的同学从洗菜开始写起，然后写切菜、做菜。也有的同学先写已经做好的菜，再写做菜的经过。这就是不同的记叙顺序。

文章的记叙顺序最常用的有顺叙、倒叙和插叙。

最常见的是顺叙，按照事件发生、发展的先后时间来叙述。

著名昆虫学家法布尔小时候就对小虫子非常着迷。他经常在衣袋里装满昆虫、贝壳和石子。父母亲常因此责骂他，但他仍然兴致勃勃地拣那些“没用的玩意儿”。后来人们为了纪念他，就在为他建造的雕像上，把两个衣袋做得高高的，好像里面装满了昆虫。

在《装满昆虫的衣袋》这篇课文中，作者就是按照顺叙的记叙方式来描写法布尔着迷于小虫子的事。故事中出现了很多表示时间的词语，这些词语也按照时间的先后顺序依次出现。

先写他出生，接着写他长大一些后在田野里独自一人去抓纺织娘。再写他八九岁的时候逮蝴蝶、捉甲虫、观察水底世界。然后写有一次，他抓住了一只闪烁着金属光泽的小甲虫，又捡了很多贝壳、彩色的石子，满载而归，结果被父母狠狠地骂了一顿。

按照时间的先后顺序来记述一件事，文章的思路就非常清晰，富有条理。

但是，有的文章不止使用一种叙述顺序。

《装满昆虫的衣袋》里，就有一处插叙。

插叙是在叙述事情

知识卡

法布尔

法国著名的昆虫学家、文学家。他的主要作品有《昆虫记》。鲁迅先生曾将法布尔的《昆虫记》称为“讲昆虫的故事”“讲昆虫的生活”的楷模。

的过程中，为了进一步体现文章中心，或是突出人物形象的某个特点，把当前的叙述暂停下来，插入一段相关的内容。写完这部分内容后，再回到原先的描写顺序上。

插叙可以把情节展开，进行详细、生动的描写，会使人物形象更加丰满。

《装满昆虫的衣袋》里，作者写“一天傍晚”这个部分的内容时，补充了三天前的一个小插曲。三天前法布尔告诉妈妈，花丛里经常传出一种动听的声音。三天后，他终于发现了“歌声”的主人，一只全身翠绿、触角细长的纺织娘。

运用顺叙的方式时：

（1）时间要交代清楚。（2）前后要照应，事件叙述合理。（3）重点要突出。

运用插叙的方式时：

插叙部分要与前后段落衔接自然。

运用倒叙的开头方式时：

（1）开头部分的叙述要具有吸引力。（2）与下文的衔接要自然。

这段插叙是对故事开头“法布尔从小就对小虫子非常着迷”的补充，也进一步体现了法布尔对昆虫的着迷。

插叙不会对整篇文章的写作顺序造成影响。

还有一种记叙顺序，叫倒叙，即把事情的结局放在最前面写，设置悬念。

有个九岁的孩子经过独立思考，发现了胚胎发育的规律，并把思考的过程写了下来。在描写这个故事时，他把发现胚胎发育规律这件事放在了文章的开头。

我在九岁的时候就发现了有关胚胎发育的规律，这完全是我独立思考的结果。

（选自五年级下册《童年的发现》）

这就是《童年的发现》的开头，作者采用倒叙的方式来描写自己经过独立思考，发现了胚胎发育的规律。写完思考的结果，作者又用幽默的语言将思考的过程娓娓道来。

倒叙不是把整个过程都倒过来，只是把结尾前置。剩下的部分还是按照正常的发展顺序来描写，最后再写出结局。这样也就将一件事的描写形成一个闭环，首尾相合，结构上更加完整。

在阅读中，厘清文章叙述的顺序，有助于我们更好地把握文章的结构和思路，进而深入理解文章内容。

大作家的小老师

萧伯纳是英国著名作家。有一次在莫斯科访问时，他遇到一个小姑娘。小姑娘白白胖胖，一对大眼睛很有神，头上扎着大红蝴蝶结，真是可爱极了。萧伯纳非常喜欢这个孩子，同她玩了好久。

临别时，萧伯纳对小姑娘说："别忘了回去告诉你妈妈，就说今天同你玩的是世界有名的大作家萧伯纳。"他暗想：当小姑娘知道跟自己玩的是一位世界大文豪时，一定会惊喜万分。

可是，出乎预料的是，小姑娘竟学着萧伯纳的口吻说道：“请你回去后告诉你妈妈，就说今天同你玩的是苏联小姑娘娜塔莎。”

萧伯纳听了，不觉为之一震。他马上意识到自己太自夸了。

事后，萧伯纳深有感触地说：“一个人不论取得多大成就，都不能自夸。对任何人，都应该平等相待，永远谦虚。这就是那位小姑娘给我的教育。她是我的老师。”

1. 这篇短文是按照__________________来写的。

2. 萧伯纳说：“她是我的老师。”联系短文内容，说说你对这句话的理解。

____

____

3. 你觉得短文的题目好在哪里？

____

____

参考答案

1. 顺叙

2. 小姑娘娜塔莎教萧伯纳应该平等对待他人，永远谦虚。

3.（1）题目中的“大”和“小”是一对反义词，使人产生猜想；（2）“大”含有自大的意味，“小”含有天真的意味。“大作家”“小老师”就是告诉人们，大作家也有不足之处，小孩子也有可取之处。

18

概括文意有窍门

魔术师手里明明拿的是小球，可是一眨眼，他就把手上的小球变成了大球。不光如此，他还可以把大的东西变小。其实，阅读时，我们也可以来玩“文字魔术”。

把一篇简短的文章，加上合理的想象，讲得具体又生动，这是把文章变长。而用一段简短的话，准确概括一篇文章，就是把文章变短。

不管是把文章变长还是变短，都有方法。掌握了方法，你就可以变身为“文字魔术师”。

有些文章，你只要看到它的题目，就能大概猜出文章的内容。这种类型的文章，题目就是对文章内容的高度概括。

那抓住题目，对题目进行扩展，基本上就能概括出文章的大意。把题目加上时间、地点、人物、事情等关键信息，连贯地表达出来，就是文章的主要内容。

如《观潮》，从题目可以知道，写的是观看潮水。

那是什么时候去看潮？看的是哪里的潮水？看完潮水有什么感受？

读完课文，这些问题就都有答案了。把这些答案连成通顺的话，就是对文章内容的概括。

根据题目、时间、地点及人物、观潮感受，我们可以把文章的主要内容概括如下：农历八月十八，“我们”一起来到海宁市的盐官镇观看雄伟壮观的钱塘江大潮，看到了钱塘江大潮由远及近、奔腾西去的全过程。

有些文章，只要弄清事情的起因、经过和结果，就可以概括文章的主要内容了。《草船借箭》就是这样，我们可以一边读文章一边梳理故事的起因、经过、结果。

起因：周瑜对诸葛亮心怀妒忌，要诸葛亮立下军令状，三天内造出十万支箭。

经过：诸葛亮请鲁肃帮忙，准备必要的装备和人员，趁大雾满天的凌晨，带领二十条扎满草把子的船前往曹军水寨，擂鼓呐喊，吸引曹军放箭，草把子上很快就插满了箭。

结果：二十条船上的箭总共有十万多支，周瑜得知后自愧不如。

把起因、经过、结果串联起来，就是这个故事的主要内容。

《草船借箭》主要讲了周瑜妒忌诸葛亮的才干，要诸葛亮在短时间内造出十万支箭，以此刁难他；而诸葛亮巧施妙

计向曹操“借箭”，让周瑜的算盘落了空，周瑜自叹不如。

而找到文章中的关键语句，概括文章的主要内容同样会变得事半功倍。

找到了段落中的关键语句，就相当于概括了段落。那找到几个段落中的关键语句，再整合这些关键语句，就是对文章的概括。

如《大自然的声音》，文章的第一自然段就是全文的中心句：“大自然有许多美妙的声音。”第二自然段的关键语句是：“风，是大自然的音乐家。”第三自然段的关键语句是：“水，也是大自然的音乐家。”第四自然段的关键语句是：“动物是大自然的音乐家。”

把这几个关键语句整合一下，就是“风、水、动物都是大自然的音乐家，它们都可以发出美妙的声音”，也就是文章的主要内容。

不过，有的文章不止写了一件事。遇到这种文章，可以先用小标题，把每件事的大意概括出来，再将几个小标题连在一起，就是文章的主要内容了。

只有在平时的阅读过程中就注重锻炼概括能力，才能自如地概括各种类型文章的主要内容。也只有概括了文章的主要内容，才能准确领会文章的主旨。

我爱牵牛花

有人喜爱娇艳的牡丹，有人喜爱芬芳的茉莉，而我则喜爱平凡的牵牛花。

乐于向高处攀登，这是牵牛花的本色。开始，它那纤细的茎蔓围着篱笆杆向上缠。慢慢地，篱笆被牵牛花占满了。只要从屋檐下拴几根绳子连在篱笆上，牵牛花的茎又会沿着绳子向上爬去，那翠绿的叶子，红的、白的、紫的花组成了条条花索，像是在屋前挂上了条条彩带。

牵牛花是凭着坚韧不拔的毅力向上攀登的。它把自己的身体全部缠绕在篱笆上，一点儿也不游离。正因为她缠得牢、攀得紧，风吹雨打都不会掉下来。偶尔被大风吹下来，也不灰心，一有机会，它就借助风的力量再次攀上去。

牵牛花一生都在攀登。一天，两天，一个月，两个月，直到霜打叶落，生命到了最后一息才罢休。到了深秋，她虽然枯萎了，却留下了一粒粒饱满的种子。明年，篱笆上、屋顶上，又将爬满奋力向上攀登的牵牛花。

［选自《作文世界（小学版）》2004年第11期，作者：李思婕］

1. 概括短文的主要内容。

2. 这篇文章表达了作者怎样的思想感情？

3. 文章的结尾有什么作用？

参考答案

1. 短文主要写了牵牛花奋力向上攀登的本色，就算被大风吹下来也不灰心，一有机会就会再次攀登，直到生命的最后一刻。
2. 这篇文章表达了作者对牵牛花的喜爱之情。
3. 照应前文，使文章结构严谨，浑然一体。

胡立根 主编

项飞 著

大语文可以这样学 5

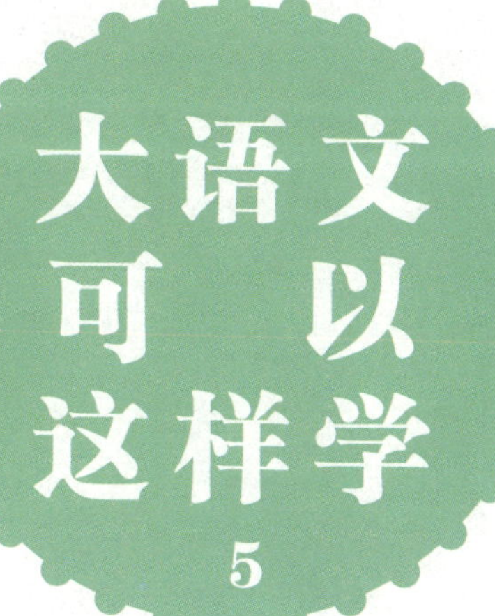

轻松写作课

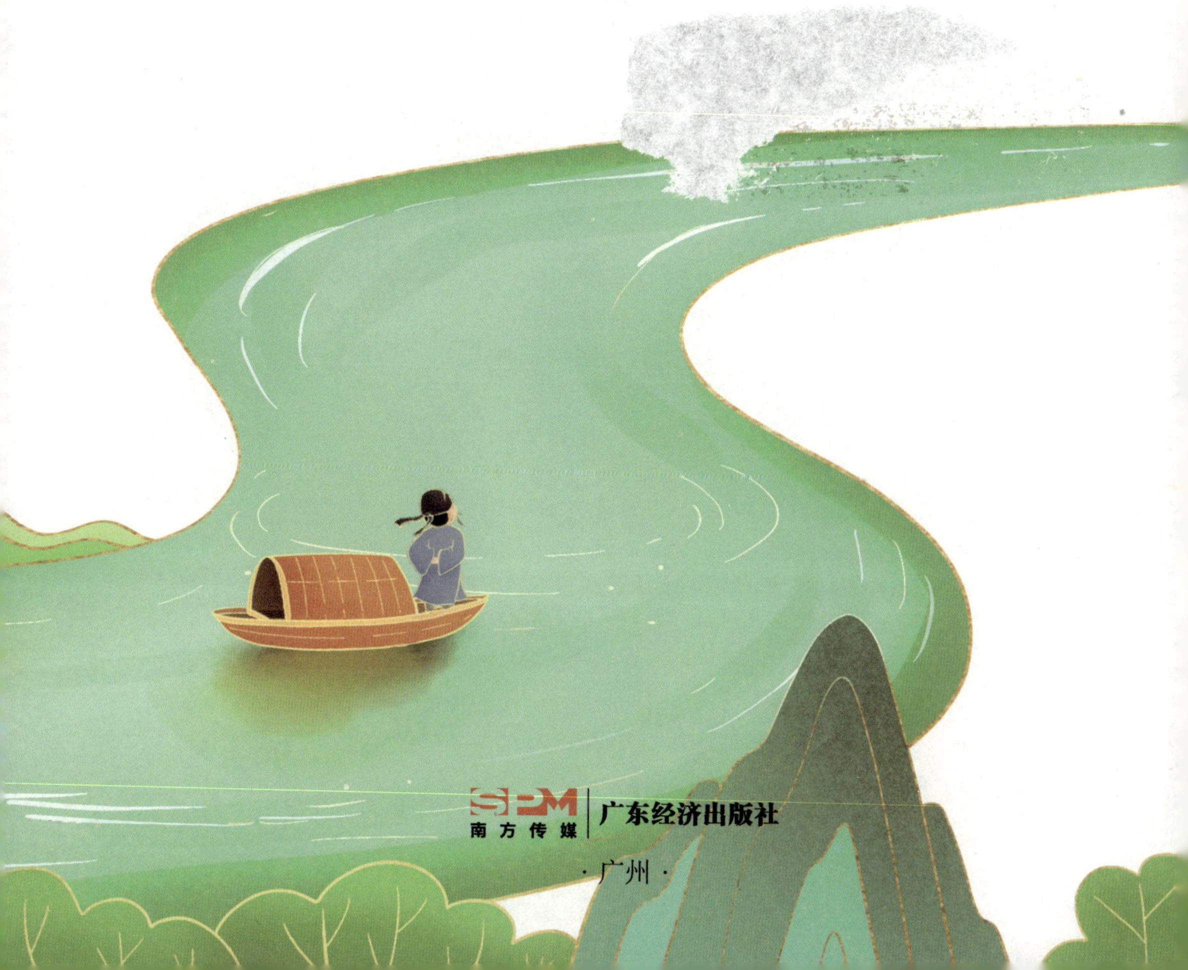

SPM 南方传媒 广东经济出版社

·广州·

卷首语

“啊？又要写作文？哪有那么多内容可写？”很多同学一听说写作文，就摆起一张苦瓜脸，抓耳挠腮。

读了很多作文书，写作时依然没有思路？

好不容易憋出了几百字，却是连自己都看不下去的流水账？

感觉写得蛮好的，可每次作文分数都不高？

……

你在写作文时，是不是也会遇到类似的问题？

别急，写作文可没有你想得那么难！有方法，写作文其实会变得很简单。说得通俗些，写作文就是一个把“食材”变为“美食”的过程。

首先，我们要先准备“食材”。那么“食材”在哪里呢？

生活中，有趣的事情让人念念不忘；好看的风景让人流连忘返；美味的食物让人垂涎三尺……

哪个同学不是形态各异的神兽？哪次游玩，没有一点“动人心

魄”的发现？哪个家庭没有“萌娃闹翻天”？哪个班级没有“师生斗法？”……

只要你留心观察，上面这些都会成为你写作时的“食材”。

其次，当你有了写作的“食材”，下一步就是要学习把这些“食材”变为“美食”。这本《轻松写作课》跟你娓娓道来，告诉你如何给句子吹一口“仙气”，让它变得漂亮可爱，告诉你如何开头、怎么结尾，告诉你怎么写动植物、如何写场景……让你轻松把这些“食材”做出一盘色香味俱全的“佳肴”。

相信你读完本书之后，一定会豁然开朗，原来写作文竟然这么有趣，这么容易。一不小心，你的作文就成了老师在班上经常朗读的范文啦。

目录

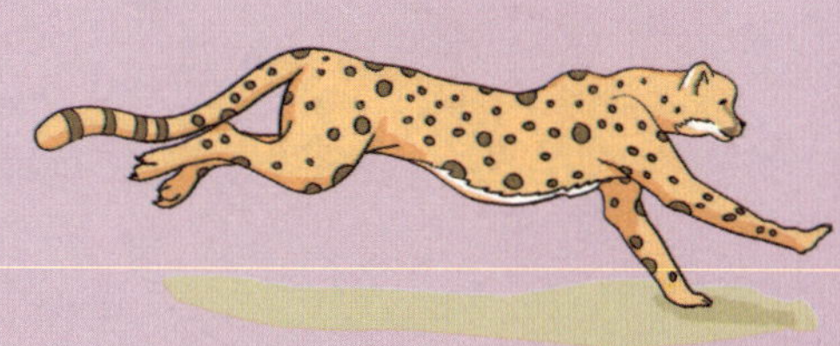

01

积累素材引来源头活水

回忆一下，你写作文时，有没有出现过以下情况：

1. 找不到合适的作文素材，不知道该写什么。
2. 没有灵感，不知道从何下笔。
3. 即使看了很多书，写作时语言仍旧空洞而乏味。
4. 写来写去都是那几件事，没有其他内容可写。
5. 写作文时，把握不住重点，想到哪里写到哪里。

6. 把写作文当作任务去完成，写完就完事，不在乎质量。

如果上面的六种情况，你至少遇到过三种，那就暴露了你写作文最大的问题——肚子里没有“货”。这里的“货”，指的是写作素材。

写作素材从哪里来？

首先当然是从生活中来，生活是写作素材最大的“源头活水”。生活中的一切都是写作素材，只有勤奋努力、善于观察，才能积累丰富的写作素材。

唐代诗人李贺，为了把诗写好，每天起得很早，背上饭兜、锦囊，骑上一匹瘦马，沿着一条小溪慢慢走。一路上，他细心观察，了解自然风物，即景吟诗，每想出佳句就写在纸条上，放入锦囊中，就这样从早到晚坚持积累生活素材，勤奋地进行诗歌创作。李贺的妈妈看着儿子那装满纸条的锦囊，十分心疼地说：“孩子啊，非要把你的心呕出来才罢休吗？”正因为李贺不断积累，精雕细琢，才使得他的诗篇千古传颂。

无独有偶，宋代的著名诗人梅尧臣，在外出游

老师带你学成语

源头活水

比喻事物发展的动力和源泉。出自宋代朱熹的《观书有感》：“问渠那得清如许，为有源头活水来。”

玩或访亲会友时，总是喜欢随身带着一个号称“诗袋”的布袋，看到什么新鲜的事物或美丽的风景，立即记在纸上，投入袋中。长此以往，梅尧臣在诗学领域获得了很高的成就。

与李贺、梅尧臣相映生辉的，还有元末明初的文学家陶宗仪。他积累素材的办法既不是“锦囊”和“诗袋”，也不是现代的“卡片箱”，而是一只奇妙的“瓦罐”。他曾在松江隐居过。那时，他一边参加农业劳动，一边利用休息时间在树荫下采摘树叶，记录所见所闻、所思所想，然后将这些“树叶”放入家中的瓦罐里。日积月累，十年间竟积累下十几大罐。后来，他就用这些积累的素材写成了一部共三十卷的巨著《南辍耕录》。

俄国大作家果戈里曾说：“一个作家，应该像画家一样，身上经常带着笔和纸。”让我们也像李贺、梅尧臣、陶宗仪那样，随身带着纸和笔，做生活的有心人吧！

除了多向生活要素材，我们还需要多向书本要素材。

宋代大文豪苏轼说过“博观而约取，厚积而薄发”，意思是既要博览群书又要去粗取精，只有积累丰厚的知识，运用时方能得心应手。写作文也一样，只有平时注重“厚积”，写作的时候方能“薄发”。

我们的社会在不断发展，科技在不断进步。今天的“读”，可以是看书、看电影，也可以是看新闻。只有量的积累，才会有质的提升。

需要注意的是，读书不仅要“读”，还要“摘”“想”“写”。摘出你认为好的词句或者段落，可以是富有文采的，也可以是引起你共鸣、引发你思考的。

对于文中触动你的文字或构思，你要“想”它究竟是怎样触动你的心的，看看自己是不是也能用上相同的方法，写出类似的文字。很多事情，我们都是从模仿开始的。你可以试着用你的笔，去写一写相似的文字或构思。

总结成一句话就是：“读”“摘”不分家，“想”“写”要结合。

1. 读完本节后，摘录其中你觉得最有用的三句话。

（1）

（2）

（3）

2. 找一则小故事，缩写成一段 100 字左右的短文。

02

写作文要“有意思”，还是要“有意义”？

写作文要“有意思”，还是要“有意义”？

什么是“有意思”？

钓鱼有意思吗？爸爸可能觉得有意思，因为钓鱼让人身处自然环境，体会收获的喜悦；妈妈可能觉得没意思，花大半天时间，可能一条鱼也钓不上来，可无聊了。

你看，同一件事，有的人认为有意思，有的人认为没意思。

有的人认为踢足球有意思，有的人认为踢足球没意思；有的人认为写作文有意思，有的人一写作文就头疼；有的人觉得外出旅游有意思，有的人认为宅在家里更舒服……

孔子有句名言："智者乐水，仁者乐山。"每个人都有自己的喜好。有意思和没意思，每个人的性格不同，喜好不同，感觉自然也不同。

智者乐水，仁者乐山

智慧的人喜爱水，仁义的人喜爱山。出自《论语》："知者乐水，仁者乐山；知者动，仁者静；知者乐，仁者寿。"其中，"知"通"智"。

什么是"有意义"？下面我们先看一个小笑话：

一位白发老奶奶在马路边等人。几个小朋友走过来问："老奶奶，您过马路吗？"老奶奶说："不过。""您就过一次吧，求求您过一次马路吧！"老奶奶有些纳闷："我在这里等人，过马路干什么呀？"小朋友干脆不再解释，将老奶奶连拉带拽地"送"过了马路。老奶奶生气了："你们几个小兔崽子，到底要做什么？我不需要过马路。"小朋友笑嘻嘻地点头致谢，并解释道："老奶奶，谢谢您！老师要我

们写作文，写一件好人好事。我们几个没有好人好事可写，就先做一件好事。”

看了这个笑话，你是不是感觉有一种说不出的滋味？这几个小朋友做的这件事情“有意思”，但不能说“有意义”。

有意思是凭感觉的，有意义是靠理解的。生活中，玩游戏有意思，但未必有意义；帮助别人有意义，但未必有意思。

“有意义”往往是有定论的，是非分明，不会根据个人的喜好来。

放学回家，妈妈让你说说今天发生了什么“有意思”的事，估计你会“嘚啵嘚啵”说上一大堆。但如果让你说“有意义”的事，估计你会想半天，然后翻个大白眼。

假如上文那位老奶奶因为腿脚不便，真的要过马路，几个小朋友前去帮忙，这件事就变得有意义了。

下面我们来看看一位同学写的一段文字——

牙齿大哥和舌头小姐一直和谐相处。忽然有一天，牙齿大哥咬了舌头小姐一口。舌头小姐生气地说："疼死我了！你为什么要咬我呢？"牙齿大哥说："咬你怎么了？我不高兴，就咬你。有本事，你也来咬我啊！"舌头小姐差点气晕过去，只好和牙齿大哥大吵了一架。

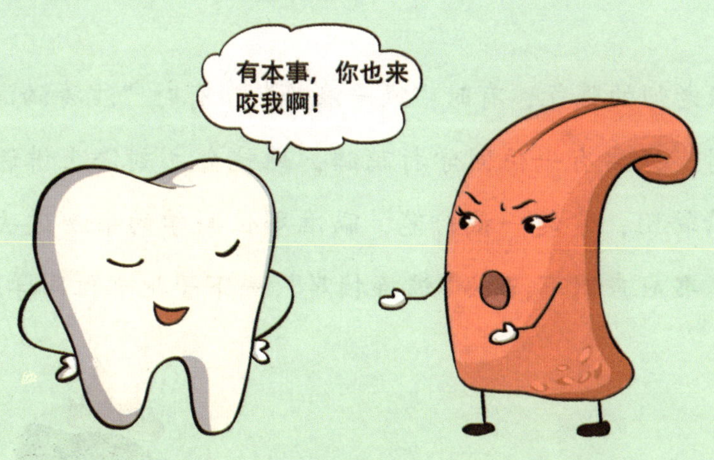

这段文字有意思吗？从内容来看，确实有意思。但你可能会产生一个疑问：这段文字，想表达什么主旨呢？

对于小学生来说，写作文往往是随着情绪走的，自己的情绪就是作文的中心。所以写作时，不要为了追求有意义而说一些假话，也不可为了追求有意思而忽略了有意义。

对于主旨的表达，先把作文写得有意思了再说。其

主旨，指主要的意义、用意或目的，也指主张、主意。说白了主旨就是作者的写作意图，即作者写这篇文章想表达什么情感，或是想告诉别人什么道理。

实，“有意思”不代表低档次，真正有意思的表达也可以很高级。

张老师的脾气，有时“风平浪静”，有时“波涛汹涌”。上课时，只要有一位同学打瞌睡，她就会立刻停止讲课，脸色由晴转阴，拿起一截粉笔，瞄准那位同学的书扔过去，稳准狠！书应声倒下，犹如“惊涛拍岸”，一下子把那位同学拍醒。

怎么样？

上面这段话是不是蛮有意思？有意思就多写吧！

当你乐于动笔、乐于表达，感觉写作文是一件“有意思”的事，能写出“有意思”的作文，这就足够了。等你达到文通字顺时，谋求作文的“有意义”便不再是一件难事。

毕竟，兴趣是写作的第一要素呢！

1. 连一连。

跳　　绳	有意义
入少先队	有意思

2. 写一个有意思的故事，要求不少于 100 字。

03

观察也要有方法

观察是写作的一项基本功，也是写好作文的基础和起点。

鲁迅先生写作可是“杠杠”的，他认为：“如果要创作，第一须观察。”要写好作文，就要立足于生活，眼观六路，耳听八方，开放五官，悉心观察。

看到这里，你可能会说：“观察呀，我会，不就是用眼睛看吗？”

你的话只说对了一半，观察除了用眼睛看，还讲究一些方法。

首先，观察要按顺序。如果东一眼、西一眼，杂乱无章地看，写出来的文章自然也不会有条理。

常见的观察顺序有由远及近或由近及远，从上而下或从下而上，从左到右或从右到左，先中间后四周或先四周后中间，从人到物或从物到人，由因及果或由果及因，从动到静或从静到动，由表及里或由里及表，先局部后整体或先整体后局部，等等。

法布尔的《昆虫记》都读过吧？他在写《蟋蟀的住宅》时，先写外部——向阳、隐蔽、干燥、有门、有平台，再写内部——平整、简朴、清洁、干燥、卫生。这样的观察顺序就是由表及里。

再如叶圣陶的《荷花》一文，描写白荷花时就采用了先整体后局部的顺序。

白荷花在这些大圆盘之间冒出来。有的才展开两三片花瓣儿。有的花瓣儿全展开了，露出嫩黄色的小莲蓬。有的还是花骨朵儿，看起来饱胀得马上要破裂似的。

其次，观察要细致。一幅画要是没细节，看上去就显得一点也不真实，对不对？

写作也是这样，细节描写要真实具体，塑造的形象才会打动人心。比方说，写一位大爷送他的儿子去外地，大爷在儿子等车时帮他买了一些橘子。你会怎么写这个场景？

你不妨自己先写了，再看看朱自清在《背影》中是怎么写的：

我看见他戴着黑布小帽，穿着黑布大马褂，深青布棉袍，蹒跚地走到铁道边，慢慢探身下去，尚不大难。可是他穿过铁道，要爬上那边月台，就不容易了。他用两手攀着上面，两脚再向上缩；他肥胖的身子向左微倾，显出努力的样子。这时我看见他的背影，我的泪很快地流下来了。我赶紧拭干了泪，怕他看见，也怕别人看见。我再向外看时，他已抱了朱红的橘子往回走了。过铁道时，他先将橘子散放在地上，自己慢慢爬下，再抱起橘子走。

这一段描写多么细致啊！父亲衣帽的样式、颜色、布料历历在目，作者将父亲爬月台时的手、脚、身子一一细腻地描写出来，让人仿佛身临其境，眼见其人。显然，这些细腻描写离不开平常的细致观察。

对比一下，你的文字还有哪些需要改进的地方？

最后，观察要带着脑子。不要只是从表面上看看，要主

身临其境

亲自到了那个地方。临，到达，来到。形容作品刻画生动逼真，描写引人入胜。

动思考并提出问题，进而找到答案。

苏联作家普里什文在《金色的草地》一文中有这样一段文字：

有一天，我起得很早去钓鱼，发现草地并不是金色的，而是绿色的。快到中午的时候，我返回家来，整个草地又都变成了金色。我开始注意观察，傍晚时草地又变绿了。

作者通过观察，发现同一片草地，早、中、晚的颜色竟然会有变化。由此产生了一个很重要的问题——这是为什么呢？

最后，他有了一个有趣的发现——

原来，蒲公英的花就像我们的手掌，可以张开、合上。花朵张开时，花瓣是金色的，草地也是金色的；花朵合拢时，金色的花瓣被包住，草地就变成绿色的了。

你看，这样的观察就有意思了吧。

在观察时，不仅要思考，还要张开想象的翅膀，将所见与所思融合在一起。还是以叶圣陶的《荷花》为例，作者在观察美丽的白荷花之后张开了想象的翅膀——

我忽然觉得自己仿佛就是一朵荷花，穿着雪白的衣裳，站在阳光里。一阵微风吹过来，我就翩翩起舞，雪白的衣裳随风飘动。不光是我一朵，一池的荷花都在舞蹈。风过了，我停止了舞蹈，静静地站在那儿。蜻蜓飞过来，告诉我清早飞行的快乐。小鱼在脚下游过，告诉我昨夜做的好梦……

你看，在叶圣陶的笔下，荷花简直成了一个欢快漂亮的小精灵！

只要你学会了上面所说的观察方法，并坚持不懈地记录、积累、练习，你也可以准确生动地写出每个人、每件事、每样物的特色！

1. 将以下四个词分别填入句子中。

脑子　　细致　　顺序　　想象

观察要有________，观察要________，观察要带着______，还要张开________的翅膀。

2. 观察一种事物或一处场景，把你印象最深的写成一段100字左右的短文。

04

学会给句子“吹气”

老师布置作文，你最关心的是什么？

估计你会问："写多少字啊？"

没错，字数是作文完成与否的显性标志。

很多同学在写作文时，常常因为字数而苦恼，作文的内容几句话就写完了，句子干巴巴的，一点意思也没有。

如何破解这一难题呢？

平日里，你吹过气球吗？气球充气后会变大，多么有趣啊！其实，写作文时也可以给句子"吹吹气"，这样写出来的句子会变得更具体、更生动、更好玩。

那么，如何给句子"吹气"呢？

我们先来看这样一个句子：

小象吹气球。

"噗——"，吹口气，这个句子就变成了——

小象在草地上吹气球。

再吹一口气，“噗——”，又变成了——

小象在草地上吹一只绿色的气球。

再吹一次，“噗——”，则变成了——

小象在草地上使劲地吹一只绿色的气球。

“小象吹气球”是简单叙述，“小象在草地上使劲地吹一只绿色的气球”就加入了描写。

你还可以进一步“吹”：什么时候吹？为什么吹？吹的过程中发生了哪些有趣的事？结果怎么样？

这样多角度、全方位地“吹”，“小象吹气球”这句话就从呆板变得鲜活了。

再如“弟弟的房间很乱”，这个表述简单直白，显得有点枯燥。我们一起试着“吹”点“气”。

推开卧室的门，一股臭袜子的味道扑鼻而来。随即映入眼帘的是各种衣服、鞋子、袜子、书本，横七竖八，这儿一堆，那儿一堆，活像走进了垃圾场。

有嗅觉，有视觉，还有形容……原本简单的叙述变成了细致的描写，让房间的“乱”具体而有形象，让人读来津津有味。

适合给句子“吹气”的方法有三种。

一是比喻。我们以下雨为例，春天的雨细而密，朱自清是这样“吹气”的：

看，像牛毛，像花针，像细丝，密密地斜织着，人家屋顶上全笼着一层薄烟。

（选自朱自清《春》）

夏天的雨急而大，老舍是这样“吹气”的：

叙述：记叙性文章的主要表达方式，用于陈述“过程”和介绍主要内容。

描写：通过一定的写作手段（如生动形象的语言、朴素直白的对话），把人物或景物的状态具体形象地描绘出来。

雨道，扯天扯地垂落，看不清一条条的，只是那么一片，一阵，地上射起了无数的箭头，房屋上落下万千条瀑布。

（选自老舍《骆驼祥子》）

你看，两位大作家写不同季节的雨，却都使用了相同的修辞方法——比喻，春雨和夏雨仿佛就出现在我们眼前一样。

二是拟人。拟人是很容易学会的“吹气”方法。例如“风吹过院子，玉兰花不停地摆动”，这句话里的“吹过”是简单的一个动词，没什么感情色彩，能不能换一个有感情色彩的词？

你可以用“飘过”“拂过”“掠过”，还可以把风当作人，“淘气地打了一个滚儿”“轻轻地吻了一下”“有节奏地摇晃树枝”，等等。

“摇头”也可以用“摇摆”“跳舞”“打节拍”等词语来表述。

这个句子被“吹气”后，就像变魔术似的换了一件“衣裳”——

风缠着树枝淘气地打了个滚儿，玉兰花像被挠了痒痒，笑得花枝乱颤。

或者：

微风温柔地吻了一下花瓣，玉兰花娇羞地颤抖了一下，香味更浓了。

还可以：

风是一个说唱歌手，有节奏地拍打着树枝，玉兰花也跟着节奏“动次打次”地舞动起来。

看到没有，这样就如同吹了一口仙气，把风与花都“吹”活了！

三是对比。对比也是非常好的“打气筒”。比如：

听着雨水轻轻叩击大叶杨或梧桐树那阔大的叶片时沙沙的声响，那种滋润到心底的美妙，即便是理查德·克莱德漫钢琴下流淌出来的《秋日私语》般雅致的旋律也难以比拟。大自然鬼斧神工般的造化，真是无与伦比。

（选自汪国真《雨的随想》）

雨水拍打树叶，是再寻常不过的自然现象。但作者拿雨水拍打树叶的声音与钢琴王子的《秋日私语》进行对比，强调雨水滋润到心底的那种美妙，进而感叹“大自然鬼斧神工般的造化，真是无与伦比”。

鬼斧神工

如同神鬼制作出来一般，形容技能的精巧。出自《庄子·达生》：“梓庆削木为鐻；鐻成，见者惊犹鬼神。”

通过对比，巧妙地凸显了事物的特点。这样给句子“吹气”，就把自己的感受写到了实处。

怎么样，这三个方法你学会了吗？

最后，要提醒大家的是：“吹气”虽好，但应适可而止。不要“吹”过头了，导致画蛇添足。

1. 给句子“吹气”有哪几种常见的方法？

2.“洪水把小木桥冲垮了。”给这句话“吹气”，要求内容不少于100字。

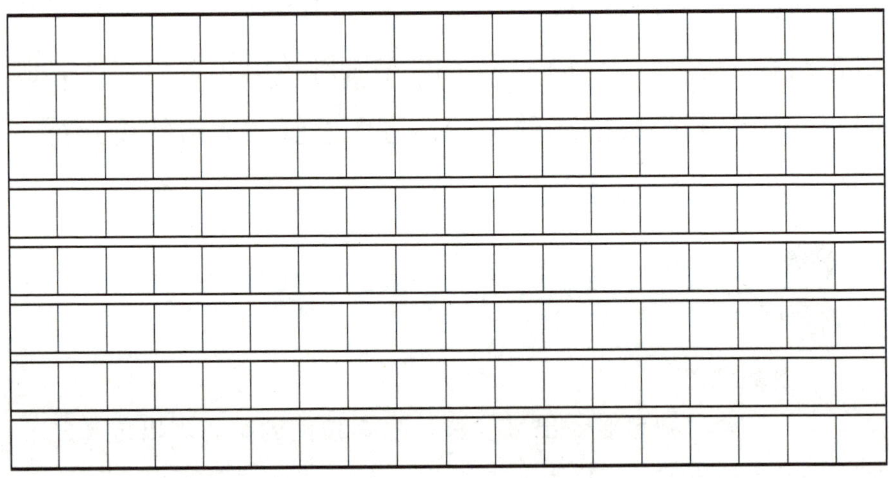

05

好的开头——“凤头”三板斧

经常见一些同学望着作文题，好久都不动笔。但只要动笔了，多数时候就“唰唰唰”地写得很快。

万事开头难。写作文也是这样，开头有点难。但是只要开好了头，后面的文字就如泉水一样源源不断地涌出来了。南宋进士出身的乔梦符认为，作文的奥秘在于“凤头、猪肚、豹尾”。意思是文章开头要像凤头一样小巧精美，中间要像猪肚一样丰满充实，结尾要像豹尾一样简洁有力。

小巧精美的“凤头”，最常用的是开门见山法。

开门见山写人物：

我的表弟小沙天生胆小，他怕鬼，怕喝中药，怕做噩梦，还怕剃头。

（选自秦文君《剃头大师》）

开头围绕表弟“天生胆小”，写了他有“四怕”，简单明了，直入主题，为展开后面的情节作了铺垫。

开门见山写动物：

这白鹅，是一位即将远行的朋友送给我的。我抱着这雪白的“大鸟”回家，放在院子里。它伸长了头颈，左顾右盼，我一看这姿态，想道：“好一个高傲的动物！”

（选自丰子恺《白鹅》）

一开头就交代了白鹅的来历，通过寥寥几笔“伸长了头颈，左顾右盼”，就勾勒出白鹅的高傲姿态。然后，整篇文章就围绕鹅的“高傲”层层展开，有条不紊。

开门见山写景物：

这次，我看到了草原。那里的天比别处的天更可爱，空气是那么清鲜，天空是那么明朗，使我总想高歌一曲，表示我的愉快。

（选自老舍《草原》）

作者初入草原，极目远眺，心旷神怡，所以文字也直抒胸臆，热爱草原之情跃然纸上。

开门见山写事情：

暑假里，爸爸带我去黄山，爬天都峰。

（选自黄亦波《爬天都峰》）

开头直接简单地交代了事情发生的时间、地点、人物，以及要去做什么。言简意赅，为下文展开故事情节作准备。

如果你觉得开门见山有点平淡，想要一开始就吸引读者的注意力，那么可以试试“故意设问”。如：

言简意赅（yán jiǎn yì gāi）

语言简练而意思完备。出自宋·张端义《贵耳集》卷上："言简理尽，遂成王言。"

你可知道，大海的深处是怎样的吗？

（选自石友《海底世界》）

作者用设问开头，既吸引读者，也点明这篇课文要介绍的是大海深处的情况。

再如：

世界上还有几个剧种是戴着面具演出的呢？

世界上还有几个剧种在演出时是没有舞台的呢？

世界上还有几个剧种是一部戏可以演出三五天还没有结束的呢？

（选自马晨明《藏戏》）

开头连用了三个反问句，形成排比，加强语气，强调了藏戏的三个特点，表达了作者对藏戏艺术魅力的惊叹。

又如：

燕子去了，有再来的时候；杨柳枯了，有再青的时候；桃花谢了，有再开的时候。但是，聪明的，你告诉我，我们的日子为什么一去不复返呢？——是有人偷了他们罢：那是谁？又藏在何处呢？是他们自己逃走了罢：现在又到了哪里呢？

（选自朱自清《匆匆》）

作者匠心独运地以追问开头，在反复追问中，表达了自己对时光流逝的惋惜和无奈。真是诗一般的语言，诗一般的意境，诗一般的开头！

可能你会说："我还是小学生（中学生），写不出大作家那么富有诗意与哲理的文字，怎么办呢？"

不用怕，我们可以向大作家、大思想家们借力。你写不好第一句话，那么就引用别人写得好或说得好的一句话，可以是名言、诗句、歌词。如：

“小时候，妈妈对我讲，大海就是我故乡……”每当我唱起这支歌，便想起童年赶海的趣事。

（选自杨谦《赶海》）

文章开头引用了歌曲《大海啊，故乡》中反复咏唱的歌词，表达了对大海的一片深情，从而巧妙引出“我”和舅舅一起去赶海的趣事。

再如：

有人说过这样一句话：真理诞生于一百个问号之后。其实，这句话本身就是一个真理。

（选自叶永烈《真理诞生于一百个问号之后》）

作者通过引用别人的话，提出自己的观点，切题迅速，增加了文章的思辨性。这种开头比较独特。

只要你学会了开头“三板斧”（开门见山、故意设问、借力引用），下次写作文时就可以根据实际情况，选择其中一个最合适的开头方式，继而又快又好地完成写作。

1. 填空题。

乔梦符认为，作文的奥秘在于：“__________、猪肚、__________”。

2. 以“那件事，让我______________”为题，选择开头“三板斧”中的一种，写一个开头。

06

好的结尾——“豹尾”招招鲜

你一定在动物园或者电视里见过豹子，是不是觉得豹子很凶猛、很厉害？

除了锋利的牙齿与尖利的爪子，长而有力的尾巴也是豹子的武器。一些小动物就算躲开了豹子的牙齿与爪子，只要被它的尾巴扫中，也会受伤倒地。

豹子在甩尾时，利落且有力。于是，古人用“豹尾”来形容文章结尾时笔法简洁有力、干净利落，犹如豹尾劲扫。具体怎么“扫”？

最简单也最有效的“扫”尾方式，就是回应文章的题目。如《掌声》的结尾：

几年以后，我们上了不同的中学。英子给我来信说：“我永远不会忘记那掌声，因为它使我明白，同学们并没有歧视我。大家的掌声给了我极大的鼓励，使我鼓起勇气微笑着面对生活。”

（选自董保纲《掌声》）

《掌声》一文讲述了腿脚残疾的英子在同学们掌声的鼓励下，勇敢走上台讲故事，出色的表现赢得了同学们的掌声，从此英子开始勇敢地面对生活。掌声是引起英子一系列变化的关键。结尾借英子的信揭示了主题思想：人人都需要掌声，特别是当一个人身处困境的时候。这样的结尾，自然收束全文，又点了题。

结尾除了可以回应题目，还可以呼应开头。结尾和开头遥相呼应，可使作文浑然一体。比如郭沫若的《白鹭》，开头如下：

白鹭是一首精巧的诗。

结尾如下：

白鹭实在是一首诗，一首韵在骨子里的散文诗。

开头开门见山，以精巧的诗来比喻白鹭的美；结尾呼应开头，抒发了作者对白鹭如诗一般美的赞叹。用词有重复，但又有所变化，同中有异，摇曳生姿。

老舍的《母鸡》，围绕作者对母鸡的情感变化，前后呼

摇曳生姿（yáo yè shēng zī）

姿态娴雅、婀娜的样子。

应的安排也很有意思。

开头第一句：

我一向讨厌母鸡。

中间第四自然段：

可是，现在我改变了心思，我看见一只孵出一群小雏鸡的母鸡。

结尾：

我不敢再讨厌母鸡了。

你看，尽管开头和结尾描写了作者对母鸡两种截然不同的态度，但因为有了中间态度变化的过渡，也算首尾呼应。这样的呼应，前有伏笔，中有转折，后有照应，可以使内容更完整，结构更紧密。

还可以用议论抒情的方式来结尾，升华文章主题，引起读者共鸣。如：

丁香结，这三个字给人许多想象。再联想到那些诗句，

真觉得它们负担着解不开的愁怨了。每个人一辈子都有许多不顺心的事，一件完了一件又来。所以丁香结年年都有。结，是解不完的；人生中的问题也是解不完的，不然，岂不太平淡无味了吗？

（选自宗璞《丁香结》）

作者借丁香花联想起象征着愁怨的“丁香结”，最后发出“结，是解不完的；人生中的问题也是解不完的，不然，岂不太平淡无味了吗”的感叹，抒发了自己豁达的人生态度：生活不可能总是一帆风顺，正视生活中的不顺，把它看作生活的一部分，这样的人生才有滋味。

一个“豹尾”能使文章熠熠生辉，你学会了吗？

1. 为什么要用“豹尾”来形容好的结尾，而不是猪尾或其他尾巴？

2. 以“那件事，让我__________”为题，选择你喜欢的方法，写一个 100 字以内的结尾。

07

打通“五觉”写植物

春天，花儿草儿打破了一冬的沉默，于是有了草长莺飞，姹紫嫣红；夏天，树木撑起绿色的大伞，给人们带来阴凉。

身边的花草树木，虽不能言语，却是我们的朋友。关心它们，就是关心我们自己。

你观察过你身边的植物吗？

这里的观察，不仅是用眼睛看一看，还可以是用手摸一摸，用鼻子闻一闻，用耳朵听一听，甚至用嘴巴尝一尝，最后形成内心的感受。

这就是非常实用的“五觉”写作法：视觉、触觉、嗅觉、

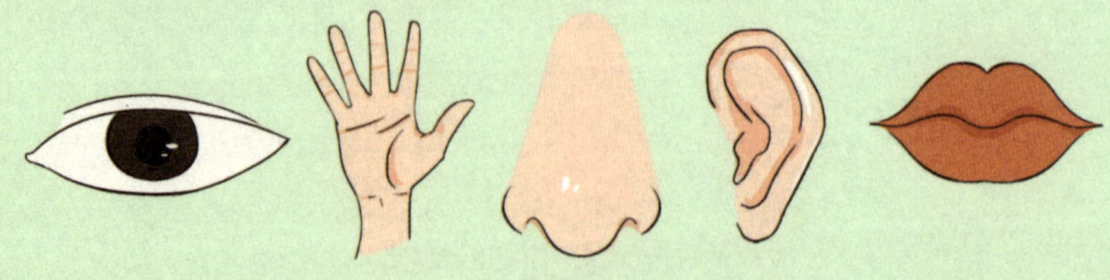

草长莺飞（cǎo zhǎng yīng fēi）

形容江南暮春的景色。出自南朝梁丘迟《与陈伯之书》："暮春三月，江南草长，杂花生树，群莺乱飞。"

听觉、味觉。

先来看看名家是如何使用"五觉"写作法的吧——

那个清晨你会被一阵来自梦中的花香唤醒，那香味甘甜淡雅、撩人心脾却又若有若无（嗅觉）。你寻着这馥郁走上阳台，你的精神为之一振，你的眼前为之一亮，顿时整个世界都因此灿烂而壮丽：满满的一树雪白（视觉：颜色），袅袅低垂（视觉：形态），如瀑布倾泻四溅。

（选自张抗抗《窗前的树》）

这样写，就同时打开了视觉、嗅觉，用生动形象的笔触表现了洋槐花盛开的美丽场景。

再来欣赏一个六年级同学写的《野菊花》，看看其中用到了几种感觉：

盛开着的只有野菊花。开在荒原，开在路边，开在一切容许植物生长的土地上。没有张扬的颜色，鹅黄鹅黄的一片（视觉：颜色），却接天盖地地铺张开来（视觉：形态）；没有沁人心脾的芳香，只有饱经沧桑的涩味飘荡在风中（嗅觉）。

写植物时，不是把“五觉”使用得越多越全越好，而是要学会把“五觉”打通，做到灵活运用。

在描写植物的作文中，如果想让“五觉”的运用更上一个台阶，在此支你三个小妙招。

妙招一：加入联想

在名家的笔下，联想往往与比喻、拟人的修辞手法密不可分。如：

我特别喜欢月光下的夹竹桃。……它把影子投到墙上，叶影参差，花影迷离，可以引起我许多幻想。我幻想它是地图，它居然就是地图了。这一堆影子是亚洲，那一堆影子是非洲，中间空白的地方是大海。碰巧有几只小虫子爬过，这就是远渡重洋的海轮。我幻想它是水中的荇藻，我眼前就真的展现出一个小池塘。夜蛾飞过映在墙上的影子就是游鱼。我幻想它是一幅墨竹，我就真看到一幅画。微风乍起，叶影吹动，这一幅画竟变成活画了。

（选自季羡林《夹竹桃》）

你看，一片小小的树影，都能让季羡林这样放飞自己的思绪，写出如此美妙的文字。牛，实在是牛！

妙招二：关注变化

如果仔细观察，你会发现每种植物在不同的生长阶段都会有一些变化。生根—发芽—长叶—开花—结果，每个阶段都会呈现不同的特点。

那藤蔓缠着麻线卷上去，嫩绿的头看似静止的，并不动弹；实际却无时不回旋向上，在先朝这边，停一歇再看，它

便朝那边了。前一晚只是绿豆般大一粒嫩头，早起看时，便已透出二三寸长的新条，缀一两张长满细白绒毛的小叶子，叶柄处是仅能辨认形状的小花蕾，而末梢又有了绿豆般大一粒嫩头。

（选自叶圣陶《牵牛花》）

你看，先朝这边再朝那边，从一个嫩头到另一个嫩头，几笔写出了喇叭花的生长特点和旺盛的生命力。我们就像看了牵牛花生长的小视频。这需要作者长时间地连续观察。

连续观察就是多次观察一个事物。一次观察，只能了解一个时间点的特征；连续观察，则是要记录事物（动物或植物）在成长过程中出现的一系列变化。

妙招三：融入情感

写植物不仅要把样子写清楚，还要融入自己的思想感情。如：

有这样的韧性，能这样引起我的幻想，我爱上了夹竹桃。

（选自季羡林《夹竹桃》）

“五觉”写作法不仅可以用来写植物，还可以用来写动物、食物、景物、工具、学习生活用品、艺术品等。

1.“五觉”写作法指的是哪五种感觉？

2. 写一种植物。注意灵活运用“五觉”，不少于 100 字。

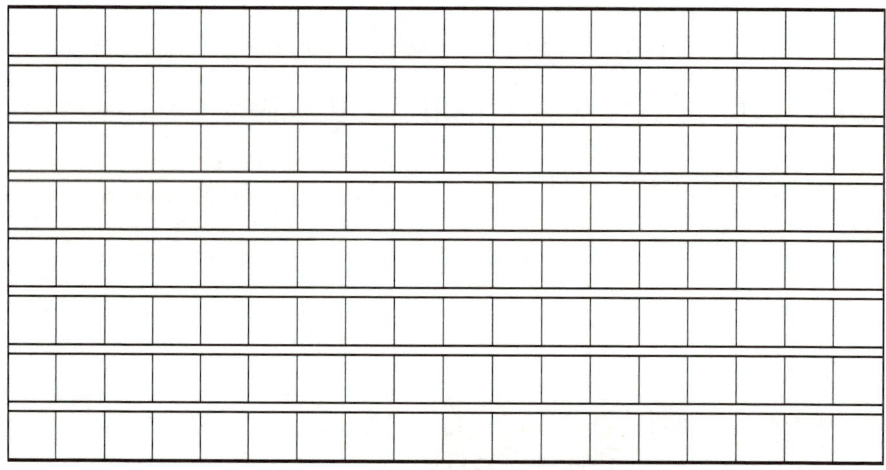

08

我的动物朋友

动物是我们的好朋友，也是作文里的“常客”。怎样才能把动物作文写好呢?

写动物作文，第一步是观察，看外形。每种动物的长相都不一样，可以写的地方那么多，该怎么写呢?

别急！先看名家是怎么写的——

一身乌黑光亮的羽毛，一对俊俏轻快的翅膀，加上剪刀似的尾巴，凑成了活泼机灵的小燕子。

（选自郑振铎《燕子》）

活灵活现

形容描述或模仿的人或事物生动逼真。出自明代凌濛初《初刻拍案惊奇》："他们习着这些大言不惭的话头，见神见鬼，说得活灵活现。"

你看，作者写了燕子什么？

乌黑光亮的羽毛，俊俏轻快的翅膀，剪刀似的尾巴——三个特点，三处细节描写。尤其是描写尾巴的特点，让人一下子就猜出是小燕子。先写三处细节，最后构成了一个活泼机灵的整体印象，就像给燕子画了一幅速写。

描写小动物的外形，最好抓住三个最独特、最明显的特征。这样写出来的动物才有辨识度，让人感觉活灵活现。少于三个，就会显得单薄。当然，你也可以用"形容词 + 名词"的方法多写几处细节。另外，还要记得整体描写。整体描写可以放在细节描写前，也可以放在细节描写后。这样才会给人留下直观鲜明的印象。

这种方法就叫三个细节凑整体。

再来看一位同学写的片段，请你试着找一找文中写了动物的哪些细节和怎样的整体印象：

小鸡看上去那么可爱，圆乎乎的小脸蛋上镶着两只圆溜溜的小黑豆似的眼睛；米黄色尖尖的小嘴一张一合，发出“叽叽叽”的叫声；身着淡黄色的小礼服，光滑又柔软。

细节 1	
细节 2	
细节 3	
整体印象	

既然我们跟动物是好朋友，在写作时当然也要把自己写进去。写一写你们之间的互动，写一写你们之间的趣事。

比如，写你家的猫。你可以摸摸它的脑袋，挠挠它的肚子，感受一下它各个部位的柔软度和温度的不同；你可以跟它“喵喵”对话，看看它有什么反应；你还可以用一根小树枝来逗它，观察它跳来跳去的样子……

总之，只要互动起来，你笔下的文字就会充满情趣。

这些有意思的事，你可以用“一”和“最”来写。

“一”指的是记录有一天或者有一次，它做了什么事或者有什么行为。“最”指的是写你印象最深刻的事或是最深刻的感受。

一起来看冯骥才先生是如何写他与珍珠鸟之间的趣事的：

有一天，我伏案写作时，它居然落到我的肩上。我手中的笔不觉停了，生怕惊跑它。呆一会儿，扭头看，这小家伙竟趴在我的肩头睡着了，银灰色的眼睑盖住眸子，小红脚刚好给胸脯上长长的绒毛盖住。我轻轻抬一抬肩，它没醒，睡得好熟！还咂咂嘴，难道在做梦？

我笔尖一动，流泻下一时的感受：

信赖，往往创造出美好的境界。

（选自冯骥才《珍珠鸟》）

你看，作者对珍珠鸟睡着时的观察多么细致。外形与动作的描写微妙细腻，其声在耳，其形在目，其情在心，充满情趣，引人深思。

1. 描写一种小动物的外形，最好抓住几个最独特、最明显的特征。

2. 选一种动物朋友，仔细观察，用“三个细节凑整体”的方法，写一篇150字左右的短文。

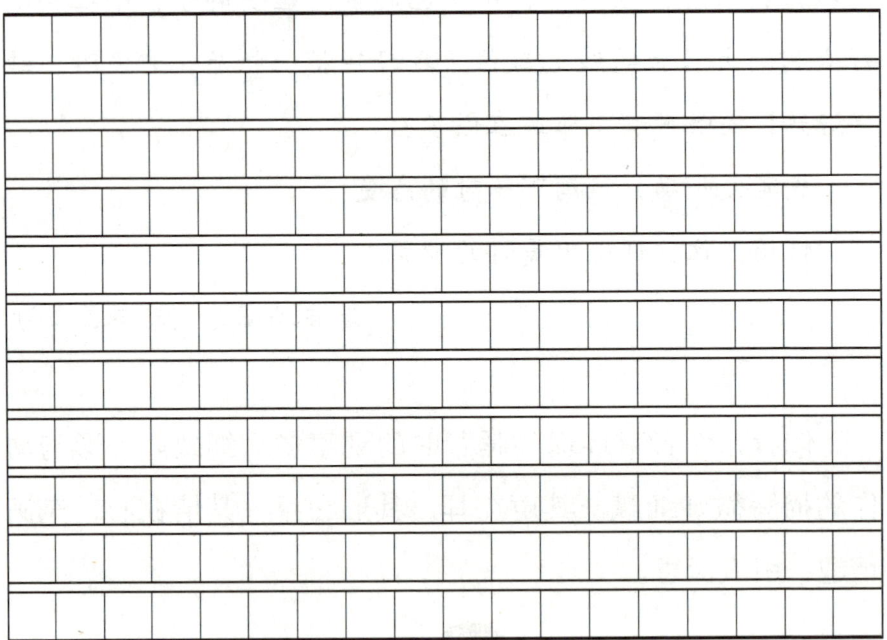

09

舌尖上的“中国”
——如何写美食

说起美食，想必你会两眼放光，口水都“飞流直下三千尺”吧！

美食不单吃起来美味，而且看起来“美味”——所以《舌尖上的中国》才会被那么多人所喜欢，而且读起来也“美味”。

你发现没有，美味的食物制作的过程一般都非常考究。用什么原材料，配什么作料，刀工、火候……每一样都要做到位。把这些制作过程描摹出来，特别能勾起读者的口水。

梁实秋就是一位擅长写美食的名家，他笔下的水晶虾饼是这样制作的：

七分虾肉要加三分猪板油，放在一起剁碎，不要碎成泥，加上一点点芡粉，捏成圆球，略按成厚厚的小圆饼状，下油锅炸，要用猪油，用温油，炸出来白如凝脂，温如软玉，入口松而脆。

（选自梁实秋《雅舍谈吃》）

看了制作过程，你是不是觉得这个水晶虾饼肯定好吃?

留心观察一下，你最喜欢的一道家乡菜是怎么制作出来，然后学例文里的方法，把制作过程写出来，记得要写得“厨香四溢”！

写完制作过程，就要直接面对美食了。美食之美，首先美在色、香、味俱全。一起来看汪曾祺先生笔下的高邮咸蛋：

高邮咸蛋的特点是质细而油多。蛋白柔嫩，不似别处的发干、发粉，入口如嚼石灰。油多尤为别处所不及。鸭蛋的吃法，如袁子才所说，带壳切开，是一种，那是席间待客的办法。平常食用，一般都是敲破“空头”用筷子挖着吃。筷子头一扎下去，吱——红油就冒出来了。高邮咸蛋的黄是通红的。

（选自汪曾祺《端午的鸭蛋》）

“蛋白柔嫩，不似别处的发干、发粉，入口如嚼石灰”“高邮咸蛋的黄是通红的”，写出了高邮咸蛋的颜色和口感。在写吃法时，“筷子头一扎下去，吱——红油就冒出来了”，

一个“吱”字很有画面感，形象地写出了高邮咸鸭蛋油多的特点。

汪曾祺先生的爱吃会吃，在现代文学史上是很有名的，金庸先生就曾赞誉他是“满口噙香中国味的作家”。汪曾祺写吃，无论是日常菜馔，还是野味珍馐，文字都淡雅干净，娓娓道来，让看的人口舌生津。

需要指出的是，在品尝美食时，吃法往往带着满满的仪式感。比如丰子恺先生笔下的螃蟹：

> 父亲说：吃蟹是风雅的事，吃法也要内行才懂得。先折蟹脚，后开蟹斗……脚上的拳头（即关节）里的肉怎样可以吃干净，脐里的肉怎样可以剔出……脚爪可以当作剔肉的针……蟹螯上的骨头可以拼成一只很好看的蝴蝶……
>
> （选自丰子恺《日月楼中日月长》）

伴随丰子恺父亲的整套动作，你是不是感觉那只螃蟹就在面前，就在手中，就在嘴里？

顺便告诉你一个小秘诀：写美食的吃法时，你可以使用丰子恺在上文里使用的“先……再……然

后……最后……”。这样一套动作下来，宛如行云流水。

写了美食讲究的制作过程，色、香、味以及吃法，你还可以挖掘这道美食的来历、传说，赋予美食历史感、文化感。

苏东坡，大家都知道吧。他不仅是一个大文豪，而且是一个顶级“吃货”。仅以他名字命名的美食就有东坡肉、东坡鱼、东坡羹、东坡豆腐……每道美食的背后，都有一个故事或者传说。下面是作家李倪斌写的东坡肉：

“东坡肉”起先是苏轼在黄州制作，尽管那时不叫“东坡肉”，但《食猪肉》一诗有道：“黄州好猪肉，价贱如粪土，富者不肯吃，贫者不解煮。慢著火、少著水，火候足时它自美。每日早来打一碗，饱得自家君莫管。”

读完这段文字后，你可能会不由得感叹一句——原来东坡肉是这么来的啊！

很多美食都有历史、传说或典故，你可以通过问长辈，或者在网络上搜索关键词获取相关知识，然后将其写到文章中，如此可以增加文章的内涵与情趣。

1. “云南过桥米线”有什么传说？（可通过网络搜索）

2. 从制作方法、色、香、味、吃法几个角度介绍一道你最喜欢的美食，不少于 150 字。

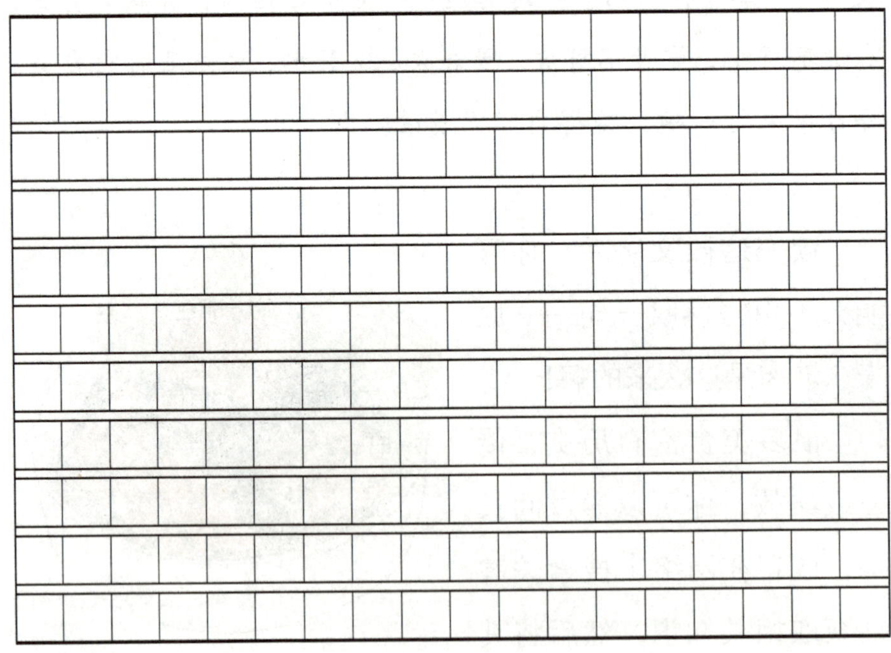

10

让人物形象鲜活起来

要让你笔下的人物“活”起来，有五大法宝——外、语、动、心、神。这也是具体描写人物特点的最基本的方法。

“外”就是外貌描写。每个人的外貌都有自己的特点，善于抓住外貌特点进行描写，是写人作文最常用的方法。

描写人物外貌不要面面俱到。成功的外貌描写往往通过三言两语便可以貌传神。

看一位同学笔下的同桌：

他的头发偏棕黄色，像个外国人。一双眼睛很好看，但眼角上面却有一道长长的疤痕。那是他有一次和同学奔跑打闹时，撞在门上留下的，当时他的左手也擦得到处是伤。

这一外貌描写，给你印象最深的是哪里？对，眼角上的疤痕。眼角上的疤痕是怎么来的？是奔跑打闹时撞的。由此

可以看出同桌是一个调皮鬼。

你看，小作者就是抓住了同桌这一特点，刻画了一个生动的人物形象。

“语”就是语言描写。鲁迅先生说，要“使读者由说话看出人来”。所以，写人一定要重视语言描写，要选择最有代表性的语句来表现人物的个性和思想。

人物的语言描写要符合人物的年龄和身份，老人有老人的语言，小孩有小孩的语言，不同的人说话的语气也不同。

另外，人物的语言描写还要符合人物的特点，有的人说话直率、干脆，有的人说话则幽默风趣。

笔者写过一篇文章《我班有个“小豆豆”》，里面就有笔者和豆豆的对话：

班会上，我讲了两个方面的内容：一是尽量避免上课的时间去厕所，应该利用下课时间去；二是下课时请不要追逐打闹，要注意安全。

“豆豆，请你来说一说我刚才讲的第一点内容。”

“嗯，哦……”豆豆支吾了半天，“老师，我要上厕所。”

下课时，豆豆凑过来：“老师，教师节马上到了，我打算送你一份礼物。”

“哦？”

“肯德基里有一种很小的冰激凌，可好吃了。有空你可以去吃点……”

“我最想得到的礼物是你给我画一幅画，而且要画得像老师哟！”

“没问题，保证完成任务。”

“谢谢你！可不要把我画得太帅哟！”

“哈哈哈，画得帅才是重点！”

读了这段文字，你是不是也被文中可爱、单纯的小豆豆“逗”得忍俊不禁？

“动”就是动作描写。动作描写对刻画人物形象有着非常重要的作用。

看一位同学写的打篮球的片段：

忍俊不禁

忍不住要发笑。出自唐代赵璘《因话录·征部》："……周戎时为吏部郎中，大书其上，戏作考词状：'当有千有万，忍俊不禁，考上下。'"

他猫着腰，篮球在他的手下前后左右不停地跳动着。他两眼溜溜地转动，寻找"突围"的机会。突然他加快了步伐，一会儿左拐，一会儿右拐，冲过了两层防线，来到篮板下，一个虎跳，转身投篮，篮球在空中划了一条漂亮的弧线后，不偏不倚地落在筐内。

要描写人的行为，就必须细心观察人物的动作，精心选择最准确、最恰当的词语进行描述，这样才能写出栩栩如生的人物形象来。

“心”就是心理描写。心理描写可以深刻揭示人物的精神世界，表达人物的思想感情，使人物形象鲜明。

一起来看这位同学的内心世界：

夜已深，屋外的风呼呼地刮着。我蜷缩在床上，无心睡眠。爸爸妈妈，你们什么时候才能回来啊？家里会不会闹鬼啊？窸窸窣窣的是什么声音？突然，窗帘飘了起来，一个黑影从眼前闪过，我的心一下子提到了嗓子眼，啊，救命啊！有鬼！定睛一看，原来是我忘记了关窗。

人物的心理活动描写可以通过人物直接倾吐心声的方式，也可以通过与语言、动作相结合的方式，共同透视人物内心深处的秘密。

“神”就是神态描写。神态描写主要描写的是脸上的表情。如：

他牙齿咬得“格格”作响，眼里闪着一股无法遏制的怒火，好似一头被激怒的狮子：“是谁把我辛辛苦苦搭好的乐高给拆了？”

为了表现人物特点，神态描写往往与动作、语言结合起来。

在描写人物时，我们要根据写作需要，综合、适当地运用外、语、动、心、神这五大法宝，这样你笔下的人物就会“活”起来。

1. 要让你笔下的人物“活”起来，可以运用哪五大法宝？

2. 观察一个你熟悉的人的外貌，描写他（她）与众不同的特点，不少于 100 字。

让人物开“口”说话

在批阅作文时，看到了这样一段话：

做晚饭时，妈妈发现没有盐了，叫我去买。我正在看电视，不想去。妈妈非让我去不可。我只好去了。

你看，这样的作文就像记流水账，一点意思也没有。

怎么办？

让文中的人物开“口”说话呗！

让人物开“口”说话，不能光写说话的内容，还要写提示语。

第一种，提示语在前面。如：

妈妈对我说：“家里没盐了，你赶紧到楼下的小店买盐去。”

第二种，提示语在后面。如：

“家里没盐了，你赶紧到楼下的小店买盐去。” 妈妈对我说。

第三种，提示语在中间。如：

“家里没盐了，”妈妈对我说，“你赶紧到楼下的小店

提示语就是对人物说话时的表现进行记叙描写，提示一下当前的情况。

买盐去。”

有时候，如果写两个人之间的对话，前面已经交代过说话者是谁，提示语就可以省略。如：

睡前故事开始了。妹妹迫不及待地钻进被窝，躺在妈妈怀里。

“妈妈，今天你讲什么故事啊？”

“宝贝，你想听什么故事呢？”

“我今天想做妈妈。”

“什么意思？”

“我想讲故事给你听。”

“这样啊！好的，宝贝，你开始吧！”

有些同学写作文时喜欢用“我说”“他说”“妈妈说”“老师说”……其实提示语里不一定要带“说”字，你还可以尝试使用“叫”“喊”“道”“问”“骂”“夸”等；如果用两个字，可以是“赞叹”“讲解”“争论”“商量”“辩解”“反驳”“申诉”等；如果用四个字的话可以是“婉言谢绝”“窃窃私语”等。

要想让人物把话说得更精彩，你还可以在“说”的前面加入人物的动作、表情等。如：

她不禁撅起了嘴，皱起了眉头："怎么回事？我的零花钱哪里去了？"

张老师语重心长地对我说："小明，你想把语文成绩提上来，就一定要多读课外书。"

"家里没盐了，"妈妈风风火火地从厨房里走出来，对我说，"你赶紧到楼下的小店买盐去。"

使用提示语让人物开"口"说话时，要注意标点符号的正确使用。小口诀送给你——

提示语在前面，冒号引号紧相连；
提示语在中间，点个逗号在后边；
提示语在后面，结尾画个小圆圈。

风风火火：①形容急急忙忙、冒冒失失的样子。②形容很活跃、很有劲头。

知道了如何让人物开“口”说话，我们再来看一下在开头出示的“流水账”作文，你可以从以下三个方面进行思考。

（1）妈妈叫“我”去买盐，会怎么说？“我”不想去，会说什么？妈妈非让“我”去，又会怎么说？“我”即使去了，也会说点什么。这样一来一回，文中的人物要有多少次对话？

（2）写人物对话的时候，还要看看是不是符合人物的身份。妈妈的语气和“我”的语气肯定不一样。

（3）还可以再想一想，人物说话时有什么动作、表情等。

想好以后，我们再来丰富一下这篇作文：

放学回家，我把书包往桌上一扔：“妈，我饿死了。有什么吃的没？”

“冰箱里有面包，你自己拿，先垫垫肚子。我正在做饭，马上好。你可以先看一会儿电视。”妈妈在厨房一边切菜，一边扭过头来大声对我说。

我打开冰箱，拿出面包，然后打开电视机，津津有味地看起动画片。

这时，妈妈急急忙忙地从厨房里走出来，对我说：“家里没盐了，你赶紧到楼下的小店买盐去。”

我盯着电视机：“不去，我正在看动画片。”

“菜在锅里，没盐可不行。你快去快回，回来再看。”

“不行，正是好看的时候。”

“那你今天晚上还要不要吃晚饭？”

“我看完就去……”

话没说完，只见妈妈拿起遥控器，按下红色键。

我正看到紧要关头：“妈，你干吗？”

“快去！”妈妈虎着脸，把遥控器扔到沙发上，“皮痒了，要我……”

“好，好，好，马上去！”没等妈妈说完，我跳起来，“我现在就去！”哼，好汉不吃眼前亏，我接过妈妈手里的钱，立刻飞奔下楼。

你看，人物一旦开“口”说起话来，是不是很有生活气息，笔下的文字是不是生动了许多？

1. 写人物对话时，除了用某某“说”，还可以用哪些字词表示“说话”？

（1）______（2）______（3）______

（4）______（5）______（6）______

2. 生活中，你和爸爸、妈妈肯定因为某一问题争论过。回忆一下当时的情景，写一篇作文，要求不少于 200 字。

12

动起来更精彩

如果有一个人，他爱喝酒，经常因为没钱而在酒馆赊账，被所有人看不起。这一天，他突然有了喝酒的钱。你猜他买酒时会怎么掏钱？

鲁迅先生在《孔乙己》里是这样写的：

他不回答，对柜里说："温两碗酒，要一碟茴香豆。"便排出九文大钱。

一个"排"字，把孔乙己试图装阔气的样子表现得淋漓尽致。

后来，孔乙己越来越潦倒，欠的酒钱好久都不能归还，还因为盗窃被人打断了腿。这时候，他又来到酒馆。你猜他买酒时会怎么掏钱？

鲁迅先生在《孔乙己》里是这样写的：

我温了酒，端出去，放在门槛上。他从破衣袋里摸出四文大钱，放在我手里，见他满手是泥，原来他便用这手走来的。

这回不是“排”，而是“摸”。孔乙己贫病交加，口袋里仅有这么点钱，所以取钱时缓慢而小心。又因为口袋大，钱少，要搜索一番才能取出。同样是从口袋里拿钱，从“排”到“摸”，之前的神气劲儿完全没有了。

同学们描写动作时，常常会犯两种“病”。

第一种是“木头人”病。笔下的人物没有动起来，呆若“木头人”。

第二种是“笼统”病。动作描写比较简单，往往只有一个大动作，没有展现出画面感。

如何治疗这两种病呢？

——慢镜头＋特写。

用慢镜头延长动作，用特写放大动作。

画面感，在不同的领域有不同的理解。在文学领域，简单说就是，看了文章就像看了一幅美妙的画一样，生动而有韵味，让人记忆深刻。

慢镜头是一种电影艺术手法。通俗地说，就是将动作的速度变慢，明明一瞬间就完成的动作，却用数倍的时间来展现。比如：武侠片里经常有一刀砍过去，对方一个后仰，刀锋贴着前额飞过，甚至斩断了几根发丝。这套动作如果不放慢，观众根本体会不到其中的凶险。

特写也是一种电影表现手法，指的是电影中拍摄人体的某一局部或物品的某一细部的镜头。比如：侦察兵一动不动地埋伏在前沿阵地，突然一只老鼠窜进他身下躲了起来，紧接着一条毒蛇爬到他面前，吐着信子……这时，就可以给吐着信子的蛇以及侦察兵的脸一个特写，体现出侦察兵的三分恐惧与七分镇定。

这两种电影表现手法也可以运用到动作描写中。把“一个”大动作分解成“一连串”小动作，就是“慢镜头”；聚焦在某一个动作细节上，就是“特写”。看一位同学是如何用“慢镜头”与“特写”写爸爸吃蛋卷的：

老爸用左手捏起一个蛋卷，送到嘴边，小心地咬了一口，几乎同时，他伸出右手，摊开手掌，放在下巴处。待一个蛋卷吃完，那纷纷而落的蛋卷碎屑也就铺了一手掌。老爸将右手的五指向掌心一拢，往张开的大嘴巴里一拍，便又香香地咀嚼起来。

吃个蛋卷，快的话不到半秒。不擅长写作的，往往一笔带过——“老爸把蛋卷放在口里咀嚼着”，或者在“咀嚼”前加上“津津有味地”。但“津津有味”是作者说的，读者看了并没有感觉。

而通过慢镜头写作法，将“吃”的过程拉长——捏、送、咬、伸、摊、放、铺、拢、张、拍、咀嚼，又辅以各种特写——左手捏、送到嘴边小心咬、伸出右手、摊开手掌……一个能吃、会吃的爸爸形象跃然纸上！同时，蛋卷的香味弥漫在文字之间！

慢镜头写作法与特写写作法并不难学。只要在平时生活中细心观察，写作中刻意练习，你也很快能从入门到精通。

1. 作文中的"木头人"病指的是什么？要如何避免犯这个病？

2. 观察早上挤公交车（地铁）赶着上班或上学的人，然后运用所学方法写一篇题目为《挤车》的作文，不少于150字。

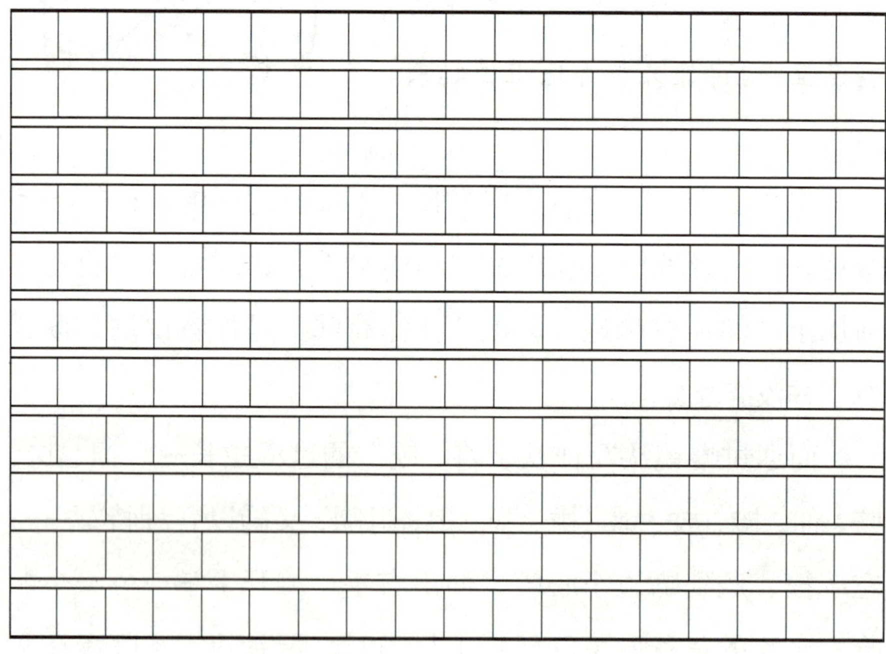

13

巧用思维导图来叙事

叙事文是小学阶段最常见、最基本的一种文体。

你可以写家里的事，如包饺子、过春节、做家务等。

你可以写学校的事，如公开课、运动会、讲故事等。

你可以写社会上的事，如社区公益活动、城市马拉松比赛等。

你可以写自己的事，也可以写他人的事。

……

写好一件事，首先要把事件交代清楚。事情要叙述完整，得把握好“六要素”：时间、地点、人物、起因、经过、结果。

时间，一般来说在文章开头就交代，可以用某年某月某日表示。如：

1870 年 3 月 17 日夜晚，哈尔威船长照例走着从南安普敦到格西恩岛这条航线。

（选自雨果《“诺曼底”号遇难记》）

可以用自然时节或者节日表示。如：

假日里，爸爸带我去黄山，爬天都峰。

（选自黄奕波《爬天都峰》）

还可以用一天当中的某个时间段来表示。如：

黎明的时候，雨突然大了。像泼。像倒。

（选自谈歌《桥》）

地点，一般也在文章的开头交代。例如我们刚刚举过的例子《“诺曼底”号遇难记》的第一句就点明了地点是“从南安普敦到格西恩岛这条航线”，《爬天都峰》也在第一句就点明了地点“去黄山，爬天都峰”。

事情是人做的，人物当然必不可少。特别是主要人物，在事件中是“怎么说”“怎么做”“怎么想”的，一定要写具体。

起因、经过和结果，是构成事情最主要的环节，动笔前需要认真构思。思维导图可以帮你理清思路。我们先画出一下《爬天都峰》的思维导图。

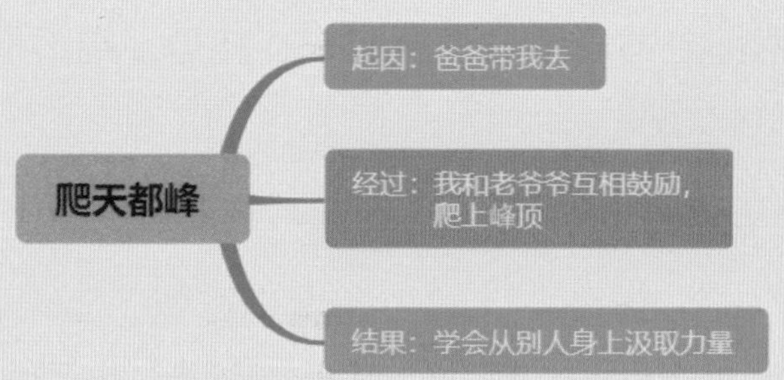

“六要素”中的地点、时间、起因和结果一般不作为叙事文的主体，它们只是对所记事情起说明的作用。事情的“经过”是写好一件事的主要部分。

同学们写叙事文，“经过”部分写得不够具体是普遍性问题。怎么办呢?

很简单!在叙事的过程中,按照先后顺序一层一层地写清楚,一定要细致刻画人物当时的“外、语、动、心、神”,这样既有利于体现人物的思想品质,也有利于凸显文章想要表达的中心思想。

还是以《爬天都峰》为例,作者爬天都峰的经过要详写,可以利用“五觉”写作法,重点写自己“看到的”“听到的”“想到的”。所以,这一部分的思维导图可以做成以下形式。

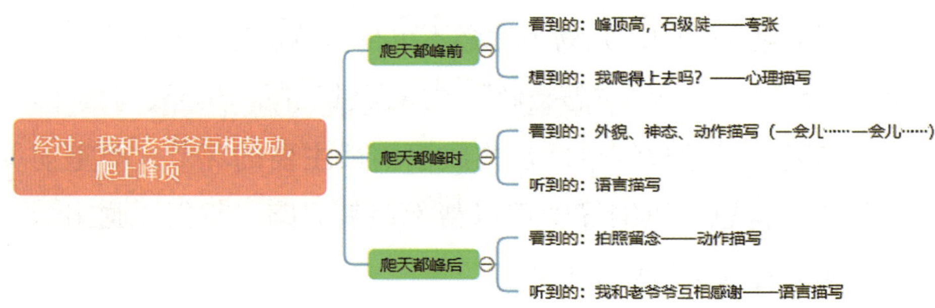

把前面两部分的思维导图合起来,就是《爬天都峰》完整的提纲。

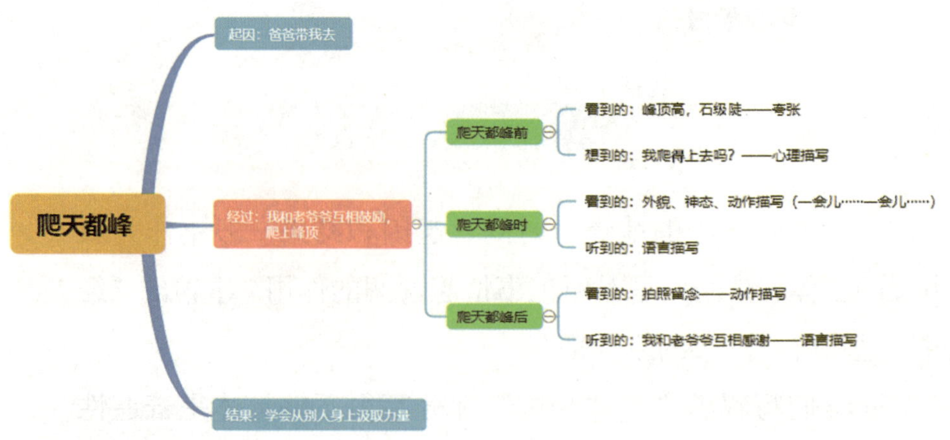

你看，有了这样一个思维导图，写起一件事来，思路是不是清晰得多？

总结一下，叙事文可以按照下面的思维导图去写。

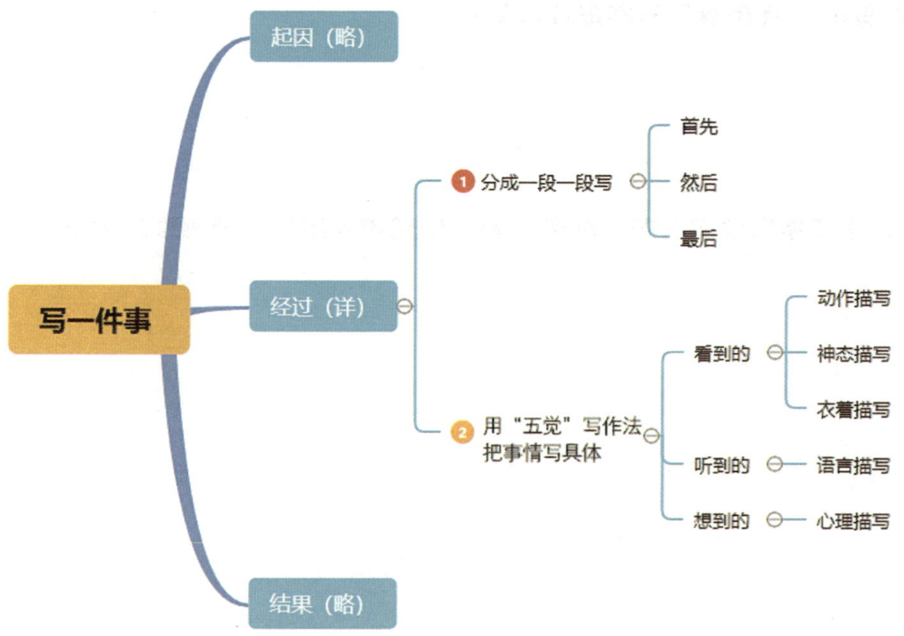

思维导图构思法可以运用在各种类型的作文中。感兴趣的你不妨开动脑筋，多多尝试呦！

1. 叙事“六要素”分别是哪六个？

2. 选择你印象深刻的一件事，尝试用思维导图列一个写作提纲吧！

14

文似看山不喜平

高山之所以雄奇，是因为它有层叠的山峦；大海之所以壮丽，是因为它有起伏的波澜。作文要想写得生动，引人入胜，就要有曲折，有波澜。所谓文似看山不喜平，说的就是这个道理。

有个故事，讲的是清朝乾隆年间，有位王姓翰林为母亲做寿，他请纪晓岚即席做个祝寿诗助兴。纪晓岚不推辞，当着满座宾客的面脱口而出：“这个婆娘不是人。”话语一出，宾主双方大惊失色，莫名其妙地看着他。纪晓岚不慌不忙地吟出第二句：“九天仙女下凡尘。”听了这一句，宾主们才松了一口气，甚至有人拍

文似看山不喜平，意思是写文章好比观赏山峰那样，喜欢奇势迭出，最忌平坦。出自清代袁枚《随园诗话》：“画如交友须求淡，文似看山不喜平。”

手叫好。接着纪晓岚高声读出第三句：“生个儿子去做贼。”这一下，满场主客变成哑巴，欢悦变成难堪。哪知纪晓岚又从容地吟出第四句：“偷得蟠桃献娘亲。”这时，大家立刻欢呼起来。

这四句诗写得不同凡响，第一句制造了一种紧张的气氛，第二句使局面变得缓和，第三句一度使在座主宾愤怒起来，但第四句又让大家非常满意。全诗采用先抑后扬的写法，先贬后褒，以贬衬褒，险中见奇，曲折有变，波澜起伏，给人耳目一新的感觉。

让文章有起伏，用得最多的一种方法是设置悬念。比如《草船借箭》，写的是周瑜妒忌诸葛亮的才干，令他在十天之内造十万支箭。明知这是不可能的事，但诸葛亮还是满口答应，并承诺只需三天便可完成任务。以诸葛亮的聪明才智，难道不知道周瑜要陷害他？

未雨绸缪（wèi yǔ chóu móu）

趁着天没下雨，先修缮房屋门窗。比喻事先做好准备。出自明代朱柏庐《治家格言》：“宜未雨而绸缪，毋临渴而掘井。”

军中无戏言，说了做不到，可是要掉脑袋的。这就给读者制造了一种悬念，吸引读者往下读，以满足自己的好奇心。原来呀，诸葛亮早就未雨绸缪，料到三天之后江面有大雾。他佯装进攻曹军，曹军必然不敢在大雾中正面迎战，只能放箭反击。而诸葛亮早就安排兵士在船上扎了很多草人。这样，曹军射出的箭都扎在草人身上，被诸葛亮“借”去了。周瑜看了，自叹不如。

悬念设置好了，在故事的推进过程中，最好也有起伏。比如：当一个瘦小的男青年，深夜下班看到持刀歹徒在抢劫一个女孩时，是毫不犹豫地冲过去，还是犹豫之后跳出来？

前者。青年冲到歹徒面前，大喝：“混蛋，住手！”

后者。青年正要冲上前，却想起妻子要他早点回家的嘱咐。他立在原地，心想这歹徒身高体壮，还持有匕首，自己冲上去不过是白白送命。一想到送命，青年就开始后退，可不能送命，妻子肚子里还有孩子呢！万一遭遇不测，老母亲谁来养？还是算了吧！他屏住呼吸悄悄后退。“住手！”青年听

到一声大喊，他左右环顾，并没有人。他赶紧捂上自己的嘴巴，可说出去的话岂能捂得住？只见那歹徒骂骂咧咧地挥舞着刀子朝他走来。既然话已经说出去了，就跟他拼了吧！青年顺手操起脚下一根木棒，朝歹徒方向走过去……

相较之下，前者太平淡，“风景”单调。而后者就像看到连绵起伏、怪石嶙峋的山峰，走两步就有新发现、新景色。

因此，在描写某些重要的场景时，要深入主人公内心，

连绵起伏

连续不断而且起伏不平。

怪石嶙峋

形容奇形怪状的石头峻峭、重叠、突兀的样子。

精巧设计出合情合理的矛盾、冲突，让情节的推进像山脉一样起伏，耐看。

还有一种起伏巨大、让人眼前一亮的写作方法，叫欧·亨利式结尾。

美国著名的短篇小说家欧·亨利，他喜欢在文章的结尾处设置一个惊天大反转。例如，在他的《麦琪的礼物》中，写到男主人公吉姆和女主人公德拉，虽然生活贫穷，但各自拥有一样极珍贵的东西。吉姆有一块祖传的金表，德拉有一头美丽的瀑布般的秀发。为了能在圣诞节送给对方一件礼物，吉姆卖掉了他的金表，为德拉买了一套漂亮的梳子；德拉卖掉了自己的长发，为吉姆买了一条白金表链。

你看，这两个人为了对方都失去了自己最宝贵的东西，却换来了彼此本来需要、现在却不需要的东西。这样的结尾是不是“意料之外”，仔细想想又在“情理之中”？

谈歌的《桥》，讲的是党支部书记“老汉”指挥群众在

欧·亨利，19世纪末20世纪初美国著名短篇小说家，美国现代短篇小说创始人。与法国的莫泊桑、俄国的契诃夫并称为世界三大短篇小说巨匠。“含泪的微笑”是欧·亨利小说的创作风格，是喜剧形式和悲剧内涵的有机结合。

洪水中撤退的故事。老汉让群众先撤，党员断后，并在队伍中将一个是党员的小伙子拎出来排在最后。等到小伙子过桥时，桥垮了，老汉跟小伙子双双被洪水冲走。

《桥》的结尾：

五天以后，洪水退了。

一个老太太，被人搀扶着，来这里祭奠。

她来祭奠两个人。

她丈夫和她儿子。

原来，小伙子是老汉的儿子！这让人感到意料之外，但联系前文想一想，又在情理之中。这个欧·亨利式结尾，达到了震撼人心的艺术效果。

1. 欧·亨利式结尾方式是怎样的？

2. 采用设置悬疑的方法，写一篇200字左右的叙事短文，题目自拟。

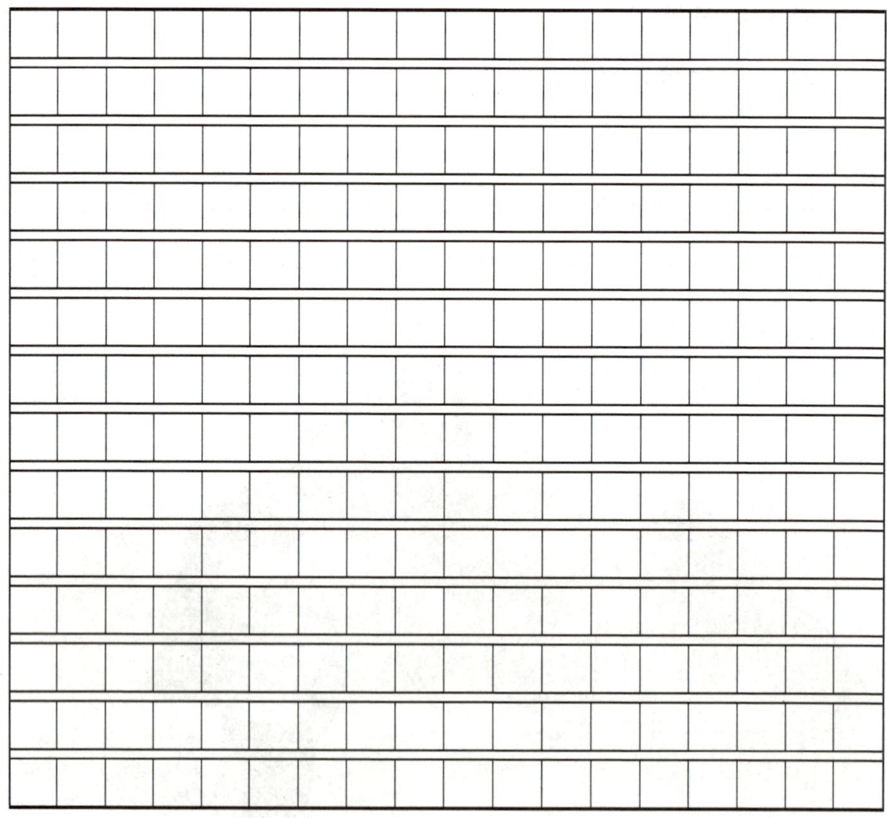

15

点面结合写场景

我们经常会被一些电影名场面所吸引。文学作品中也有名场面，比如《鲁提辖拳打镇关西》（八年级上册），鲁达为了惩恶扬善，故意刁难镇关西郑屠，然后用三拳就打死了郑屠。整个过程可谓精彩纷呈。

写叙事文，难免要写到场面。场面描写一般由“人”

老师带你一起学

名场面，一般指影视剧中为人熟知的经典片段。对于名场面的界定，几乎完全取决于个人感受。

“事”“景”“物”构成。它是叙事性作品的基本构成单位，是刻画人物、展开情节、表现主题的主要手段。

写场面时，既要有对场面的总体概括，也要有对个体的细致刻画。就像拍电影一样，既要有全景镜头，又要有特写镜头。全景镜头就是面，特写镜头就是点。点面结合是场面描写的好方法。

《开国大典》一文中，记叙阅兵式的部分时，作者就采用了点面结合的方法：

开头是海军两个排，雪白的帽子，跟海洋一个颜色的蓝制服。（点）接着是步兵一个师，以连为单位，列成方阵，齐步行进。（点）接着是炮兵一个师，野炮、榴弹炮等，各式各样的炮，都排成了一字形的横列前进。（点）接着是一个战车师，各种装甲车和坦克车两辆或三辆一排，整整齐齐地前进；战士们挺着胸膛站在战车上，像钢铁巨人一样。（点）接着是一个骑兵师，“红马连”一色红马，“白马连”一色白马，五马并行，马腿的动作完全一致。（点）以上这些部队，全都以相等的距离和相同的速度经过主席台前。（面）当战车部队经过的时候，人民空军的飞机也一队队排成人字形，飞过天空。（点）毛主席首先向空中招手。（点）群众看见了，都把头上的帽子、手里的报纸和别的东西抛上天去，欢呼声盖过了飞机的隆隆声。（面）

这一场面是按照各方阵行进的顺序来写的，融入了两种不同形式的点面结合。

一是一面带多点。“以上这些部队，全都以相等的距离和相同的速度经过主席台前。”这句话是全景镜头，从面上描写了阅兵的场面。海军、步兵、炮兵、战车、骑兵、空军各兵种方阵，作者按照入场顺序具体描述了他们各自的特点。这些是特写镜头，属于点的描写。这种一面带多点的写法，不仅能让人感受到整个阅兵场面的庄严、隆重、气势恢宏，更突出了各个队伍的特色，同时也表达了群众对人民军队的赞美和为人民军队感到自豪的感情。

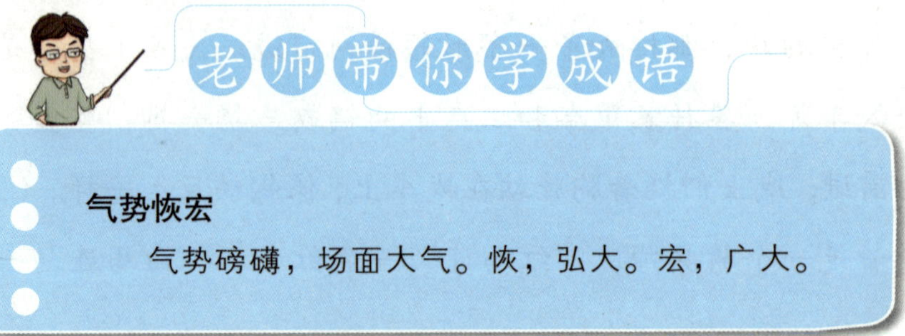

气势恢宏

气势磅礴，场面大气。恢，弘大。宏，广大。

二是一点带一面。空军方阵飞过天安门广场，毛主席也是众多见证人之一。“毛主席首先向空中招手。”这是特写镜头，属于开国大典的点。“群众看见了，都把头上的帽子、手里的报纸和别的东西抛上天去，欢呼声盖过了飞机的隆隆声。”这一句是全景镜头，俯视台下三十万群众的表现，是开国大典的面。这种一点带一面的写法，营造出了一种热烈激动的氛围。

恰当地运用点面结合的写法，至少有三个好处。一是突出人物，二是烘托气氛，三是表现主题。作为学生，我们该如何在作文中使用这种技法呢？

首先，你要确定好一个描写的场面。比如运动会、观看节目、参加演出、春游、秋游、送别等，都是我们写作中常见的场面。

接着，你需要确定这个场面的特点。不同的场面，氛围不同。比如运动会、参加演出的场面一般是比较激动、紧张的，观看节目的场面一般是开心、兴奋的，春游、秋游的场面一般是高兴、轻松的，送别的场面一般是留恋、不舍的。为了突出这些场面的特点，你还要找准烘托气氛的点和面。当然，点和面就是场面里的人、景、物以及天气等。

最后，选取要重点描写的一个或一些点。具体描写人的语言、动作、神态等，或者详细描述景和物的外形、姿态等。对于面要略写，一笔带过即可。比如写运动会场面，可以选取比赛选手的具体表现作为点，选取观众、赛场、景物作为面。

下面来看一位同学写的拔河比赛的场面：

同学们脚顶着脚，身子住后倾，两只手像铁钳似的，用力抓住大麻绳。（面）我深吸了一口气，使出了吃奶的劲，拼命向后拉。突然，我觉得自己的手拽得像刀割一样疼，可绳子还是一动不动。一股热血冲上额头，豆大的汗珠从额头上滚下来，我咧咧嘴，咬紧牙，忍着疼，心里想：坚持下去，绝不放弃，我可以！（点）

这位同学，先从面上写同学们的总体表现，然后从点的角度具体描述了自己的动作、神态和心理活动等，写出了拔

河比赛激烈的场面。

点面结合的场面描写方法，可以由面到点，也可以由点及面。这就跟电影画面一样，有时候是先来一个大全景（面），再将镜头拉近，瞄准某一个人或物体（点）；有时候可以先出现一个人，再把镜头拉远，展现出大全景。至于使用哪种方法，要根据具体情况来判断。

1. 填一填。

场面描写一般由________、________、________、________构成。

2. 选择学校运动会上你印象最深刻的一个比赛场景，使用点面结合的方法，写一篇150字以上的短文。

16

一切景语皆情语

还记得在《水浒传》第十章回《林教头风雪山神庙》里，作者施耐庵是怎么写大风雪的吗？

第一次写林冲去草料场时：

正是严冬天气，彤云密布，朔风渐起，却早纷纷扬扬卷下一天大雪来。

第二次写他外出沽酒：

雪地里踏着碎琼乱玉，迤逦背着北风而行。那雪正下得紧。

第三次写沽酒回来：

看那雪，到晚越下得紧了。

这些自然景物的描写，推动了情节发展，同时也点明了林冲的孤冷，烘托了平静背后的紧张氛围。

写自然景物有容易的地方，也有很难的地方。说容易，是因为自然景物已经司空见惯，用文字描摹并不难。说很难，是因为写的自然景物要渲染当时的气氛、烘托人物的心情、凸显人物的形象或推动故事情节发展。所以，古人云："状难写之景于眼前，含不尽之意于言外。"

老师带你一起学

"状难写之景于眼前，含不尽之意于言外。"出自宋代欧阳修的《六一诗话》。大概意思是写文章时要能把景物写活，让人感觉亲眼看见一样，懂得借助景物表达文字以外的情感，从而收到寓意含蓄深远、耐人寻味的表达效果。

同样的景色，在不同的人、不同的心境之下，所“看到”的并不相同。如果今天老师表扬了你，放学路上你看到的就是“春风吹，阳光照，花儿对我笑”；如果老师严肃地批评了你，还要你明天叫家长来学校，你眼里的风景就会是“风摇花落，残阳如血”。

写景不是为了写而写，写景的目的是表达人的情感。景与情贵在融合，景中有情、情中有景，才能达到水乳交融、不可分离的境界。在方法上，可多加运用比喻、拟人等修辞手法，使景物带有人的特点，让写实与想象完美结合在一起。

具体到我们中小学作文中，有三个地方最适合写景。

第一，在开头写景，交代故事发生的时间、地点，有时也可揭示作品的时代背景。例如部编版四年级下册的《小英雄雨来（节选）》一文开头的自然环境描写：

晋察冀边区的北部有一条还乡河，河里长着很多芦苇。河边有个小村庄。芦花开的时候，远远望去，黄绿的芦苇上好像盖了一层厚厚的白雪。风一吹，鹅毛般的苇絮就飘飘悠悠地飞起来，把这几十家小房屋都罩在柔软的芦花里。因此，这村就叫芦花村。

文章开头，描写了还乡河的景色。作者使用了白描的手法，质朴的语言，寥寥几笔就写出了故事发生的地点。

“芦花开的时候，远远望去，碧绿的芦苇上像盖了一层厚厚的白雪。”这句话描绘了村庄的宁静与美丽。“一层厚厚的雪”说明河面都被芦苇覆盖了，看不清水下的东西，为后面雨来顺利脱险创造了条件。

“风一吹，鹅毛般的苇絮就飘飘悠悠地飞起来，把这几十家小房屋都罩在柔软的芦花里。”“鹅毛般”的苇絮，形象地写出了苇絮漫天飞舞的景象。“飘飘悠悠”富有动感，写出了雨来家乡的美。“罩”说明了整个村子被芦苇覆盖。这些都说明了雨来的家乡如诗如画，这样美丽的家乡是不允许敌人来破坏的。

第二，故事即将出现转折或进入高潮时可以写景。例如在欧·亨利的《警察与赞美诗》中，因为寒冬将至，无家可

老师带你学成语

如诗如画：风景非常美丽，像诗画一样动人。出自宋代叶大庆《考古质疑·卷五》："大率如诗如画，皆以形容远景为工。"

归的流浪汉索比想进监狱过冬，所以故意犯了各种罪，如吃霸王餐、扰乱治安、偷他人的伞，但这些行为都没有让他如愿被警察抓走。失望的苏比不得不回到公园的长凳上过夜，在路上，他停住了脚步：

……这儿有一座古老的教堂，样子古雅，显得零乱，是带山墙的建筑。柔和的灯光透过淡紫色的玻璃窗映射出来……

月亮挂在高高的夜空，光辉、静穆；行人和车辆寥寥无几；屋檐下的燕雀在睡梦中几声啁啾——这会儿有如乡村中教堂墓地的气氛。

这里对景物的描写，既渲染了气氛，又推动了故事情节的发展，为"破罐子破摔"的索比打算振作起来作了铺垫。

第三，在结尾通过写景来揭示主旨。例如《在柏林》一文的结尾：

车厢里一片寂静，静得可怕。

结尾的环境描写渲染了人们极其沉重的心情与车厢内悲哀的气氛。当老人说出故事结局和真相后，以环境描写收尾，作者想用这种死寂来表达对战争的控诉，从而引起读者深深的思考。

这三个地方，你可以根据实际去选择。另外，平时要多观察景色，多练习写景。这样，在需要写景时才有景可写。

1. 填一填。

写景的目的是表达人的________________________。

2. 以“这也是一种爱”为题，在开头、中间、结尾加入合适的环境描写。不少于200字。

17

这样想象更有趣

“脑洞”大开的时间到了！请发挥你的想象力……

现在有一个自称公主的人站在你面前，你怎么测试她是真公主还是假公主？

方法有很多。我们看看安徒生在童话《豌豆公主》里是怎么测试的。

老皇后心想：是的，这点我们马上就可以考查出来。可是，她什么也没说。她走进卧房，把所有的被褥全部搬开，在床榻上放了一粒豌豆。然后，她取出二十张床垫子，把它们压在豌豆上。最后，她又在这些垫子上放了二十床鸭绒被。

这位公主夜里就睡在这些东西上面。

早晨大家问她昨晚睡得怎样。

“啊，一点儿也不舒服！”公主说，“我差不多整夜都没有合上眼！天晓得床下有什么东西！有一粒很硬的东西硌着我，弄得我全身发紫，这真是太可怕了！”

大家看出来了，她的确是一位真正的公主。因为压在这二十层床垫子和二十床鸭绒被下面的一粒豌豆，她居然都能感觉出来。除了真正的公主以外，任何人都不会有这么娇嫩的皮肤。

在二十层床垫子和二十床鸭绒被下面放一粒豌豆，居然能硌得公主睡不着。安徒生的想象力真的“逆天”了。

想象是一种特殊的思维方式。它犹如一座奇异的王国，在这个王国里，你可以随心所欲，展开奇思妙想，做自己想

老师带你学成语

奇思妙想

奇妙的想法。出自明代许仲琳《封神演义》第十七回："御妻异制奇观，真堪玩赏，非奇思妙想，不能如此。"

做的梦。

写作文需要想象力。欠缺想象力的作文，就像没有鲜花的园林。

那么，如何激发想象力？

首先，你要“敢想”。人们认为很多事情“不可能”发生，只是因为缺乏想象力而已。比如：一千年前，谁会认为人可以在天空中飞？一百年前，谁会认为远隔几千公里可以通话，并且能看到对方？

在想象的世界里，什么都可能发生。

你可以把自己变成一棵树，上面筑满了各种颜色、各种形状的鸟窝，小鸟们都住在里面。

你可以想象自己是龙卷风，旋转着身子，正赶去参加大自然的“铁人三项”比赛。

……

读这样的文字，是不是很有意思？

因为这样的想象大胆而神奇，让我们看到了现实生活中不存在的事物和景象。

张开你想象的翅膀，在广袤的天空自由翱翔吧！

其次，要“能想”。想象的火花迸发于丰富的知识矿藏，创造想象力需要丰富的知识和经验。你的知识、经验直接影响想象力的深度和广度。所以，我们要拓宽视野，博览群书，扩大知识领域。

你知道吗？一支憋在抽屉里的铅笔也有自己的梦想：

（我）跑到运动场上。知道我要做什么吗？我要当一会儿小松鼠的撑杆，当一阵小猴子的标枪。挂在脖子上的奖牌亮闪闪的。哈，多么好玩！多么开心！

你看，撑杆、标枪的形状和铅笔一样，都是细长的。铅笔想当“小松鼠的撑杆”“小猴子的标枪”，这样的想象不

仅有趣，而且自然合理。

铅笔还会有什么梦想呢？展开你想象的翅膀，自由飞翔吧！

再次，要“善想”。要打破常规、跳出框框想，跳出传统的框框、书本的框框、名言的框框、经验的框框和从众的

老师带你一起学

逆向思维，也称求异思维，它是对司空见惯的、似乎已成定论的事物或观点反过来思考的一种思维方式。敢于“反其道而思之”，让思维朝反方向发展，从问题的相反面深入地进行探索，树立新思想，创立新形象。

框框，任想象不受束缚地自由飞翔。要围绕一点，向外发散，朝四面八方想开去，也就是实现发散思维。

有时候，常规思维下不可能发生的事情，运用逆向思维去想象，就有可能实现。

假如母鸡能在天空飞翔，假如蚂蚁的个头比树还大，假如老鹰变得胆小如鼠，假如蜗牛健步如飞……动物一旦失去了原来的主要特征或是变得与原来完全相反，它们的经历一定会很奇特，它们的故事也一定会很有趣。

1. 开动脑筋，想一想你还有什么妙招测试“豌豆公主”是不是真的公主？

2. 根据下面的开头，展开想象，写一段不少于 150 字的文字。

一阵大风过后，小牧童被吹到了颠倒村。他睁开眼睛，只见树枝和树叶长进土里，树根却张牙舞爪地伸向天空……

18

创意“小小动物园”

假如把你的家比作“小小动物园”，家里的成员分别像什么动物呢？

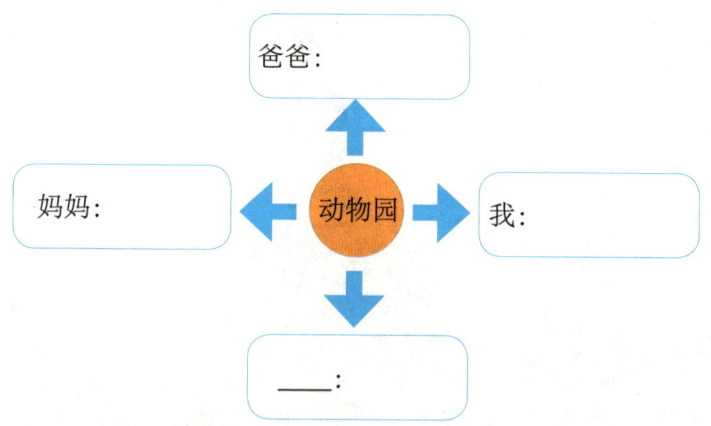

我们先来看一下别的同学是怎么说的——

多多说：“我的爸爸手大，脚大，肚子大，就像一只大象。”

乐乐说：“我的哥哥游泳很厉害，在水里就像一条自由自在的鱼。”

成成说：“我的妈妈温柔时像一只小绵羊，发火时像一只大老虎。”

你看，将自己的家比作“小小动物园”，家人都变成了各具特点的动物。这样的想象是不是很新鲜，很别致？

“手大，脚大，肚子大”的爸爸变成了“大象”，这是根据外在形象来比喻的。

“擅长游泳”的哥哥变成了“鱼”，这是根据喜好特长来比喻的。

妈妈“温柔时”变成了“绵羊”，“发火时”则变成了“老虎”，这是根据性格特点来比喻的。

看来，人与动物的相似之处，可以表现在很多方面，比如样子、性格、饮食、声音、本领、脾气……抓住这个人最主要的特点，用与他（她）有相似特点的动物进行比喻，就显得很有创意。

如何把家人最主要的特点写清楚呢？

乐乐说：“我的哥哥游泳很厉害，在水里就像一条自由自在的鱼。”

要想把哥哥游泳本领高的特点写清楚，还需要通过具体的行为来说明。如：

我的哥哥游泳很厉害，在水里就像一条自由自在的鱼。他有时候静静地浮在水面，一动不动；有时候甩开双手，用力地拍打水面，激起晶莹的浪花；有时候潜入水底，好长时间都不露出水面。瞧，一眨眼的功夫，他已经从这边游到对岸去了。

你看，通过一系列具体的游泳描写，哥哥“鱼”的形象就饱满鲜明地树立起来了。

当然，人和动物的相似点可能不止一处。多多的爸爸除了外形像大象，还有哪些地方像呢？

我的爸爸手大，脚大，肚子大，就像一只大象。每次和他散步时，爸爸总是挺着圆圆的大肚子走在后面。每走一步，他的肚子就会有节奏地抖动一下。大象爱吃香蕉，爸爸也爱吃香蕉。香蕉做成的各种食物，他都来者不拒。大象的力气

老师带你学成语

狐朋狗友

比喻相互勾结，为非作歹的人。一般是贬义的，但用于调侃时也可以是中性或褒义的。

大，爸爸的力气也大。他经常把我举高高，吓得我哇哇大叫。大象喜欢热闹，爸爸也喜欢热闹。隔三岔五不是带一帮人来我家吃喝，就是跟一帮人出去玩乐，老妈说他们都是大象爸爸的狐朋狗友。

别看这头大象体型庞大，实际上很善良、很温和。有一次，邻居爷爷半夜胃疼，他的儿女恰巧又不在身边，只好来敲我家的门。爸爸二话没说，开车把邻居爷爷送到医院看病。看完后，爸爸又把他送回家，不停地嘘寒问暖。

你看，抓住了人和动物的一系列相似点，把外貌、喜好、性格等结合起来，通过具体事例，不仅能够综合表现出人物的特点，还能够让语言变得风趣幽默。

这个“小小动物园”，并不局限于家庭，班级同学、邻居小伙伴，都可以成为其中的一员。不过一定要注意的是，千万别“恶意”贬低同学、小伙伴，要用有趣的、可爱的、正面的、阳光的动物来形容。

1. 选择题。

一个吃苦耐劳的人，我们可以用（　　）来形容他。

A . 仓鼠　　B. 老虎　　C. 骆驼　　D. 百灵鸟

2. 在你家这个“小小动物园”里，你像什么动物呢？请用本节课学到的方法，写一篇 150 字的作文。记得要有创意哟！

19

作文的“眼睛”——如何拟题

假如你面前有两本书，一本是《小花猫》，一本是《活了一百万次的猫》，你最想看哪本？

多半会选《活了一百万次的猫》吧！笔者做过调查，六年级某班有 50 名学生，其中有 48 名选择了《活了一百万次的猫》。

为什么那么多人喜欢？

因为《活了一百万次的猫》在书名里设置了悬念，能够引起读者的好奇心：为什么这只猫“活了一百万次”？它是如何做到的？

类似的书，还有马伯庸的《我读书少，你可别骗我》、

标题的主要作用有：（1）概括文章主题。（2）揭示文章线索。（3）升华文章立意。（4）建立情感基调。（5）吸引读者对文章产生兴趣，让文章整体结构更清晰。

聂作平的《皇帝不可爱，国家怎么办》。读者看到这些书名时，都会被勾起好奇之心，忍不住要翻开看作者到底写的是什么。

当题目吸引读者的兴趣时，读者自然会产生读下去的强烈愿望。这样的题目还有很多，如《我渴望生病》《会飞的小猪》《大方的“小气鬼”》等。这一类设置悬念的拟题方法，我们可以称之为悬念拟题法。

如果你还没有想到合适的悬念来拟题，可以试试化用拟题法：巧借他山之石，借用或者化用耳熟能详的成语、歌曲、古诗词等作为题目。

第一，化用名作。

如余秋雨的《行者无疆》，可以改成歌颂亲情的《母爱无疆》。

再如《鲁滨逊漂流记》。如果你写诚信方面的作文，可以拟题为《“诚信”漂流记》；如果你和好朋友因为某件事造成了误解，经历一番曲折后又和好了，可以拟题为《“友情”漂流记》；假如你做事有点马大哈，为此还闹过不少笑话，

可以拟题《“小马虎”漂流记》；如果老师要求你把自己的心愿写在纸上装进许愿瓶，然后拿到班里和同学“开盲盒”，可以拟题为《许愿瓶漂流记》……

第二，化用歌曲名。

很多歌曲不仅旋律与歌词写得好，而且歌名也起得非常好。

如：可以将《友谊地久天长》《睡在我上铺的兄弟》直接借用为友情类话题作文的题目，《爱拼才会赢》《我的未来不是梦》《阳光总在风雨后》可以作为成长类话题作文的题目。

还有些歌曲的歌名虽然不能直接使用，但适当修改同样可以作为很好的作文的题目，如《往事如烟》可以化用为《往事并不如烟》，《对面的女孩看过来》可以化用为《对面的邻居看过来》，《非诚勿扰》可以化用为《非“读”勿扰》……

第三，化用诗词。

你去一望无际的大草原游玩，想写一篇游记，可以借用《敕勒歌》中的“风吹草低见牛羊”作题目《风吹草低见牛羊》。

你想歌颂老师默默奉献的精神，可以化用龚自珍的“落红不是无情物，化作春泥更护花”为《化作春泥更护“花”》。这里的“花”当然是祖国的花朵少年儿童了。

你想赞美一位同学的美妙歌喉，可以化用杜甫《赠花卿》诗中一句“此曲只应天上有，人间能得几回闻”为《此歌只应天上有》。

……

除了歌曲、诗词，还有名言警句、广告词、影视剧的名字，都可以借用、化用。这种借用和化用，不需要征得主人的同意，也不需要“有借有还”，一切由你说了算！

当然，我们在拟题时也不要一味追求“新奇特”。作文的标题必须确切揭示文章的内容，这是拟题的基础。在这一基础上，我们再追求新颖别致的表达。

如此，标题才能如同一双美丽诱人的眼睛，让人一见倾心，欲罢不能。

1. 连一连。

《冬季到故宫来看雪》　　　　悬念拟题法

《比黄金还贵 100 倍的石头》　　　　化用拟题法

2. 根据下面的材料，写一篇不少于 200 字的短文，题目自拟。

雨后，一只蜘蛛向墙上被风雨打坏的蛛网爬去。由于墙壁湿滑，它爬到半路就会掉下来。它一次次地向上爬，一次次地掉下来……直到第 48 次，它终于成功。

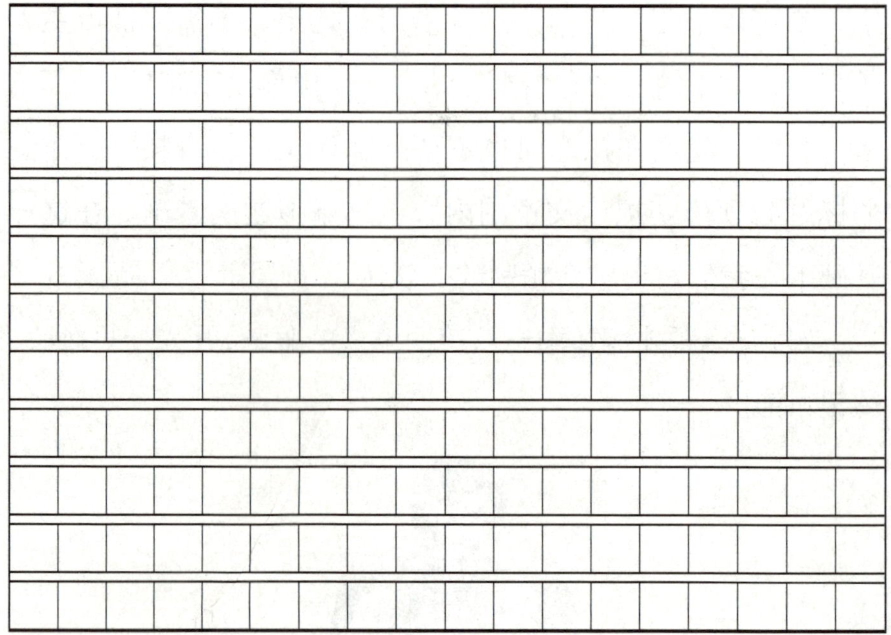